财政部亚太中心

2015 世界与中国经济研究

周强武 主编

中国财政经济出版社

图书在版编目（CIP）数据

世界与中国经济研究.2015／周强武主编.—北京：中国财政经济出版社，2016.2

ISBN 978－7－5095－6616－9

Ⅰ.①世… Ⅱ.①周… Ⅲ.①世界经济－研究②中国经济－研究 Ⅳ.①F11②F12

中国版本图书馆CIP数据核字（2016）第024962号

责任编辑：罗亚洪　　责任校对：杨瑞琦

封面设计：汪俊宇　　版式设计：录文通

中国财政经济出版社 出版

URL：http：//www.cfeph.cn

E－mail：cfeph@cfeph.cn

社址：北京市海淀区阜成路甲28号　邮政编码：100142

营销中心电话：88190406　北京财经书店电话：64033436　84041336

北京中兴印刷有限公司印刷　各地新华书店经销

787×1092毫米　16开　20.75印张　391 000字

2016年3月第1版　2016年3月北京第1次印刷

定价：42.00元

ISBN 978－7－5095－6616－9/F·5323

（图书出现印装问题，本社负责调换）

本社质量投诉电话：010－88190744

序言

2015年，全球经济总体延续复苏态势，但复苏动力不足，仍没有摆脱“低增长、低通胀、低需求和高失业、高债务、高杠杆的困局”，不确定性依然突出。全球经济总体上仍处于深度调整期。

从近期形势来看，美国经济保持稳定复苏态势，消费、投资、出口、就业、房地产形势均出现不同程度好转，在发达经济体中处于领先位置，促使美联储于2015年末重启货币政策正常化进程。欧元区经济复苏受到了货币宽松、油价下跌、劳动力市场改善等因素支撑，复苏动能增强，英国、德国在欧元区中经济增长势头较好，法国2015年GDP增速也创5年新高。日本经济起色不大，结构性改革进展有限，企业投资不足，个人消费低迷，大规模财政货币刺激政策的短期效应衰减，日本央行宣布实行负利率，凸显了日本经济面临的困境。部分新兴经济体虽仍保持着相对的高增长，但受大宗商品价格下跌、外部需求疲弱、地缘政治冲突加剧、货币贬值和资本外流等多重因素影响，增速趋于放缓，并继续呈分化趋势。短期内，俄罗斯、巴西等新兴经济体将陷入“负增长、高通胀”的泥沼，印度、越南等新兴经济体仍保持相对较快增长。

区域合作方面，TPP已达成基本协议，进入成员国国内审批阶段；TTIP谈判在艰难推进，达成协议仍需时日；RCEP谈判进程积极推进；中国东盟自贸区升级版已正式签署，中日韩自贸区谈判、AMRO国际化进程有望提速；东盟共同体已宣布建成；亚洲基础设施投资银行正式成立并投入运营，金砖国家新开发银行已正式开业。总的来看，2015年全球、区域、次区域合作步伐加快，成果丰硕，前景可期。

作为全球第二大经济体，中国对全球经济增长的贡献率在30%左右，但近年来总体偏弱的全球经济也不可避免地影响着中国经济增长。经过30多年快速发展，中国经济已经到了转方式、调结构的关键阶段，面对经济下行压力，中国没有超发货币，没有搞大规模强刺激，而是依靠改革增强经济活力，着力解决经济中的深层次和中长期问题。总体来看，中国经济“形有波动，势仍向好”，经济的基本面没有变。

2015年，中国政府继续实施积极的财政政策和稳健的货币政策，统筹稳增长、促改革、调结构、惠民生、防风险，适时加大定向调控力度，经济运行缓中趋稳、稳中向好，结构调整积极推进，改革开放取得新突破，大众创业万众创新热情高涨，民生保障进一步强化，宏观经济的活力动力继续增强。随着经济发展进入“新常态”，中国经济韧性好、潜力足、回旋空间大的特点将得到充分体现，改革红利也将源源不断地释放，中国有信心也有能力保持经济中高速增长，迈向中高端水平。

财政部亚太中心（以下简称“中心”）的同志们跟踪了2015年以来的全球经济走势，并就国内宏观经济、世界经济、区域合作、大国财经等领域的热点问题进行了深入研究。现将2015年部分研究成果汇编成书。本书将是国内财政工作者了解国际财经的良师益友，也将是相关领域研究人员的重要参考。

中心的同志们将继续加强对国际和国内经济两个领域重大问题的研究，以创新的思维和科学的方法，不断开拓研究思路，继续密切关注国际政治经济形势的发展和国内外因素的变动，继续为世界经济把脉，努力为中国宏观经济建言献策。

编　者

2016年2月2日

目　录

第一部分　全球宏观经济

第二部分　亚洲经济

第三部分　欧洲经济

第四部分　美洲经济

第五部分 双边与多边经济合作

■ 第一部分

全球宏观经济

2015年一季度世界经济形势分析及展望*

2015年一季度，世界经济增长继续呈疲弱态势，全球贸易增长乏力，能源与大宗商品价格低位运行，全球经济整体上仍面临较大下行压力和一定的通缩风险。

一、一季度世界经济总体情况

一季度，受需求不足、大宗商品价格低迷等因素影响，全球经济下行压力较大，通缩问题凸显。美国各项经济数据较为疲弱，欧元区经济复苏预期略有升温，日本正缓慢走出衰退。新兴经济体走势继续分化，俄罗斯经济萎缩，印度复苏步伐加快，巴西经济面临衰退风险。政策层面，美联储加息预期升温，欧央行正式实施量化宽松货币政策，美元走强，欧元贬值加快；新兴经济体纷纷采取降息等宽松货币政策，财政政策空间仍十分有限。

二、主要经济体经济表现

（一）美国

一季度，美国经济延续复苏态势，但受寒冷天气、消费支出减少、美元走强等因素影响，复苏态势较为疲弱，GDP增速预计将略低于2%。

就业增长低于预期。1—3月份，美国新增非农就业岗位分别为20.1万、26.4万和12.6万个，1994年以来最长（连续12个月保持在20万个以上）的强劲增长周期被终止，3月份新增就业岗位低于市场预期且创2013年12月以来新低。失业率从1月份的5.7%降至3月份的5.5%，为2008年5月以来最低水平。3月份美

* 本文写于2015年4月13日。

** 如未作特别说明，本书所涉年份均为2015年。

国劳动参与率由62.8%降至62.7%，是1978年2月以来最低水平。

通胀率低位运行。1月份CPI环比下降0.7%，2月份CPI环比上涨0.2%，为2014年10月以来首次增长；1、2月份核心个人消费支出（PCE）物价指数同比增长1.3%和1.4%。在国际油价低位徘徊、美元走强等因素影响下，美国通胀水平短期恐难以达到美联储2%的目标。

可支配收入增加未能传导到消费领域。1月份消费者支出环比下降0.2%，2月份微增0.1%。居民储蓄率2月份升至5.8%，创2012年12月以来新高。受寒冷天气影响，美国2月份商品零售总额环比下降0.6%，已连续3个月下滑，为2012年以来首次出现。消费支出是拉动美经济增长的主要因素，消费不振将延缓美国经济强劲复苏的步伐。

出口继续放缓。2015年1—2月，美国出口延续了2014年年底以来的下降势头，1、2月份出口额分别为1892.4亿美元和1862.5亿美元。贸易赤字有所改善，2月份贸易赤字降至354.4亿美元，创2009年10月以来最低水平。

美元持续走强。2015年一季度以来，美元指数累计上涨9%，创2008年三季度以来的最大涨幅。美元走强除了使出口承压外，还将令以美元计价的能源和原材料等大宗商品价格承压，将抑制通胀水平，或延缓其加息进程。

政策层面，一季度奥巴马政府力推"中产阶级经济学"，提交了2016财年预算案，从支持中产阶级发展、税制改革、提升美国竞争力等方面推行"中产阶级经济学"。货币政策方面，一季度，市场对美联储加息预期逐渐升温。美联储对6月份是否加息存在分歧。一季度美国经济数据和前景有可能支持美联储在6月议息会议上开启货币政策正常化进程。

（二）欧盟与欧元区

一季度，欧盟与欧元区经济增长预期增强，通缩压力依存。经济面临增速低于预期、失业率居高不下、通货紧缩和投资率大幅下降等挑战。

欧央行将2015年欧元区经济增长预期调高至1.5%。欧元区2月份PPI同比下降2.8%，环比增长0.5%；2月份零售销售同比增长3.0%，好于预期的2.8%。通缩压力依存。2015年1—2月份欧盟与欧元区通胀年率分别为-0.2%、-0.3%和-0.5%、-0.6%，欧元区3月份通胀年率初值上升至-0.1%。失业率略有改善。2015年1—2月份欧盟与欧元区失业率分别达9.9%、11.4%和9.8%、11.3%。贸易顺差扩大。欧盟1月份经常账户顺差158亿欧元，同比增加96亿欧元，环比增加27亿欧元。1月份，欧元区货物出口额1482亿欧元，同比持平。货物进口额1403亿欧元，同比下降6%。

欧盟主要经济体中，德国经济增长预期逐渐加强。工业订单温和增长，企业的商业预期好转，预示2015年初期经济活动将进一步改善。此外，劳动力市场表现强劲，融资环境转好，外部环境改善，以及油价下跌都将推高2015年德国经济增长，欧盟预测2015年、2016年德国经济将分别增长1.5%和2.0%。私人消费强劲为英国经济增长提供动力。1、2月份英国GDP同比增长1.3%和0.1%。欧盟预测2015年英国经济将增长2.6%。法国经济增长势头将提速。法国继2014年增长0.4%后，或将在2015年回升，法国央行预测一季度法国经济增长0.4%，欧盟预测2015年法国经济增长1.0%。

宏观经济政策方面。欧盟一季度推出一些新的经济政策，一是构建资本市场联盟，旨在通过消除各成员国资本市场制度规则差异等问题，实现欧盟资本市场一体化；二是力推欧洲战略投资基金。欧洲战略投资基金投资项目将于2015年中期开始实施；三是推进欧洲能源联盟。旨在通过强化能源安全、建立单一能源市场等改善欧盟能源体系的分散状况、降低成本并提高能源可持续性。

货币政策方面，3月10日，欧央行新一轮量化宽松货币政策（QE）正式开始实施。欧央行每月资产购买规模达600亿欧元。2014年下半年至今欧元兑美元持续下跌，QE启动之后，欧元贬值速度进一步加快。英国央行维持基准利率0.5%和资产购买规模3750亿英镑不变。全球金融危机爆发以来，英国央行一直将基准利率维持在0.5%的历史低位。

（三）日本

一季度，日本经济持续缓慢复苏，通缩压力依存。日本内阁府预测，继2014财年实际经济增长率为-0.5%后，2015财年日本实际经济增长率为1.5%，名义经济增长率为2.7%。通缩压力未有缓解，受油价下滑及消费疲软因素影响，日本2015年2月份CPI环比下降0.2%，1月份日本失业率3.6%，环比上升0.2%。日本内阁府预测，日本2015财年失业率将维持在3.5%。经常账户持续盈余。2月末季调经常账户14401亿日元，至此已连续八个月实现经常账户盈余。

货币政策方面，日本央行继续实行QQE直至通胀稳定在2%水平。财政政策方面，日本2015财年预算支出规模96.34万亿日元，创历史新高。2015财年计划新发国债36.9万亿日元，较2014财年减少4.4万亿日元，这将使政府财政赤字减至13.4万亿日元。综合改革措施方面，3月份，日本内阁府将继续推行综合改革措施：一是尽快完成TPP谈判，2015年与欧盟原则达成“日欧经济伙伴关系协定”；二是降低有效公司税率水平。未来几年内，公司税率将降至20%—29%；三是大力推进农业、医疗服务、能源与就业等既得利益部门改革。

（四）新兴经济体

一季度，新兴经济体走势分化，总体面临较大下行压力。部分经济体表现强劲，如印度和东盟等亚洲地区新兴经济体。部分经济体通缩风险升温；贸易增长缓慢，出口增速低于进口增速；财政赤字与公共债务水平均略有上升。

金砖国家经济呈分化趋势。印度经济加速复苏，受制裁、油价下跌等因素影响，俄罗斯经济已陷入萎缩；巴西面临经济衰退的风险；南非经济增速放缓。

1. 主要新兴经济体经济走势

主要新兴经济体中，受大宗商品市场低迷影响，巴西经济面临衰退风险，通胀高企。1、2 月份巴西 CPI 分别同比上涨 7. 14% 和 7. 7%，远高于 2. 5%—6. 5% 的目标区间。巴西央行将 2015 年通胀预期上调至 6. 99%。1—2 月份巴西贸易逆差 60. 16 亿美元，远超 2014 年全年逆差水平。

印度经济加快复苏，通胀水平处于目标区间。印度已将 2015 财年的增长目标提高至 7. 8%，高出 2014 财年 0. 4 个百分点。1—2 月印度 CPI 增速分别为 5. 19% 和 5. 37%，处于印度 CPI 中心目标 4%、上下浮动两个百分点的目标区间内。截至 2 月中旬，印度外汇储备增至 3330. 2 亿美元，创三年半来新高。

俄罗斯经济萎缩、通胀高企。俄经济与发展部、俄央行分别预测 2015 年第一季度俄罗斯 GDP 同比萎缩 1. 5% 和 3. 2%。世行预测俄 2015 年、2016 年分别萎缩 3. 8% 和 0. 3%，中期增长前景黯淡。1 月份，俄罗斯 CPI 同比上涨 15%。资本外逃严重，国际储备持续下降。俄财长西卢阿诺夫预计，2015 年俄资本外流量为 700 亿—800 亿美元。截至 2 月底，俄罗斯国际储备降至 3646 亿美元，创 2007 年 4 月以来最低水平。

南非经济增速小幅放缓，失业率居高不下。受罢工、电力短缺、疲软的国内外需求影响，IMF 已把 2015 年南非经济增长预期从 2. 3% 下调至 2. 1%。2014 年四季度南非失业率为 24. 3%。国际劳工组织预测，2015 年南非失业率或达 25%。

整体而言，内需不足、外需持续低迷成为拖累新兴经济体经济增长的主要因素。发达经济体货币政策的溢出效应、主要发达经济体的经济疲弱、地缘政治走势与突发性事件、埃博拉疫情等是新兴经济体面临的主要风险。

2. 主要宏观经济政策

货币政策方面，为应对通缩压力，新兴经济体各央行纷纷采取降息等宽松货币政策。一季度印度央行、俄罗斯央行均两次降息。印度央行累计降幅 50 个基点。俄央行继 1 月 31 日宣布降息 200 个基点后，3 月中旬再次下调基准利率至 14%。受高通胀影响，巴西央行 3 月 5 日宣布加息 50 个基点至 12. 75%，创 2009 年以来新高。

财政政策方面，一季度，巴西削减预算支出 227 亿雷亚尔，宣布了四项增税措施：包括对短期消费贷款征收金融交易税，提高进口商品的社会保险税，开征燃油税，以及对化妆品批发加征工业产品税，并大幅削减企业养老保险减税优惠。印度方面，一是增加 7000 亿卢比（约 113 亿美元）预算支出用于基础设施投资；二是调整了减赤力度，将赤字率削减目标降至 3%。俄罗斯加大了鼓励石油出口的力度。从 2 月 1 日起，俄大幅下调石油出口税，从每吨 170. 2 美元降至每吨 112. 9

美元，降幅达33.67%。此外，俄政府推出抗危机计划以应对外部不利环境的影响，并计划进行经济结构改革，为经济可持续增长创造条件。

三、一季度大宗商品走势

一季度全球大宗商品价格跌势延续，跌幅较去年第四季度有所缩窄。据IMF统计，第一季度大宗商品价格整体下跌10.2%。1月份大宗商品价格下跌12%，其中石油领跌21.6%，均价为47.54美元/桶。金属和农产品价格降幅明显，分别为5.7%和2.2%。2月份大宗商品价格上涨5.5%，为8个月以来首次上涨。其中石油价格回升15.8%，非能源类大宗商品价格仍下降2.2%。3月份大宗商品价格下跌2.8%，其中原油价格下跌3.8%，均价为52.8美元/桶。

影响大宗商品价格走势的因素主要有全球需求（包括中国需求）、大宗商品供给、美元指数等。一季度，全球需求疲弱、大宗商品供给过剩继续对大宗商品价格造成压力，但美联储货币政策、也门冲突局势发展态势的不确定性使价格出现波动。

四、二季度及下一阶段世界经济形势展望

二季度，世界经济下行压力仍然较大，仍将面临一系列挑战：一是发达经济体内部走势和政策取向继续分化。美联储很有可能于6月份加息，进而开启货币政策正常化进程，欧元区、日本继续推行量化宽松货币政策。美联储既定的加息进程，主要经济体利率，以及全球主要货币汇率变化或再次引发金融市场、贸易市场波动。二是新兴经济体经济增速放缓，对全球经济增长的贡献率趋弱。新兴经济体面临外部环境复杂多变、结构调整压力增加，以及大宗商品价格大幅下跌、地缘政治冲突加剧、货币贬值、资本外流等多重压力。三是全球通胀预期尚未企稳。发达经济体可能出现的长期通货紧缩与新兴经济体的高通胀相互叠加，或将给世界经济增长带来下行压力。四是地缘政治等非经济因素的影响增加。美欧联手制裁俄罗斯延续多久仍有不确定性，"伊斯兰国"等恐怖主义的蔓延、也门冲突局势的不确定性等地缘政治因素的影响为全球经济走势增加了不确定性。

总的来看，二季度及下一阶段，全球经济复苏仍将在曲折中前行。世行预测，2015年，全球经济增速将从2012—2014年的年均2.5%升至3.0%。美国、英国将继续巩固现有复苏势头，在发达经济体中"双开并蒂"；印度、东盟、墨西哥等新兴经济体将成为新兴经济体中的亮点，成为新兴经济体复苏的积极因素。

（世界经济课题组）

2015 年二季度世界经济形势分析及展望*

二季度，世界经济持续温和复苏。美欧等发达经济体较一季度有不同程度的反弹，欧元区通缩预期出现转变。新兴经济体整体经济表现走向分化，巴西、俄罗斯持续负增长，印度、越南持续向好。全球贸易增长持续低迷。大宗商品价格维持低位运行态势，短期难有趋势性改变。未来一段时期，世界经济下行压力较大，挑战仍不容小觑。

一、二季度世界经济总体情况

二季度，发达经济体有企稳迹象，但经济增长反弹力度不及预期。美国通胀水平温和上升，欧元区通胀率恢复正值，似已步入走出通缩的上升通道。新兴经济体走势延续分化的走势，巴西、俄罗斯经济持续负增长，且巴西国内通胀高企，经济面临“滞涨”风险；印度、越南等新兴经济体延续较快增长态势。政策层面，美联储年内加息成为大概率事件，欧洲央行、英国央行维持一季度货币政策不变，美元较一季度略有回调，欧元走势趋于稳定；一些新兴经济体采取降息等宽松货币政策，以刺激疲弱的经济表现。

二、主要经济体经济表现

（一）美国经济温和扩张

1. 主要经济指标

继一季度美国 GDP 萎缩 0.2% 后，受消费支出回暖、就业市场反弹等因素影响，二季度美国经济总体呈温和扩张态势。

---

* 本文写于 2015 年 7 月 20 日。

劳动力市场持续回暖。4—6 月，美国新增非农就业岗位分别为 22.3 万人、28 万人和 22.3 万人，失业率由 4 月份的 5.4% 降至 6 月份的 5.3%，创 7 年来新低；劳动参与率由 4 月份的 62.8% 降至 6 月份的 62.6%，创 1977 年以来最低。新增非农就业人口重回 20 万人以上，暗示美国劳动力市场正重回正轨。

通胀水平温和上升。4 月份 CPI 环比上涨 0.1%，核心 CPI 环比上涨 0.3%，创 2013 年 1 月以来新高；5 月份 CPI 环比上涨 0.4%，创 2013 年 2 月以来新高。4—5 月份剔除食品和能源价格的核心个人消费支出物价指数同比均上升 1.2%。通胀水平正在向美联储 2% 的目标迈进。

制造业活动加速扩张。二季度，美国制造业 PMI 由 4 月份的 51.5 升至 6 月份的 53.5，新增订单数上升，制造业正加速扩张。

消费支出全面复苏。5 月份美国个人消费支出（PCE）环比增长 0.9%，创 2009 年 8 月以来最大增幅；5 月份居民储蓄率回落至 5.1%，与 3 月份持平；5 月份商品零售销售总额环比增长 1.2%。随着劳动力市场持续回暖，能源价格低位运行，可支配收入的增加有望支持个人消费支出稳固增长。消费支出是拉动美国经济增长的主要因素，消费全面复苏将直接拉动美国经济强势反弹。

房地产市场强劲反弹。美国 5 月份新屋和成屋销售总数年化为 54.6 万户和 535 万户，分别创 2008 年 2 月以来新高与 2009 年 11 月以来最高，均大幅超出预期。

贸易逆差有所改善。4 月份，美国出口 1899 亿美元，商品和服务贸易逆差大幅缩减至 409 亿美元，较 3 月份大幅缩减近 20%。其中服务出口 609 亿美元，创历史新高。

美元指数明显回调。美元指数在一季度突破百点大关后，从 4 月份最高接近 100 点回调至 6 月份的 94 点附近。美元走弱一定程度上使二季度美国出口数据和贸易逆差得到改善。

总的来看，美国二季度经济增速将较一季度有所回升，但反弹力度或低于预期。受一、二季度经济表现影响，世行、IMF 分别将美国经济 2015 年全年增长预期由 3.2% 和 3.1% 下调至 2.7% 和 2.5%。

2. 主要政策措施

二季度，美国参众两院通过了贸易促进授权法案（TPA），TPP 谈判将提速，年内有望完成 TPP 实质性谈判。美国国会和政府未能就预算和相应拨款达成一致，给财政带来了一定程度的不确定性，或有损美国经济。政府关门或联邦债务上限谈判僵局可能在 2015 年再次上演。

货币政策方面，基于美国经济的整体表现，美联储没有选择在 6 月份加息，而是为美国经济摆脱疲软态势预留了更多时间。尽管从世行和 IMF 高官表态来看，均建议美联储推迟到明年加息，但大部分公开市场委员会委员预计美联储将在

2015年年内加息，从而开启货币政策正常化进程。

（二）欧盟与欧元区

1. 主要经济指标

随着欧央行启动新一轮量宽，欧元区通缩压力有所下降。4—6月，欧元区通胀年率为0%、0.3%和0.2%，2014年12月份后通胀率恢复正值，但增速较一季度略微放缓。失业率稳中趋降，但青年失业率仍然高企。4—5月份欧盟与欧元区失业率分别为9.7%、11.1%和9.6%、11.1%，但青年失业率仍居高不下，分别为20.7%、22.3%和20.6%、22.1%。4—6月，欧元区制造业PMI走强，分别为52、52.2和52.5，综合PMI53.9，比一季度高0.6个百分点，提升了外界对欧元区二季度经济复苏的预期。2015年欧盟、欧元区经济或增长1.8%、1.5%，复苏进程略微加快。

欧盟主要经济体中，德国失业率稳中趋降，4—5月份德国失业率分别为6.5%和6.3%。英国失业率维持2.3%不变，5月份CPI年率增长0.1%，重回零轴上方。4月份法国失业率同比增长0.7%，劳动力市场继续低迷走势。经济增长方面，德国2015年、2016年经济增速预期由1.5%、1.6%上调至1.8%和1.8%；英国经济继续呈稳定复苏态势，2015年、2016年英国经济增长预期由2.4%、2.2%上调至2.5%和2.3%；法国经济复苏态势尚不稳固。继一季度法国经济增长0.6%后，二季度法国经济增速或回落至0.3%。

2. 主要政策措施

二季度，欧盟在推进一体化进程方面又有新进展：一是发布深化欧洲经济货币联盟建设计划，旨在建立统一标准的欧元区财政体系；二是批准欧洲战略投资基金（EFSI）协议，预计将调动超过3000亿欧元的额外资金；三是建立西南欧高级别能源合作小组，以推进西南欧能源基础设施建设；四是批准欧洲投资计划部分项目。货币政策方面，欧洲央行和英国央行均维持一季度的货币政策不变，即欧元区再融资操作利率、边际贷款利率和存款利率维持在0.05%、0.3%和-0.2%；英国保持基准利率在0.5%，资产购买规模仍维持3750亿英镑不变。

二季度，希腊问题持续发酵。目前希腊与欧盟达成第三轮援助协议，暂时避免退出欧盟和欧元区。近期看，希腊债务问题引发更大系统性风险的可能性在减少。但如果引发欧洲的民粹主义反弹，或引发更大的金融市场动荡。

（三）日本

1. 主要经济指标

2015年二季度，日本通缩压力有所缓解，但与2%的通胀目标仍存在较大差距。5月份日本核心CPI环比上升0.2%，同比上升0.1%，同比涨幅较4月份的

0.3%有所收窄；失业率有所下降。5月份日本失业率维持在3.3%，部分产业面临劳动力短缺问题。贸易逆差大幅收窄。5月份日本货物贸易逆差2172亿日元，同比大幅减少76.3%。货币供应量平稳增长，5月份日本M2同比增长4.0%，M3同比增长3.3%。制造业扩张减速，6月份日本制造业PMI初值为49.9，环比下降1个点。总体来看，二季度日本经济呈回升迹象，但通胀目标实现难度较大，日元贬值及政府债务规模高企所积聚的风险在上升。

2. 主要政策措施

货币政策方面，日本央行继续维持基础货币年增长80万亿日元不变，直至通胀稳定在2%的水平。财政政策方面，日本国会通过了支出规模为96.34万亿日元的2015财年预算案。2015财年的预算支出重点，一是推进社保体系改革；二是大力发展公共项目，完善防灾减灾工程，加快基础设施改造；三是促进地方经济复苏，推进实施“2015财年地方政府财政计划”；四是增加国防预算支出。2015财年，日本国防预算支出将提高2%至4.98万亿日元，创历史新高。贸易政策方面，日本继续推进TPP谈判。

（四）新兴经济体

2015年二季度，新兴经济体增速放缓，走势呈分化态势。印度、越南经济持续向好；巴西和俄罗斯经济持续负增长，疲弱走势短期内难有实质性改善。总体上，多数新兴经济体面临更加严峻的增长困境，可持续增长和结构转型成为新兴经济体的共同挑战。

1. 主要新兴经济体经济走势

巴西经济持续负增长。继一季度增长-0.2%后，二季度巴西经济仍维持低迷走势。国际社会纷纷看淡巴西经济增长前景，相继调低了对巴西全年的经济增长预期，2015年巴西经济或萎缩1.5%。通胀高企，4—5月份巴西CPI同比分别上涨8.17%和8.47%，远高于其设定的2.5%—6.5%的目标区间，通胀压力加剧。

油价低位运行、国内的改革红利等多重利好推动印度经济稳步增长。世行、IMF预测2015年印度经济将增长7.5%，是世界增长最快的经济体之一。4—5月份，印度CPI分别为5.8%和5.01%，处于中心目标4%、上下浮动两个百分点的目标区间内。印度储备银行表示，国际油价下跌使得经常账户赤字止跌回升，预计2015—2016财年赤字规模约为GDP的1.5%。

受西方制裁、油价走低等因素影响，俄罗斯经济持续负增长，财政赤字迅速扩大。4—5月份俄罗斯经济同比增长-4.2%和-4.9%，1—5月份，俄罗斯经济同比增长-3.2%，2015年俄罗斯经济或萎缩2.7%。通胀高位运行，4—5月份俄罗斯CPI同比增长16.4%和15.8%；失业率小幅走高，5月份失业率为5.6%。

受电力短缺、失业率高企、商业信心指数低迷等因素影响，南非经济增速放缓。IMF 将 2015 年南非经济增长预期下调至 2%。南非 4—5 月份 CPI 分别为 4.5% 和 4.6%，稳定在储备银行设定的 3%—6% 的正常区间内。但二季度居民通胀预期上升至 5.6%，通胀预期有所升温。此外，南非工商业联合会发布的 5 月份商业信心指数创近 16 年新低，表明私人部门投资意愿趋弱。

2015 年二季度，除越南得益于东亚价值链分工转移，出口和制造业增长较快外，东盟国家经济增长有所放缓。外需疲弱和内部的结构性问题成为经济放缓的主要原因。受出口和中东呼吸综合征疫情影响，韩国二季度经济或增长 2.0%。

2. 主要宏观经济政策

货币政策方面，为应对通货膨胀，巴西央行于 6 月 3 日连续第五次加息，将指标利率上调至 13.75%；为摆脱经济衰退，俄罗斯央行 6 月 15 日年内第四次降息，将基准利率调降 100 个基点至 11.50%；为刺激经济强劲增长，6 月 2 日印度央行调降基准利率 25 个基点。这是印度央行年内第三次降息，1 月份至今已降息 75 个基点。

财政政策方面，为推动基础设施建设、提振经济增长，巴西政府 6 月 9 日公布了投资规模为 1984 亿雷亚尔（约 640 亿美元）的物流投资规划；为促进城市基础设施建设，改善营商环境，印度政府宣布未来五年将投资 9800 亿卢比，以支持智慧城市和城市转型升级。

整体而言，除印度、越南经济持续向好外，受需求不振、大宗商品低位运行和结构性问题等因素影响，新兴经济体总体增长放缓，加大投资特别是基础设施投资，推进结构性改革成为多数新兴经济体的共同挑战。从外部环境看，外需低迷短期内难以消除，受美联储加息预期影响，美元走强或增加金融市场震荡的风险，须警惕国际资本快进快出对新兴经济体的负面冲击。

三、大宗商品及资本市场价格走势

（一）大宗商品市场

2015 年二季度，全球大宗商品价格企稳回升，较 2015 年一季度有明显反弹。4 月份大宗商品价格上涨 2.4%，其中石油领涨 8.5%，均价为 57.4 美元/桶，非能源类大宗商品价格仍下降 0.7%；5 月份大宗商品价格上涨 4.8%，其中石油价格大涨 8.8%，均价为 62.5 美元/桶，非能源类大宗商品价格反弹 1%。二季度，美国石油供应下降、库存减少、美元指数下跌等因素都推动了大宗商品价格反弹，但全球需求疲弱与大宗商品供给过剩仍是影响大宗商品价格未来走势的主要原因。

（二）资本市场

2015 年二季度，全球主要股市见顶后出现不同程度的回调。在美联储近期不加息及美元汇率小幅走软的背景下，美国三大股指均上涨，其中纳斯达克综指创 15 年新高。德国 DAX 指数、法国 CAC 指数、英国富时 100 指数均攀升至高位。而亚洲股市在第二季度则出现震荡调整，受中国股市影响，日本、中国香港等地股市出现程度不同的回调。

主要发达经济体对美元汇率出现反弹，不少新兴经济体货币延续对美元的贬值势头。全球货币市场继续分化走势。美日银行间拆借利率温和上升，欧元区和新兴经济体银行间利率继续下行。

四、三季度及下一阶段世界经济形势展望

总的来看，未来一段时期，世界经济仍处于“新疲态”，低增长、低通胀、低需求与高失业、高债务相互交织，主要经济体走势和政策走向分化。OECD 称，目前全球经济表现勉强达到“B –”水平，并预测未来 18 个月全球经济复苏将缓慢增强。

世界经济下行压力仍较大，仍将面临一系列挑战：一是全球金融条件收紧。美国可能在今年晚些时候加息，或将导致全球金融条件有所收紧，融资成本增加；新兴经济体可能出现资本外流，给新兴经济体带来冲击。同时美元持续升值有可能导致美经济放缓的情况比预期严重，进而对全球经济增长带来压力。二是大宗商品价格长期维持低位。一季度全球大宗商品价格持续下跌，二季度全球大宗商品价格企稳回升，但从长期来看，全球需求疲弱与大宗商品供给过剩短期难以逆转，预计大宗商品价格将长期维持低位，大宗商品出口国应做好应对预案。三是全球主要股票市场下调。美、欧、日等经济体十年期利率在经历了长期持续下行后同时在第二季度出现拐点。四是自然灾害和传染病风险恐将给世界经济发展带来不确定性。如 2015 年 4 月份爆发的地震已重创尼泊尔经济；中东呼吸综合症在韩国扩散，给韩国经济带来不利影响。五是地缘政治风险仍存。希腊退欧、乌克兰危机等风险有可能使欧洲一体化进程停滞或倒退，为全球经济增长增添了不确定性。

（世界经济课题组）

2015 年三季度世界经济形势分析及展望*

2015 年三季度，世界经济温和复苏。美、英等发达经济体继续保持增长态势，欧盟和欧元区经济复苏低于预期，新兴经济体普遍增长放缓。政策层面，美联储年内加息是大概率事件，欧洲央行、英国央行维持一季度货币政策不变。全球金融市场大幅震荡，大宗商品价格重拾跌势，短期内难有趋势性改变，使亟待走出通缩的经济体继续承压。未来一段时期，美联储货币政策正常化进程和中国经济增长放缓将成为影响世界经济走势最重要的因素。

一、三季度世界经济总体情况

2015 年三季度，全球经济复苏较为温和且不平衡。受美联储加息预期和中国经济增长放缓等因素影响，全要素增长率和潜在增长率下调，全球资本市场大幅动荡，大宗商品价格“跌跌不休”，欧元区和日本尽管实行了量化宽松货币政策，但大宗商品价格持续低迷，使其短期内难以恢复目标通胀水平。新兴经济体增势放缓且不平衡。巴西、俄罗斯经济延续 2015 年以来的负增长走势，短期内难有起色；印度、越南等新兴经济体虽增长较快但势头有所放缓。

政策层面，美联储年底前加息是大概率事件，欧洲央行、英国央行维持二季度货币政策不变。俄罗斯等新兴经济体下调基准利率，以刺激疲弱的经济表现。TPP 谈判历时 5 年多终于达成基本协议，中、日、韩、RCEP 等自贸协定谈判或将提速。

* 本文写于 2015 年 10 月 20 日。

二、主要经济体经济表现

（一）美国

1. 主要经济指标

2015 年三季度，美国经济继续温和扩张。消费支出和企业投资温和增长，房地产市场进一步改善，出口较为疲弱，新增就业不及预期，通胀水平温和上升。受净出口疲弱、制造业增速放缓和新增非农就业岗位下降等因素影响，三季度美国经济增长率或从二季度的 3.9% 降至 2% 左右。

新增就业不及预期。7—9 月份，美国新增非农就业岗位分别为 21.5 万人、17.3 万人和 14.2 万人，大幅不及预期。7—9 月份失业率分别为 5.3%、5.1% 和 5.1%。7—9 月份劳动参与率为 62.6%、62.6% 和 62.4%，为 1977 年 10 月以来最低。就业市场持续走弱，或将影响三季度经济表现和美联储加息进程。

通胀水平温和上升。7—9 月份居民消费价格指数（CPI）环比上涨 0.1%、-0.1% 和 -0.2%；核心 CPI 环比上涨 0.1%、0.1% 和 0.2%。7、8 月份核心个人消费支出（PCE）物价指数同比上升 1.2%、1.3%。数据显示，作为美联储衡量通胀的重要参考指标，核心 PCE 物价指数虽连续 40 个月低于 2% 的目标，但正在向美联储 2% 的目标迈进。

制造业活动增速放缓。7—9 月份，美国制造业 PMI 指数分别为 52.7、53.0 和 53.1，为近两年最低。尽管美国制造业活动已连续第 33 个月扩张，但近期扩张速度呈放缓迹象。

消费大幅反弹。7、8 月份个人消费支出环比增长 0.3% 和 0.4%。7、8 月份商品零售销售总额环比增长 0.6% 和 0.2%，较 6 月份的环比下降 0.3% 出现大幅反弹。消费回暖将促使美国经济在三季度继续走强。

房地产市场稳步复苏。美国 8 月份新屋销售总数年化为 55.2 万户，创 2008 年 2 月以来新高；成屋销售年化总数为 531 万户，较 7 月份 559 万户的 8 年来最高值略有减少。7—8 月份，美国建筑支出分别增长 0.4%、0.7%，经季度调整年化支出为 1.086 万亿美元，创 2008 年以来新高。

贸易逆差略有增加。受出口改善和进口下降的影响，7 月份美国货物和服务贸易逆差降至 419 亿美元，其中出口增长 0.4%，是二季度以来首次出现增长。8 月份货物和服务贸易逆差 483 亿美元，其中，货物贸易逆差扩大至 672 亿美元，商品出口创 7 个月来最大降幅。

美元指数区间震荡。美元指数在一季度突破百点大关后，二季度明显回调，三季度则围绕 96 点呈区间震荡态势，单月振幅接近 6%。美元走强正遏制制造业和旅游业发展。

2. 主要政策措施

贸易政策方面，10 月初，TPP 谈判历时五年多终于达成协议，美国标榜的“高标准”打了一定折扣，TPP 协议经各国立法机构审批通过后将正式生效，或对 TPP 成员国的经济和全球贸易产生深远影响。能源政策方面，8 月份奥巴马政府推出了“清洁能源计划”，旨在大幅减少温室气体排放，随后的《中美元首气候变化联合声明》重申了确保巴黎气候变化大会取得成功的政策立场。三季度，美国联邦政府再现“关门”危机，美国国会直到最后期限前几个小时才通过临时性拨款法案，暂时避免了政府停摆，当四季度该法案到期时，新的预算争斗或将再次出现。

货币政策方面，基于美国经济的整体表现，特别是就业和通胀指标，美联储并未在 9 月份加息，但预计第一次加息仍将出现在 2015 年年内。相比于首次加息的时点，加息的节奏和力度更值得关注。美联储没有选择在 9 月份加息，意味着全球金融市场波动将持续。

（二）欧盟与欧元区

1. 主要经济指标

2015 年三季度，欧洲经济复苏和通胀均低于预期。7—9 月份，欧元区通胀年率为 0.2%、0.1% 和 -0.1%，欧盟通胀年率为 0.1%、0% 和 -0.1%，9 月份通胀率再度回到零以下。就业市场有所改善。7 月份，欧盟失业率 9.5%，为 2011 年 7 月份以来最低，欧元区失业率 10.9%，为 2012 年 2 月份以来最低。但青年失业率仍高企，7 月份欧盟和欧元区青年失业率分别为 20.4% 和 21.9%。工业生产方面，8 月份欧盟、欧元区工业产出环比下降 0.3% 和 0.5%，同比分别上升 1.9% 和 0.9%。7—9 月份，欧元区制造业 PMI 分别为 52.4、52.3 和 52，制造业增势放缓。欧洲央行将三季度 GDP 季率增速由 0.7% 下调至 0.6%。

欧盟主要经济体中，受油价下跌、欧元升值及移民增长等因素影响，德国央行预计德国 2015 年和 2016 年 GDP 增速将分别为 1.7% 和 1.9%。7—9 月份，德国失业率分别为 6.3%、6.4% 和 6.4%，均维持在较低水平。法国国家统计局预测法国 2015 年 GDP 增速为 1.1%。7—9 月份，法国消费者信心综合指数分别为 86、94 和 97。虽仍低于长期均值 100，但整体呈上升趋势。其中，9 月份信心指数为 2007 年 10 月份以来最高。截至 9 月份，英国经济增长年率为 3%。7—9 月份，英国通胀年率分别为 0.1%、0% 和 -0.1%，远低于 2% 的目标水平。

2. 主要政策措施

政策方面，欧盟和欧元区推出的政策措施：一是构建“投资法庭机制”，以取代现有的“投资者国家争端解决机制”。该机制拟引入 TTIP 等投资协定的谈判；

二是在 2016 财年欧盟预算草案中大幅增加难民庇护和安全两类基金预算；三是出台利率衍生品中央结算新规，特定场外利率衍生品合约须通过中央交易对手结算。

货币政策方面，欧洲央行和英国央行均维持现行货币政策不变，即欧元区保持现有购债规模不变，再融资操作利率、边际贷款利率和存款利率维持在 0.05%、0.3% 和 -0.2%；英国维持基准利率 0.5%，资产购买规模维持 3750 亿英镑不变。

2015 年三季度希腊债务危机解决取得新进展。9 月 1 日，欧委会就新一轮希腊稳定援助计划签署谅解备忘录。欧洲稳定机制（ESM）在未来三年内将向希腊支付 860 亿欧元，以支持希腊稳定经济和金融形势，帮助希腊实现财政可持续性，创造就业和促进社会稳定。

（三）日本

1. 主要经济指标

2015 年三季度，日本通缩压力有所缓解，但与 2% 的通胀目标仍存在较大差距。8 月份日本核心 CPI 环比上升 0.3%，同比上升 0.8%；就业形势不断改善，近几个月日本失业率维持在较低水平，7、8 月份失业率分别为 3.3% 和 3.4%；贸易逆差有所收窄，8 月份日本贸易逆差 3261 亿日元，同比下降 61.7%；货币供应量平稳增长，日本 8 月份 M2 同比增长 4.2%，M3 同比增长 3.4%；制造业扩张放缓，日本 9 月份制造业 PMI 终值为 50.9，创三个月来新低。总体来看，日本三季度经济呈温和复苏态势，但通胀目标实现难度较大。受美国货币政策正常化以及亚洲新兴经济体经济增长放缓影响，日本经济仍存在下行风险。

2. 主要政策措施

9 月份，“安倍经济学”进入第二阶段，将制订日本“一亿总活跃”计划，推出“新三支箭”：第一支箭是打造更加强大的经济，目标是使日本 GDP 规模从现有的 490 万亿日元增至 600 万亿日元，打造“战后最大规模经济”和“战后最高水平的国民生活满意度”；第二支箭是编织梦想，为育儿提供更多支持，目标是将出生率提高到 1.8；第三支箭是构筑确保“安心”的社会保障机制”。

货币政策方面，日本央行继续维持量化质化宽松（QQE）货币政策，直至通胀稳定在 2% 的水平。结构性改革方面，8 月份日本内阁府发布了《日本 2016—2020 财年经济与财政管理改革基本政策》，提出将采取以下措施：一是推动结构性改革，以提高潜在增长率。具体包括提高服务业生产率，推进 TPP/RCEP 等自贸协定谈判，建立国家创新体系，实施工业结构改革等。二是促进地方经济良性循环，通过东京奥运会“主办城镇”概念促进地方经济发展。

（四）新兴经济体

1. 主要经济指标

2015 年三季度，新兴经济体整体增速放缓，资本大量流出，货币贬值压力加剧。印度经济增速略有放缓，巴西和俄罗斯经济持续负增长，疲弱走势短期内难有实质性改善。总体上，多数新兴经济体面临更加严峻的增长压力，10 月 6 日，IMF 将 2015 年新兴经济体经济增速预期下调至 4%。

巴西经济持续负增长。继二季度 GDP 环比增长 -1.2% 后，巴西经济已连续两个季度负增长。三季度巴西经济仍维持低迷走势。国际社会与巴西国内纷纷看淡巴西经济增长前景，继续下调对巴西全年的经济增长预期，2015 年巴西经济或萎缩 2.9%。通胀高企，7—9 月份，巴西 CPI 同比上升 9.56%、9.53% 和 9.49%，远高于其设定的 2.5%—6.5% 的目标区间，通胀压力持续加剧。

大宗商品价格低迷、外部环境恶化使印度经济略有放缓。印度二季度 GDP 同比增长 7%，较一季度有所放缓，三季度 GDP 增速或维持在 7% 左右。7—9 月份，印度 CPI 同比上升 3.69%、3.74% 和 4.41%，处于中心目标 4%、上下浮动两个百分点的目标区间内。

受西方制裁、油价走低等因素影响，俄罗斯经济持续负增长，通胀高企。俄罗斯二季度 GDP 同比增长 -4.6%，为 6 年来最低，三季度 GDP 增速难有起色，2015 年经济或萎缩 3.4%。通胀继续高位运行，7—9 月份，俄罗斯 CPI 同比增长 15.6%、15.8% 和 15.3%。

受大宗商品价格走低、需求不振等因素影响，南非经济增速放缓。二季度南非经济增长 -1.3%，8 月份制造业产出同比萎缩 0.2%，表明三季度南非经济难以扭转颓势。IMF 将 2015 年南非经济增长预期下调至 2%。7—8 月份，南非 CPI 分别为 5.0%、4.6%，稳定在 3%—6% 的目标区间内。

2015 年三季度，哥伦比亚、尼日利亚等石油出口国经济增长继续呈下降趋势；东盟国家中，菲律宾、越南经济基本面较好，其他国家经济增长放缓加剧。外需疲软和大宗商品价格下跌成为经济放缓的主要原因。

2. 主要宏观经济政策

货币政策方面，为应对通货膨胀，7 月 30 日巴西央行连续第 6 次加息，将基准利率上调 50 个基点至 14.25%；为摆脱经济衰退，7 月 31 日俄罗斯央行年内第 5 次降息，将基准利率调降 50 个基点至 11%；为对抗因大宗商品价格下跌引发的通缩，9 月 29 日印度央行将回购利率从 7.25% 下调至 6.75%；逆回购利率从 6.25% 下调至 5.75%，这是印度央行年内第四次降息。为应对通胀压力，7 月 23 日南非央行将基准利率上调 25 个基点至 6%。

财政政策方面，为减少预算赤字，9 月中旬巴西政府出台了总额约 170 亿美元的财政紧缩计划，预计将产生约 2016 年巴西 GDP0.7% 的初级财政盈余。为鼓励出口，促进制造业发展，印度商工部实施了包括给予出口企业 3% 贴息在内的优惠政策。印度政府还将本财年扶持出口经费从 1800 亿卢比调至 2100 亿卢比。

整体而言，受美联储加息预期升温、大宗商品价格下跌、需求不振等因素影响，新兴经济体总体增势放缓。各经济体均面临不同的经济困境，美联储加息预期和中国经济增速放缓是影响新兴经济体经济表现最重要的外部因素。

三、大宗商品及资本市场价格走势

（一）大宗商品市场

2015 年三季度，全球大宗商品价格恢复下行趋势，较 2015 年二季度明显下滑。7 月份大宗商品价格下跌 7%，达 2015 年 1 月份以来最低点，其中原油价格领跌 11.2%，均价为 54.4 美元/桶，非能源类大宗商品价格小幅下跌 2.5%；8 月份大宗商品价格下跌 9.4%，原油价格暴跌 16%，均价为 45.7 美元/桶，非能源类大宗商品价格下降 3.7%；9 月份大宗商品价格跌幅收窄至 0.8%，原油价格略微回升 1.2%，均价为 46.3 美元/桶，非能源类大宗商品价格下跌 1.9%。2015 年三季度，美联储加息预期升温、伊朗石油增加供给等因素都推动了大宗商品价格继续下跌，但美国等发达国家石油需求回升、OPEC 减产或将为近期大宗商品价格提供支撑。

（二）资本市场

2015 年三季度，全球股市大幅震荡。美国标普 500 指数、道琼斯指数和纳斯达克综指三大股指全线暴跌；包括德国 DAX 指数、法国 CAC 指数、英国富时 100 指数等在内的欧洲股市大幅下挫；中国、日本、中国香港等亚太股市也全线下跌。全球资本市场遭受重创。

汇率市场也出现波动。部分新兴市场货币大幅贬值。人民币兑美元汇率大跌，兑欧元、英镑汇率也出现不同程度下跌；俄罗斯卢布、巴西雷亚尔、南非兰特腰斩；印度卢比兑美元汇率也大幅下跌。

四、四季度及下一阶段世界经济形势展望

四季度，世界经济下行压力仍较大，仍将面临一系列挑战：一是美联储加息预期。美联储加息一再延后，外界普遍预测美国将在 2015 年 10 月份或 12 月份加息，这将导致全球金融条件收紧，融资成本增加，新兴经济体可能出现资本外流，给新兴经济体带来挑战。同时美元持续升值有可能使美国经济增长趋缓，进而使全球经济增长承压。二是新兴经济体整体增长放缓。后金融危机初期，新兴经济体增长较快，成为拉动世界经济复苏的重要引擎。进入 2015 年以来，中国经济增

速放缓，巴西、俄罗斯经济前三季度经济持续负增长，新兴经济体除印度、越南等少数国家增长较快外，受外需不振、大宗商品价格低迷影响，整体经济增势放缓，增长乏力。三是欧洲陷入内外交困。欧洲难民问题持续发酵，叙利亚难民大量涌入欧洲，使欧洲陷入几十年来最严重的难民危机。此外，欧盟还面临经济上复苏乏力，以及叙利亚问题、乌克兰问题等外部因素挑战，内外交困不仅影响欧盟经济发展和社会稳定，也给世界经济复苏带来隐忧。四是地缘政治风险仍存。叙利亚局势生变，俄美、俄欧在叙利亚、乌克兰等问题上的对抗恐或将持续；缅甸政变、中国南海领土争端等，这些不确定的地缘政治风险为全球经济增添了不确定性。五是自然灾害风险。如 2015 年 9 月份智利 8.3 级地震，并引发海啸给智利造成重大经济损失，对该国经济发展带来不利影响。

总的来看，未来一段时期，世界经济复苏乏力，增长动能不足，全球经济增长预期频频下调，整体上世界经济将处于“新疲态”。IMF 已将世界经济 2015 年、2016 年两年增长预期下调至 3.1% 和 3.6%。但调整中世界经济也积累着新动能，孕育着新突破。推进结构性改革成为美、欧、日等发达经济体和金砖国家等主要新兴经济体实现经济复苏和可持续增长的共同诉求。中国正在推进的改革和结构调整，互联网 + 等新业态的迅猛发展，“一带一路”沿线国家共商共建“一带一路”，各自贸协定推动的区域一体化，或给世界经济注入新动力。

（世界经济课题组）

2015 年四季度世界经济形势分析及展望*

2015 年四季度，美国持续温和扩张，欧盟和欧元区通缩压力有所缓解。受美联储加息预期和大宗商品价格低迷影响，新兴经济体增长进一步放缓。政策层面，发达经济体货币政策不一，美联储近 10 年后重启加息进程，而欧洲央行、英国央行维持现行货币政策不变。全球金融市场震荡程度有所缓和，大宗商品价格重拾跌势，依赖大宗商品出口的经济体继续承压，财政压力凸显。未来一段时期，美联储加息进程和中国经济增长放缓将成为影响世界经济走势最重要的因素。

一、四季度世界经济总体情况

四季度，全球经济复苏低于预期且走势分化。美国经济保持稳定增长态势，就业市场表现强劲，如期启动 10 年来的首次加息。欧元区和日本尽管实行了量化宽松货币政策，但短期内难以恢复到目标通胀水平。新兴经济体增势进一步放缓，短期内难有大幅改善。巴西、俄罗斯经济延续 2015 年以来的低迷走势，通胀压力不减；印度、越南等新兴经济体虽增长较快但势头有所放缓。

二、主要经济体经济表现

（一）美国

1. 主要经济指标

四季度，美国经济继续温和扩张。就业市场表现强劲，通胀水平有所上升，消费支出继续增加，但制造业活动出现收缩迹象，营建支出有所下滑，进口大幅下降，GDP 增速略低于三季度，约为 1.5%，全年增速有望达到 2%。相对稳固的

* 本文写于 2016 年 1 月。

经济形势也促使美联储于 12 月份宣布启动货币政策正常化进程。

就业市场表现强劲。就业市场各项数据均有所提升。10—12 月份，美国新增非农就业岗位分别为 30.7 万人、25.2 万人和 29.2 万人，大幅高于市场预期。失业率连续 3 个月保持在 5.0%，已接近美联储预估的充分就业水平。劳动参与率稳步提升，10—12 月份分别为 62.4%、62.5% 和 62.6%。就业市场的强劲表现，为美联储选择在 12 月份加息提供了重要支撑。

通胀水平继续上升。剔除食品和能源，10 月份美国核心 CPI 环比上涨 0.2%，同比上涨 1.9%；11 月份美国核心 CPI 环比上涨 0.2%，同比上涨 2%，创 2013 年 2 月份以来最高水平。10 月份和 11 月份美国核心 PCE 物价指数同比涨幅均为 1.3%，正向美联储 2% 的目标靠近。

制造业活动陷入收缩。受出口下滑和能源需求减少等因素影响，四季度美国制造业活动由扩张转为收缩。10 月份美国 ISM 制造业指数为 50.1，11 月份该指数降至 48.6，跌破 50 的枯荣线。12 月份继续下降至 48.2，连续六个月下跌并创 2009 年 6 月份以来新低，而连续两个月低于枯荣线也是 2009 年 7 月份以来的首次。

消费支出继续上升。10 月份美国个人可支配收入环比增长 0.4%；个人消费支出环比增长 0.1%。11 月份个人可支配收入环比增长 0.3%；个人消费支出环比增长 0.3%。10 月份美国商品零售额初值环比微增 0.1%，11 月份环比增长 0.2%。但值得关注的是，消费者对未来美国经济和就业市场的预期并不稳固，美国谘商会消费者信心指数从 9 月份的 103 降至 12 月份的 96.5，并在 11 月份创下 2014 年 9 月以来的新低 90.4。

房地产市场稳中有降。四季度美国房地产市场稳步复苏，新屋和成屋销售状况分化。10—11 月份新屋销售年化总数分别为 47 万户和 49 万户；10—11 月份成屋销售年化总数分别为 536 万户和 476 万户，环比下降 3.4% 和 10.1%，创 2014 年 4 月份以来最低。制造业支出方面，10 月份营建开支微增 0.3%，11 月份下降 0.4%，结束了连续数月的上升势头。

贸易逆差略有减少。受企业去库存和国内需求放缓等因素影响，11 月份商品进口额创 2011 年 2 月份以来新低，而美元走强和海外需求不振对出口的影响仍在持续。由于进口降幅大于出口，贸易逆差从 10 月份的 446 亿美元降至 424 亿美元。

美元指数区间震荡。美元指数在一季度突破 100 点大关后，二、三季度呈回调和区间震荡态势。受美联储加息预期影响，四季度美元指数再度走高，上涨 2.5%，并达到全年最高值 100.47，全年涨幅超过 9%。

2. 主要政策措施

10 月份，美国财政部宣布 2015 财年联邦预算赤字 4390 亿美元，赤字率 2.5%，赤字规模降至 8 年来最低。11 月份，美国财政部发布新规，重点打击“税收倒置”行为，避免美国企业通过并购交易偷逃税款。12 月份，美国国会批准 2016 财年综合支出法案，正式批准了《IMF2010 年份额和治理改革方案》。该法案还解除了实施 40 年之久的美国原油出口禁令，但受全球市场供过于求等因素影响，解禁原油出口短期内对国际油价影响有限。

TPP 达成协议后，奥巴马政府将贸易谈判的重心转向 TTIP。11 月份，TTIP 第十一轮谈判取得积极进展，美欧双方交换了相互免除 97% 对方商品进口关税的方案，并承诺将加快谈判节奏，力争 2016 年完成谈判。

货币政策方面，12 月 16 日，美联储近 10 年来首次开启加息周期，宣布将联邦基金利率提高 25 个基点，使目标区间升至 0.25%—0.5%。加息符合市场预期，未来美联储的加息节奏将成为市场关注的焦点。根据美联储发布的联邦基金利率预测中值，2016 年年底联邦基金利率将达到 1.25%—1.5%。这意味着 2016 年美联储可能还会有数次加息。如加息节奏把握不当，不但美国经济增长受到影响，全球经济也将面临新的冲击。

（二）欧盟与欧元区

1. 主要经济指标

四季度，欧洲通缩压力较三季度有所下降，通胀年率再度回归零以上。10—12 月，欧元区通胀年率分别为 0.1%、0.2% 和 0.2%。10—11 月，欧盟通胀年率分别为 0% 和 0.1%。就业市场进一步改善。10—11 月，欧元区失业率分别为 10.7% 和 10.5%；欧盟失业率分别为 9.3% 和 9.1%。制造业加速扩张。10—12 月，欧元区制造业 PMI 分别为 52.3、52.8 和 53.2，高于市场预期。欧央行发布四季度专业预测者调查数据显示，2015—2017 年，欧元区 GDP 增速分别为 1.5%、1.7% 和 1.8%；失业率分别为 11.0%、10.5% 和 10.1%。

欧盟主要经济体中，受油价下跌、个人消费增长、难民潮等因素影响，四季度德国经济或温和增长 0.4%。10—12 月，德国失业率分别为 6.4%、6% 和 6.1%。其中，11 月份失业率为 1991 年以来最低水平。2015 年全年英国经济或增长 2.6%。10—12 月，英国建筑业 PMI 分别为 58.8、55.3 和 57.8，表明英国建筑业扩张速度有所反弹。四季度法国经济或增长 0.4%。10—11 月，法国 CPI 环比分别上升 0.1% 和下降 0.2%；家庭消费支出持续下降，环比分别下降 0.7% 和 1.1%。

2. 主要政策措施

政策方面，欧盟和欧元区推出以下政策措施：一是通过总额为 1550 亿欧元的 2016 年预算草案。其中，超 20 亿欧元用于应对难民危机，95.4 亿欧元用于“地平线 2020”计划；二是批准“地平线 2020”第二个两年期工作计划。该工作计划将在 2016—2017 年为欧盟研发项目提供近 160 亿欧元资金支持；三是提议建立欧洲存款保险制度（EDIS），以增强金融稳定性，提高储户信心；四是批准对希腊国民银行追加 27.1 亿欧元国家援助。欧委会认为，通过一系列重组措施，希腊国民银行将有能力按照欧盟国家援助原则向希腊提供贷款。

货币政策方面，为应对通缩压力，欧央行行长德拉吉表示将资产购买计划延长至 2017 年 3 月份或更久，直至达成通胀目标；同时，将存款利率下调 10 个基点至 -0.30%，自 2015 年 12 月 9 日生效。主要再融资和边际贷款利率分别维持 0.05% 和 0.30% 不变。12 月 10 日，英国央行维持现行货币政策，即维持 0.5% 基准利率和 3750 亿英镑资产购买规模不变。

（三）日本

1. 主要经济指标

四季度，由于新兴市场增速放缓导致日本出口不景气，同时个人消费增幅低于预期，12 月份日本政府将 2015 财年日本经济增长预期由 1.5% 下调至 1.2%。但日本经济整体仍处在温和复苏阶段，劳动力市场稳步改善，收入缓慢上升。目前利率依旧维持较低水平，核心通胀接近于零，但通胀潜在趋势正在改善。日本 11 月份 CPI 环比下降 0.3%，同比上升 0.3%；就业形势不断改善，失业率维持在较低水平，11 月份失业率为 3.3%；工业和服务业产出均有所上升，11 月份工业产出指数同比上升 1.6%，10 月份服务业产出同比上升 2.6%；经常账户盈余有所改善，11 月份经常账户盈余为上一年同期的 2.6 倍，连续 17 个月保持盈余。

2. 主要政策措施

货币政策方面，日本央行继续维持基础货币年增长 80 万亿日元不变，直至通胀稳定在 2% 的水平。但预计通胀率将暂时维持在零。为此，日央行 12 月份宣布，将采取进一步刺激措施，以支持企业实体资本和人力资本投资、促进 QQE 平稳实施。具体措施包括：一是每年新增 3000 亿日元用于购买交易所交易基金（ETF）；二是在现有企业分类中新增“积极进行实体资本和人力资本投资的企业”一类，作为金融机构投资和贷款的合格对象以巩固实体经济增长；三是延长贷款支持计划期限；四是扩大银行贷款合格抵押品范围；五是将日本国债存续期从 7—10 年延长到 7—12 年；六是扩大房地产投资信托（J-REIT）购买量。

财政政策方面，12 月份日本内阁会议通过支出总额为 96.72 万亿日元的 2016 财年预算案，同比增加 3800 亿日元，创历史新高。此外，预计 2016 财年日本税收收入将达 57.6 万亿日元，达 25 年来之最。

综合改革政策方面，11 月份日本首相安倍晋三公布了“高质量基础设施合作伙伴关系：投资亚洲的未来”实施细则，具体措施包括：一是通过日本国际协力机构（JICA）推进亚洲基础设施建设援助工作；二是与亚洲开发银行（ADB）建立合作。未来 5 年，JICA 与 ADB 将提供 100 亿美元的联合贷款，推进高质量公共基础设施建设；三是通过日本国际协力银行（JBIC）增加对高风险项目的援助。

（四）新兴经济体

1. 主要经济指标

四季度，新兴经济体整体增速放缓，主要新兴经济体经济增长呈分化态势，资本大量流出，货币贬值压力加剧。印度经济加速增长，巴西和俄罗斯持续负增长，疲弱走势短期内难以改善。总体上，多数新兴经济体仍面临较为严峻的增长压力，但2016年新兴经济体整体经济增速或温和回升。世界银行（World Bank）将2016年新兴经济体经济增速预期调至4.8%。

巴西经济持续萎缩。继三季度GDP同比萎缩4.5%后，巴西经济已连续3个季度负增长。四季度巴西经济仍维持低迷走势。预计2015年巴西经济萎缩3.7%，巴西目前的经济衰退或将持续到2016年，但2017年有望回归增长。通胀高企，10—11月份，巴西CPI年率同比上升9.93%、10.48%，2015年通胀率为10.67%，创13年来新高，远高于其设定的2.5%—6.5%的目标区间，通胀压力持续加剧。

国内改革效果初步显现、服务业加速增长等因素支持印度经济较快增长。印度三季度GDP同比增长7.4%，较二季度有所提升。印度2015年GDP增速或在7%—7.5%。10—11月份，印度CPI同比上升5%和5.41%，攀至5个月以来最高点。

受油价低迷、西方制裁等因素影响，俄罗斯经济持续负增长，通胀高企。俄罗斯三季度GDP同比萎缩4.1%，2015年经济或萎缩3.9%。通胀继续高位运行，10—11月份，俄罗斯CPI同比增长15.6%和15%。

制造业、金融业向好和贸易增长使南非避免陷入“技术性衰退”。三季度南非经济增长0.7%，世界银行预计2015年南非经济增长1.3%。10—11月份，南非CPI分别为4.7%、4.8%，稳定在3%—6%的目标区间内。

四季度，新兴经济体中石油出口国经济增长继续呈下降趋势；东盟国家中，越南经济增长加速，泰国温和复苏，其他国家经济增长放缓加剧。美联储加息和大宗商品价格持续走低是一些新兴经济体增长放缓的主要原因。

2. 主要宏观经济政策

货币政策方面，为应对通胀高企，巴西央行维持基准利率14.25%不变；为摆脱经济衰退，俄罗斯央行维持指标利率11%不变。为防止通胀继续走高，印度央行维持基准回购利率6.75%不变；为稳定南非兰特汇率，南非央行将基准利率上调25个基点至6.25%。

财政政策方面，巴西财政状况显著恶化，10月份巴西赤字率达9.5%。11月30日，巴西政府宣布冻结2015年剩余财政支出，除必要的社会福利项目以及强制性费用外，取消其他领域的非刚性支出项目。为增加财政收入，实现财政目标，12月16日，印度政府宣布汽油特别消费税每升上调0.3卢比，柴油特别消费税每升上调 1.17 卢比。利用国际油价暴跌上调消费税将使印度政府在 2015—2016 财年增加 250 亿卢比财政收入。

整体而言，受美联储加息、大宗商品价格走低等因素影响，2015 年新兴市场 20 年来首现资本净流出现象，新兴经济体总体增速放缓。世界银行预测，发展中经济体 2016 年经济增速或为 4.8%，俄罗斯和巴西将会继续陷于衰退，以印度为首的南亚地区将会成为新兴市场经济体中的亮点。

三、大宗商品及资本市场价格走势

（一）大宗商品市场

四季度，全球大宗商品价格延续下行趋势，较 2015 年三季度明显下滑，跌幅有所收窄。10 月份大宗商品价格下跌 0.2%，其中原油价格上涨 1.4%，均价为 47.0 美元/桶，非能源类大宗商品价格小幅下跌 0.9%；11 月份大宗商品价格跌幅扩大至 5.5%，原油价格大幅下跌 8.1%，均价为 43.1 美元/桶，非能源类大宗商品价格下降 3.7%；12 月份大宗商品价格持续下跌趋势，原油价格暴跌 15%，均价为 36.6 美元/桶。四季度，全球大宗商品供给充足而需求不振、厄尔尼诺现象等因素都推动了大宗商品价格继续下跌，地缘政治冲突或导致 OPEC 减产协议难以达成，大宗商品价格仍将承压。

（二）资本市场

经过三季度全球股市的大幅震荡，四季度市场情绪有所平复。截至 12 月 30 日，美国道琼斯工业平均指数收跌 0.66%，报 17603.32 点；标普 500 指数收跌 0.72%，报 2063.35 点；纳斯达克综合指数收跌 0.82%，报 5065.85 点。欧洲股市方面，欧洲泛欧绩优 300 指数收跌 0.45%，报 1446.64 点；英国富时 100 指数收跌 0.69%，报 6271.10 点；德国 DAX30 指数收跌 1.08%，报 10743.01 点；法国 CAC40 指数上涨 8.5%。亚洲股市方面，上证指数涨 0.26%，报 3572.88 点；深证指数涨 0.65%，报 12889.83 点；创业板指数涨 1.08%，报 2779.51 点；香港恒指跌 0.53%，报 21882.15 点；日经 225 指数涨 0.27%，报 19033.71 点；韩国综指跌 0.25%，报 1961.31 点；台湾加权指数跌 0.17%，报 8279.99 点。

汇率市场再现震荡。南非货币兰特兑美元汇率创历史新低。巴西货币雷亚尔 2015 年贬值幅度已达 31%。12 月 1 日，IMF 宣布将人民币纳入特别提款权（SDR）货币篮子后，美元指数自高位回落，跌破 100 大关，欧元、日元、澳元等货币兑美元集体上涨，其中澳元涨幅较大，超过 0.75。美联储宣布加息 25 基点后，美元指数迅速上涨30余点，至98.4；欧元兑美元回落40余点，最低至1.0888。12月16日，阿根廷宣布取消实行了4年的外汇管制措施，引发阿根廷比索兑美元汇率的大幅波动，单日最大跌幅高达41%。紧随其后，12月21日，阿塞拜疆突然宣布取消汇率管制，以浮动汇率制取代2011年以来本币马纳特盯住美元的汇率机制，马纳特兑美元汇率日内狂泻47.6%，跌至1995年以来的最低水平。人民币兑美元汇率跌势延续，12月30日，在岸人民币兑美元收盘跌0.08%，报6.4902元，创2011年5月以来最低收盘纪录。

四、2016年第一季度世界经济形势展望

2016年第一季度，世界经济下行压力仍较大，形势依然不乐观：一是美联储加息进程的不确定性。2015年12月份，美联储首次加息，2016年可能还有3—4次加息，但加息的力度和频率以及美联储紧缩周期的长短都存在不确定性。这将进一步导致新兴市场汇率和资本流动波动加剧，给新兴经济体带来冲击。二是新兴经济体增速可能进一步下滑。2015年新兴经济体增长低于预期。拉美最大的经济体巴西陷入严重的经济衰退，主权债务评级遭降，石油腐败丑闻持续发酵，货币雷亚尔暴跌，财政赤字不断恶化。俄罗斯卢布大幅跳水，同时受西方经济制裁，2016年经济难有好转。中国经济仍将推进结构调整，2016年增速可能进一步放缓。三是欧洲经济面临诸多挑战。欧元区失业率高企，部分成员国还面临着“去杠杆”和结构性改革进展缓慢等挑战，难民涌入欧洲导致政府支出增加，这些因素都将影响欧洲经济的进一步复苏。四是地缘政治风险仍存。因俄战机被击落事件，俄土关系持续恶化，中东地区什叶派和逊尼派之间的冲突，“伊斯兰国”等恐怖主义的蔓延等，这些不确定的地缘政治风险为2016年全球经济增添了不确定性。五是自然灾害风险。10月份阿富汗发生7.8级地震，巴基斯坦、印度、乌兹别克斯坦等邻国均受影响，危地马拉因暴雨引发泥石流，12月份印度南部遭遇罕见大雨引发洪灾，这些重大自然灾害给受灾国带来巨大经济损失，对这些国家的经济带来风险和挑战。

展望未来，世界经济增长形势依然不容乐观。联合国发布《2016年世界经济形势与展望》报告预测，2015年全球经济增长预计仅为2.4%。未来两年世界经济形势将出现改善，但幅度有限。预计2016年和2017年世界经济将分别增长2.9%和3.2%。发展中国家将在2016年和2017年分别增长4.3%和4.8%；其中，南亚将成为经济增长最快的地区，2016年或增长6.7%。主要发达经济体中，美国2016年或增长2.6%、欧盟增长2%、日本增长1.3%。

（世界经济课题组）

美国智库谈全球经济治理改革和中美经济关系*

2015 年 4 月 27 日，亚太中心周强武副主任等一行三人在美国华盛顿拜会了彼得森国际经济研究所（PIIE）和美国企业研究所（AEI），分别与 PIIE 高级研究员、前美国财政部主管国际事务部长助理杜鲁门（Ted Truman）、AEI 亚洲研究事务主管布鲁门撒尔（Dan Blumenthal）等专家，就 TPP、TTIP、RCEP 等区域贸易安排，WTO 和 G20 等全球经济治理机制，中美经济关系，亚投行等问题进行了交流。会谈相关情况如下，供参考。

一、关于 TPP、TTIP、RCEP 等区域经济治理改革

（一）TPP 进展整体顺利

1. TPP 年内达成可能性非常大

PIIE 高级研究员杜鲁门、霍夫鲍尔（Gary Clyde Hufbauer）表示，TPP、TTIP 等超大区域（Mega - regional）贸易协议一旦达成，将重建全球贸易机制和秩序，迫使 WTO 不得不做出调整，以适应新形势。TPP 将在美国国会博弈激烈，但最终能达成妥协并获得通过。而贸易促进授权（TPA）法案已在参议院金融委员会以 20:6 获得通过，预计 6 月份参议院在对 TPA 法案进行程序性表决时，可获得 65 票赞成，届时将大大促进 TPP 协议的达成。TPP 将在奥巴马任期内甚至本年内获得批准，预计将在 2017 年生效。如果本年度内未获批准，随着奥巴马在美国会影响力进一步下降，以及美国进入总统选举季，TPP 将更难获得批准。因此，今年是决定 TPP 最终能否获批的重要一年。

* 本文写于 2015 年 6 月 8 日。

AEI 亚洲研究事务主管布鲁门撒尔、高级研究员史剑道（Derek Scissors）认为，TPP 很可能在今年底达成协议并在国会通过。如果再往后拖，困难将更大。关于达成的 TPP 协议能否获得 12 个成员国批准，AEI 认为，只要美国能与日本达成协议，TPP 就将能够完成各国国内立法批准程序。

2. TPP 谈判主要分歧在美加之间

霍夫鲍尔表示，美日间 TPP 谈判重点为肉制品、奶制品和汽车，但双方谈判已接近尾声，分歧也越来越小。而美加间的 TPP 谈判相比美日间分歧更大，难点集中在农业领域。此外，加拿大即将举行的大选也将为美加谈判带来变数。如果现任总理哈珀下台，美加 TPP 农业问题谈判至少会在大选结束 1 个月甚至更久之后才能重启，将影响 TPP 整体进程。

（二）TTIP 无法在奥巴马任期内完成

霍夫鲍尔表示，相比 TPP，TTIP 谈判进展缓慢得多。TTIP 刚刚在纽约结束第九轮谈判。欧盟内部问题牵扯了欧洲太多精力，而奥巴马政府在任期内也没有更多能力来同时完成 TPP、TTIP 这两个规模巨大的谈判。美欧就 TTIP 的谈判没有太多意识形态领域的分歧，但在农业、金融等行业上分歧严重，奥巴马任期内几无达成协议的可能。若美下一届政府不愿意继续谈判，TTIP 可能中断或无限期推迟；若愿意继续谈判，美欧双方将在监管、采购、服务贸易等领域继续角力。尽管 TTIP 谈判难度很大，难点很多，但一旦达成一致，将给双方贸易带来巨大利好。

（三）RCEP 谈判难以取得实质性进展

霍夫鲍尔对 RCEP 能否取得实质性进展持怀疑态度，认为即便能达成一致，影响力也会比 TPP 弱很多。RCEP 对成员国约束较少，达成协议后可能会降低关税，但不会包括有关知识产权保护、劳工、环境保护的硬条款。RCEP 对成员国的吸引力更多是基础设施领域的投资和发展。

二、关于 WTO 和 G20 等全球经济治理机制

（一）WTO 或在后 TPP、TTIP 时代退出历史舞台

霍夫鲍尔表示，一旦 TPP、TTIP 等区域贸易谈判达成协议，WTO 成员国在多哈回合谈判等重要议题上取得进展的希望将更加渺茫，美国商界已对 WTO 失去信心，进而将影响政界决策。如果能在贸易便利化协议（TFA）、信息技术协定（ITA）和服务贸易协定（TISA）三个谈判上取得进展，WTO 还可能继续发挥作用；否则，WTO 可能在分化成这些单个协定谈判后退出历史舞台。

（二）G20 效率和约束力不足

AEI 亚洲研究事务主管布鲁门撒尔、高级研究员史剑道认为，G20 的宗旨是为推动工业化国家和新兴市场国家之间就实质性问题进行开放且富有建设性的讨论和研究，以寻求合作并促进国际金融稳定和经济持续增长。G20 涵盖面广，代表性强，成员 GDP 占全球经济 90%，贸易额占全球 80%，已成为全球经济合作的主要论坛。然而，尽管 G20 已提升至领导人峰会层面，但从达成成果的效率和成果对成员国的约束力上看，G20 还有很大提升空间。相较而言，中美双边对话往往更直接且高效。

三、关于中美经济关系

（一）中美 BIT 谈判在奥巴马任期内无法达成协议

霍夫鲍尔表示，由于中美关系在政治上的特殊性，及美国大选年即将开始，在奥巴马本届任期最后一年半内，中美 BIT 谈判无法达成协议。奥巴马能做的只能是尽量使 BIT 谈判向好的方向发展，为下一届政府、下一届国会达成并通过铺平道路。BIT 最早只能在 2017 年达成。在大选年，双方可以尝试在一些小的议题上取得突破，如改善中国企业在美营商环境、获得更多投资美国的资金，但在中美 BIT 谈判、中美增加双边投资、网络安全等重大问题上很难取得突破。

关于增加中国在美投资，中方可以对美地方政府做更多工作，因为不论美国内政治如何变动，作为地方官员，他们都希望能吸引更多来自中方的投资。

（二）美方不会承认中国的市场经济地位

霍夫鲍尔表示，美国不会考虑正式承认中国的市场经济地位。从目前情况来看，美国在某些领域实际承认了中国的市场经济地位，在另一些领域又无法认可中国的实际做法。他强调，中美经济已经高度融合，承不承认市场经济地位已无实际意义，只是从表面上好听些而已。

（三）中美经济关系稳定，中方应改善市场环境，促进中美双边经济合作

史剑道提出，中美双方在财金领域合作广泛，深度交融，不仅表现在贸易和经济外交领域。相对军事、外交关系而言，中美双方经济关系更加稳定。中美双方如何看待亚洲的未来，将在很大程度上决定亚洲未来发展方向。

霍夫鲍尔表示，中国必须实施利于提升竞争的经济改革，使中美间企业、产品和服务能平等竞争。中国越向自由竞争市场发展，中美间合作的空间就越大。

四、关于亚投行

霍夫鲍尔表示，奥巴马政府对中国倡议成立的亚投行存在重大误判：美国未曾想到亚投行有如此数目国家的支持，也未曾想到没能成功阻挠其主要盟国的加入。美国不应阻挠他国加入亚投行，而应采取更加开放的态度，亚投行的运行和将要发挥的作用应由市场来决定和衡量。美国朝野对此有共识，且奥巴马政府事实上已在采取“回补措施”，如公开声明美国未曾反对中国主导成立的亚投行等。

杜鲁门表示，中国政府倡导成立的亚投行是中国从被动应付国际形势转变为主动参与主导国际形势的有力尝试。各方在章程谈判过程中，应充分借鉴现有国际多边机构在决策机制、贷款条件、环境保护方面好的做法，坚持高标准，确保成果实实在在惠及亚洲地区发展。

在会谈过程中，亚太中心周强武副主任就 PIIE、AEI 几位专家的主要观点做了简短回应。

关于全球经济治理改革，周表示，WTO 在 1995 年正式取代关贸总协定，成为当代最重要的国际经济组织之一，成员国贸易总额达到全球 97%，有“经济联合国”之称。无论是关贸总协定还是 WTO，美国都从其倡导的自由贸易体系中获益良多。尽管全面完成多哈回合谈判还存在诸多挑战，WTO 的效率和有效性也饱受诟病，但作为全球第一大经济体，美国应积极推动 WTO 取得新进展，而不是相反。我们主张应继续维护 WTO 在全球贸易规则制定中的主导地位，同时支持区域和次区域的贸易机制安排，进而推动世界贸易发展。

关于亚投行，周表示，首先，中方在筹建过程中一直秉持开放、透明的理念，一直与包括美国、日本在内的域内外国家进行沟通，希望有关国家以创始成员身份加入。美国目前已失去创始成员的机会，但我们仍期待美国等有关国家能以普通成员身份加入，与中方和其他创始成员一道积极为亚洲互联互通、基础设施建设做出贡献。其次，亚投行是对世行、亚行等现有多边开发银行的有益补充，是平等的伙伴关系，亚投行在筹建及未来运行过程中，将积极与世行、亚行等现有多边开发银行在知识共享、能力建设、人员交流、项目融资等方面开展合作，共同提高本地区基础设施融资水平。

（陈 茜 胡振虎）

世行经济学家谈美国经济和世界经济形势*

2015 年 4 月 27 日，亚太中心周强武副主任等一行三人在美国华盛顿拜会了世界银行发展预测局高级经济学家马克·施特克尔（Marc Stocker）等专家，就美国经济和世界经济形势等问题进行了深入交流。会谈相关情况如下，供参考。

一、美国经济近期总体向好，货币政策正常化或延迟

（一）美国经济 2015 年总体向好

尽管 2014 年四季度美国经济增长动力稍有减弱，但从全年情况看，美国经济增长动力依然强劲。2015 年，美国经济将继续向好，增长率预计将达到 3%；就业形势趋好，2015 年年底失业率或从目前 5.5% 的水平进一步降至 5.2%；通胀率走低，约为 0%。

以下三个因素将对 2015 年美国经济产生不利影响：一是劳动参与率仍处于低位，即使在经济恢复过程中也没有太大提升空间。这背后有人口因素，体现为“婴儿潮”一代退休。二是低通胀不利于鼓励失业者重返工作岗位。通胀持续走低会影响失业者再就业或接受培训的动力。三是美元走强给经济增长带来不利影响。强势美元具有双重作用：一方面，与美元走强相伴的是能源、贵金属等大宗商品价格的走低，有利于美国获得低价能源，促进投资与消费，进而拉动经济增长，同时还有利于减少进口支出。另一方面，美元走强会使进口需求增加，同时抑制他国对美国产品的需求，不利于贸易赤字的下降。在美元的特殊地位无法替代的情况下，2015 年强势美元对美国经济的负面影响有限。

---

* 本文写于 2015 年 6 月 8 日。

（二）美国经济的外部风险大于内部风险

从国内情况来看，美国存在投资偏低、劳动参与率不高的问题，应增加公共投资，并实施积极就业政策，鼓励失业者重回劳动力市场。就业市场好转是美国经济保持增长的原因。总体来看，美国经济面临的风险主要来自外部，外部风险大于内部风险，主要包括：第一，美元继续大幅升值将加剧世界其他地区特别是新兴市场的金融紧张状态；第二，发达经济体经济停滞且通胀率低仍可能阻碍复苏；第三，新兴市场和发展中经济体通过宏观经济措施促进增长的空间有限，仍需继续实施结构性改革；第四，乌克兰、中东和西非地区当前冲突事件造成的地缘政治紧张可能产生区域和全球性溢出效应。

（三）货币政策正常化或延迟至 2016 年

美联储认为，美国货币政策正常化需满足两个前提条件：劳动就业率接近 5.2% 的目标值，通胀率接近 2% 的目标值。第一个条件现已基本满足，美国就业率目前为 5.5%，并将朝着目标值继续下降。但目前通胀率距离目标值仍有很大差距。受低油价影响，美国目前通胀率为 0%，核心通胀率在 1.5% 左右。因此，相比之前有关美联储将在 6 月份实现货币政策正常化的预测，世行预计美联储更有可能在 9 月份改变“前瞻指引”政策。美国经济走势仍存在一定变数，因为目前美元走强抵消了油价下跌带来的利好，一旦油价开始上升，而美元继续走强，则将影响美国经济走势，并可能将美国货币政策正常化时间推迟至 2016 年或更晚时候。即便美联储开始货币政策正常化，利率提高进程也会非常缓慢。

二、世界经济温和复苏，仍面临较大风险

（一）世界经济下半年好于上半年，今明年总体趋好

世界经济 2015 年开局并不好，一季度世界经济整体收缩，表现在：受极寒天气、亚洲贸易伙伴需求减少、美元走强影响，美国经济活动并不活跃，低油价也影响了美国石油产业的动力，一季度经济增速约为 1%；中国一季度增速为 5.3%；巴西一季度增长也骤然减速。但是，这些影响因素都是临时性的，第二季度包括美国、中国、巴西、俄罗斯在内的各国经济都将好转。

关于未来两年世界经济增长预期，世行预计，美国 2015 年经济增长 3%，2016 年降至 2.5%；中国近两年经济增速都将低于 7%；欧元区 2015 年增速为 1.5%，2016 年升至 1.8%；日本 2015 年增长 1%，2016 年将大幅增至 1.7%。

（二）2015年发展中国家经济增长呈缓慢和分化趋势，面临较大金融市场波动风险

发展中国家近期主要面临两种转变：商品价格走低和货币政策分化。由于石油等大宗商品价格下降，主要出口国出口受阻，商品市场承受压力，财政状况恶化；而对主要进口国而言，油价下跌带动通胀走低，为其提供了更大的财政空间，增强了抗风险的能力。出口国和进口国外汇储备也发生了不同方向变动。

此外，美国和欧元区货币政策分化已导致全球利率处于历史地位，并可能引起主要国际储备货币汇率大幅波动，加大外债较高且存在较大货币错配发展中国家出现金融动荡的风险。世行预计，2015年，中国经济增速为7.1%，俄罗斯萎缩3.8%，巴西萎缩1.2%，土耳其增长3%，南非增长2%，印度增速将首次超过中国。

（三）欧洲经济复苏好于预期，但风险犹存

欧元区经济2015年企稳向好，再加上新一轮量化宽松货币政策作用，价格下降推动出口增长，消费者信心提升增加支出，形势好于世行之前的预期。欧洲外围国家经济形势也在改善：西班牙经济增速已达到2%，失业率下降，出口增加，财政状况改善，财政紧缩措施适度放松；尽管葡萄牙经济还不算好，但也已企稳回升；希腊问题目前仍僵持不下，但双方近期会有所突破并最终达成一致意见。

然而，从欧洲整体看，经济好转幅度还不明显，主要表现在债务水平仍居高不下。投资不足、债务水平居高不下、失业率高、金融市场碎片化仍是欧洲经济实现进一步增长需解决的问题。

（四）全球通缩压力源自油价暴跌，欧洲通缩情况堪忧

当前全球多个经济体同时出现通缩情况，是油价暴跌带来的影响。但这在美国并没有造成需求减少、通胀率进一步下降的恶性循环。相比美国，欧洲情况更令人担忧，因为在油价下跌之前，欧洲已经出现通胀率走低，而油价下跌后，造成通胀率进一步走低，甚至出现通缩。如果极低的通胀水平持续下去，将可能与欧元区消费疲弱、投资不振以及人口老龄化、劳动力市场缺乏弹性、缺乏统一的银行业联盟等结构性问题相互作用，形成螺旋式通货紧缩。

（五）国际油价本轮下跌源于供给过剩，明年将逐步上升

国际油价自2014年7月份以来已下跌57%，在美国宣布将自2015年年中减产后，已略有回升。本轮油价下跌主要源于供给过剩。世行预计，国际油价2015年将保持在53美元/桶左右，2016年将升至约57美元/桶。

（陈　茜　胡振虎）

IMF《2015 年对外部门报告》简介*

近日，国际货币基金组织（IMF）发布《2015 年对外部门报告》（2015 External Sector Report，ESR），分析了全球经济规模排名前 28 位的经济体①和欧元区 2014 年的经常账户失衡状况，评估了影响 2015 年全球经常账户失衡状况的主要因素，并对 2015 年经常账户失衡状况作出预测。为帮助各主要经济体调整经常账户失衡，IMF 提出了政策建议。报告主要内容如下，供参考。

一、近年来全球失衡状况的演变

2006—2008 年，全球失衡达到顶峰，占全球 GDP5% 以上。失衡主要表现为美国逆差和中国与主要石油出口国顺差。欧元区内，德国和荷兰的顺差总和大致相当于其他欧元区成员国逆差的总和。

2010—2011 年，全球失衡总规模从峰值水平下降了约三分之一，特别是美国和中国失衡大幅减少，对全球失衡改善做出了贡献。美国的逆差和中国的顺差相较 2006—2008 年缩小了一半以上，全球失衡集中程度较此前有所下降。

2010 年后，全球失衡总规模大体平稳，但是分布状况进一步发生变化。日本顺差基本消失，除德国和荷兰外其他欧元区成员国的经常账户总和从逆差转为小额顺差，美国的逆差进一步收缩。另一方面，韩国的顺差、英国的逆差和某些新兴市场国家的逆差都有所扩大。

* 本文写于 2015 年 10 月 20 日。

① 包括：美国、中国、日本、德国、英国、法国、巴西、意大利、印度、俄罗斯、加拿大、澳大利亚、韩国、西班牙、墨西哥、印度尼西亚、荷兰、土耳其、沙特阿拉伯、瑞士、瑞典、波兰、比利时、泰国、南非、马来西亚、新加坡、中国香港。

二、主要影响因素

1. 大宗商品尤其是石油价格下跌

石油、天然气及其他燃料价格下跌给沙特、俄罗斯等一些石油、天然气出口国带来了不利影响，但多数被评估国家为进口国，将因此受益而减少国际支出。其他大宗商品价格下降也一定程度上影响了一些被评估国家，尤其是铁矿石价格暴跌对澳大利亚和巴西影响颇大。但鉴于石油价格波幅和贸易规模较大，经常账户受其价格波动影响最为明显。按照理论推算，石油价格下跌对石油贸易收支状况的影响超过了 GDP 的 1%。

2. 主要经济体货币政策分化

随着主要经济体经济增长和通胀水平进一步分化，货币政策也随之分化。日本与欧元区分别于 2014 年下半年和 2015 年 1 月实施了大规模量化宽松政策。新兴经济体和规模较小的发达经济体也普遍实施了量化宽松。货币政策的“竞争性”宽松引起了货币贬值。

汇率波动主要集中在 2014 年 8 月至 2015 年 3 月，尤其是规模最大的几个经济体和一些石油出口国。在此期间，对美元贬值幅度最大的货币是欧元、欧元区周边贸易伙伴（如波兰、瑞典）货币、日元及实行浮动汇率的石油出口国（如俄罗斯、哥伦比亚和挪威）货币。对美元贬值最小的是印度、韩国和泰国等一些实行浮动汇率制的、石油严重依赖进口的亚洲经济体。2015 年 3 月中旬后，尽管美元一定程度上走弱，欧元走强，但汇率变动趋势不明显。货币政策分化导致的汇率波动对全球经常账户失衡状况具有重要影响作用。

3. 对短期内经常账户的预测

基于油价下降、汇率大幅波动以及内需变化等因素的综合作用，得益于石油进口支出减少，多数经济体 2015 年经常账户余额占 GDP 的比重都将上升。欧元区与日本经常账户余额占 GDP 的比重上升源于石油贸易赤字的收窄，汇率贬值的效果几乎被内需增长下滑所抵消。中国经常账户占 GDP 的比重上升主要源于石油贸易收支的改善；经常账户非石油项目收支基本没有变化，因为汇率升值的效果被生产率的提高以及内需增长放缓所抵消。经常账户余额占 GDP 比重下降的国家主要为澳大利亚、马来西亚、沙特和加拿大等大宗商品出口国，以及瑞士等受本国货币汇率升值影响的国家。美国因石油贸易收支的改善已被内需增长和汇率升值所抵消，经常账户余额占 GDP 的比重微微下滑。

三、政策建议

28 个经济体和欧元区的国情不同，因此要改善失衡面临的挑战也各不相同。在这些经济体中，中、德、韩是主要顺差国，美、英、法和巴西是主要逆差国。而美国和中国作为规模较大的经济体，对全球范围内经常账户状况影响更为明显，对全球经济的影响也较大。改善全球失衡是一个多边问题，需顺差和逆差较大的国家共同努力。

1. 逆差国减少逆差的主要措施包括：财政整顿、刺激个人储蓄、降低过量的私人需求和结构改革。具体来看，对于巴西、南非、土耳其等储蓄率过低的国家，改革应侧重于增加储蓄。尽管这些国家近年来财政整顿取得了一些进展，但仍应继续推进，尤其是在巴西、英国以及法国、西班牙等一些欧元区规模较大的经济体，财政整顿的时机和节奏要考虑经济增长和周期性因素。同时，在财政整顿和抑制需求的同时应该调整相对价格。

对于欧元区来说，由于欧元区内贸易国间的名义汇率没有调整的可能性，因此只能通过推进产品和劳动力市场改革促进相对价格调整。这些改革措施也会促进生产率提高和经济增长。近期欧元区实施宽松的货币政策，此举在提高通胀率的同时，也有利于相对价格调整。此外，还应采取措施强化银行资产负债表，并在遵守财政纪律的前提下，增加财政政策措施支持结构改革、促进公共投资。

美国目前的经常账户逆差虽然相较于其经济规模而言并不算太高，但仍是影响全球国际收支状况的重要因素。美国 2014 年经常账户缺口①（current account gap）为 GDP 的 -1.25% 到 0 之间，表明应进一步适度缩小逆差。财政整顿是缩小经常账户缺口的重要手段之一，且有利于财政可持续性。但近期美国实际有效汇率升值为美国经济增长和通胀带来了下行压力，制定政策时也要加以考虑。

2. 顺差国减少顺差的主要措施为扩大内需。具体来看，德国应增加公共投资，这会在改善经常账户顺差的同时刺激经济增长。中国及一些亚洲新兴体的经常账户顺差规模虽然近年来在下降，但经常账户缺口依然存在，因此有必要采取一系列政策措施，主要包括：加强社会安全网，推进内在的金融改革，包括逐步开放资本账户等。中国在全球金融危机以来的高投资已经拉低了经常账户的顺差，然而私人储蓄率依然过高，需推动经济再平衡，刺激消费。目前人民币实际汇率不再被低估，而人民币升值对于中国对外收支状况的作用还有待于进一步评估。中国当前的非石油经常账户顺差并没有减少，维持高储蓄率的国内政策还需进一步作出调整。为此，应继续推进改革议程，尤其是形成灵活的市场化汇率机制。

---

① 实际经常账户失衡规模与 IMF 根据经济基本面评估的经常账户失衡规模之间的差额。

3. 逆差国和顺差国调整需求的同时应配合调整真实有效汇率。此外，鉴于多数经济体都拥有充足的外汇储备，应调整政策，避免继续单边增加外汇储备积累。

（燕晓春　何　沐　邵雨薇）

第二部分

亚洲经济

2014 年人民币国际化进程分析及几点建议*

2014 年人民币国际化进程明显提速，人民币作为国际贸易结算、投资和储备货币的地位都得到大幅提升。现对近一年人民币国际化进展做一梳理，并对进一步推进人民币国际化的途径提出几点建议，供参考。

一、人民币国际化在 2014 年取得诸多成绩

（一）人民币在国际结算支付中的使用进一步扩大

根据环球同业银行金融电讯协会（SWIFT）数据，2014 年人民币在全球支付清算中的份额已升至 1.72% 的历史新高，成为全球第七大支付货币和第二大贸易融资货币。预计到 2020 年人民币将成为第四大支付货币，仅排在美元、欧元和英镑之后。2014 年人民币跨境贸易结算累计 6.55 万亿元，人民币跨境收支占全部本外币跨境收支比重近 25%，货物贸易进出口人民币结算比重超过 15%，与我国发生跨境人民币收付的国家已达到 174 个。

（二）境外人民币回流渠道及投资产品增多

截至 2014 年年底，海外人民币存量已达 2.6 万亿元。对应日益增长的海外人民币投资需求，2014 年人民币合格境外投资者（RQFII）的审批范围和额度有大幅扩展，新增了卡塔尔、法国、韩国、德国、澳大利亚和加拿大等国机构投资者，累计额度增至 2997 亿元。2014 年 11 月 17 日，沪港通正式开通，为离岸人民币提供了新的回流机制，并为国内投资者提供了投资港股的机会，促进了人民币双向

* 本文写于 2015 年 3 月 5 日。

流动，激发了国际投资者持有人民币的动机。截至 2014 年年底，约 710.6 亿元人民币通过沪港通流入 A 股市场，95 亿元人民币资金流入香港市场。同时，中国基金公司积极在境外推出债券基金产品，帮助投资者投资于中国银行间和交易所债券市场。2014 年 11 月，首支专注于中国债券的 ETF 在纽约交易所上市。2014 年年底，权威的基金评价机构 ETF. com 评选出年度最具创新性的五支债券 ETF，中国债券基金包揽前三名，表明美国投资者对人民币债券市场投资新渠道的认可。中银香港则在 10 月份在卢森堡推出欧洲首只符合欧盟“可转让证券集体投资计划（UCITS）”规格的人民币高息债券基金。

（三）离岸人民币市场迅猛发展

离岸人民币市场在全球迅速扩张是 2014 年人民币国际化的一大亮点。离岸市场建设主要通过签订双边货币互换协议和设立清算中心等方式推动。2014 年，中国与加拿大、新西兰、瑞士、阿根廷、蒙古、斯里兰卡、哈萨克斯坦等国签订或续签了双边货币互换协议，使与中国有货币互换协议的国家和地区增加到 28 个，总额度达到 3.1 万亿元人民币。与人民币可直接交易的币种也大幅增加，达到 10 种。在原美元、马来西亚林吉特、俄罗斯卢布、澳元和日元的基础上，韩元、新加坡元、欧元、英镑和新西兰元也在 2014 年实现了与人民币直接交易。货币互换及直接交易减少了美元的中间环节，企业和个人的汇兑成本及汇率风险大幅降低。

人民币离岸清算网络也在全球大幅扩张。2014 年，共有 8 个离岸人民币清算中心在伦敦、法兰克福、首尔、巴黎、卢森堡、多哈、多伦多和悉尼成立。2015 年年初，另有两个清算中心在吉隆坡和曼谷成立。欧洲金融中心竞相争夺人民币在欧洲市场的核心地位，充分体现出人民币的日益重要。多伦多的清算中心则弥补了北美地区的空白。目前境外参与提供人民币支付清算的银行超过 2000 家，提高了国际市场中人民币的使用及流通率，实现了人民币在一定范围内的自由兑换。

在离岸人民币金融市场发展方面，离岸债券市场呈现强劲增长。新发债券规模达到 5640 亿元人民币，远超 2013 年的 3760 亿元，同比增加 50%。在外汇和衍生品市场中，人民币交易地位也不断上升，已成为全球外汇市场第九大交易货币，外汇期货产品也不断丰富。2014 年 10 月，新加坡交易所推出美元/离岸人民币期货和人民币/美元期货合约，首日交易量即达 10 亿人民币。2014 年年底，境外已有 6 家交易所共推出 11 个品种的人民币外汇期货。

（四）人民币逐渐成为国际储备货币

目前全球已有至少 60 个国家的央行在其官方储备中持有人民币资产，人民币已成为世界第七大储备货币。2014 年 10 月，英国政府成功发行 30 亿元人民币国债，发行收入列入外汇储备，成为首个发行人民币主权债的外国政府，标志着人民币国际化进入新里程。欧洲央行也表示将把人民币纳入储备货币，而澳大利亚已宣布把5%外汇储备投资于中国国债。在非洲，尼日利亚的外汇储备中人民币资产已至少占到10%。人民币作为全球“非官方”储备货币的地位已被普遍接受并不断加强。

（五）大宗商品人民币计价启动

在大宗商品领域，上海黄金国际板于9月18日上线运行，以人民币计价，面向国际投资者进行交易。年底累计成交近200亿元，对建立和提升人民币在黄金定价中的国际地位起到了积极作用。

二、人民币国际化面临的问题与挑战

人民币国际化虽已取得显著进展，但相比其他国际货币，国际化程度仍偏低。根据中国人民大学国际货币研究所编制的指数，目前人民币国际化程度为1.69%，美元为52.96%，欧元为30.53%，英镑和日元分别为4.3%和4.27%，差距巨大。人民币国际化进一步深化面临的障碍和挑战主要包括以下方面：

（一）资本项目不可兑换抑制境内外投资需求

当前人民币资本账户不能自由兑换，海外投资者无法自由兑换人民币投资国内资本市场、分享中国经济增长红利。由于经常账户已经开放，境外资本会“借道”经常账户流入，绕开资本管制。近年海外需求疲软，但中国内地对中国香港出口仍有大幅增长，部分原因是境外人民币以转口贸易的方式流入国内，给资本流动的监测监管带来困难。同时，随着经济增长和居民财富增加，国内企业和个人对外直接投资、设立企业、收购兼并、进行海外房地产和金融投资的需求日益高涨。2014年中国累计实现非金融类对外直接投资1028.9亿美元。海外投资需求要求尽快放松资本账户管制。此外，人民币不可兑换导致流动性低下，也在一定程度上抑制了各国央行持有人民币作为储备货币的意愿。

（二）国内金融市场发展缓慢不利于人民币国际化进程

当前我国金融市场存在体量小、产品单一、流动性差、风险管控落后、开放程度低等问题，阻碍了人民币国际化进程。具体表现为：

金融体系仍以银行间接融资为主。由于长期以来央行对存款利率上限和贷款利率下限存在管制，银行获得了市场竞争条件下所不能获得的利差利润，服务水平和创新能力低下。一旦放开资本管制，银行可能面临存款流出和客户流失的风险。进一步放开利率管制，引入民间资本，提高银行业竞争力，是深化人民币国际化的前提条件。

在证券市场中，债券市场规模与流动性落后于美国等储备货币发行国，无法满足境内外人民币投资需求。目前中国债券市场规模仅为美国的 11%，不足日本三分之一，发行主体有限，品种也较单一。证券市场虽有显著发展，但受非市场因素影响大，内幕交易、操纵市场现象严重，市场信心缺失。外汇市场刚刚起步，期货等保值避险产品提供不足。与此同时，回流渠道狭窄，限制了境外人民币回流国内资本市场。目前境外投资者可通过沪港通、QFII、RQFII 和 RQFII - ETF 等渠道投资国内证券市场，但审批额度较小。截至 2014 年 12 月 30 日，国家外汇管理局累计审批 QFII 额度 669.23 亿美元，RQFII 额度 2997 亿人民币。作为境外人民币回流的重要通道，RQFII 额度仅略超海外人民币存量的十分之一，大多数人民币回流需要寻找其他渠道。

同时，我国金融法律法规不健全，多个领域存在立法空白，执法力度不够，投资者权益不能得到有力保障，整个市场的透明、公平和效率亟待提高。监管部门也需更多了解和尊重市场，提高监管政策有效性，减少行政干预。

（三）人民币离岸金融市场发展有限

人民币离岸金融市场在 2014 年得到迅速扩张，但从总体上看，产品种类及规模仍非常有限。目前仍以债权类工具如人民币债券和存单为主，股权型产品和基金产品相对较少。

离岸金融市场中最重要的点心债市场在 2014 年迅速扩容，但面临着供给不足、期限结构不完整、信用水平低等诸多问题。2014 年中，中国香港人民币存款达到 9260 亿，但点心债发行额只有 4370 亿元，远不能满足市场需求。无风险债券供给尤其偏低，财政部每年仅在外发行一次点心债。债券期限结构不完整，多为 1—3 年期的短期债券，缺乏中长期债券，影响了利率曲线形成。此外，点心债的信用水平也较前有大幅下降。按照穆迪（Moody's）评级，投资级别的点心债比例已由 2012 年的 40% 降至 2014 年的 26%，标准普尔（Standard & Poor's）则认为该比例低于 15%。两家评级机构计算的未评级债券比例则分别高达 69.91% 和 81.99%。信用水平低下影响到点心债市场的长期发展。

（四）国际货币惯性与国际政治因素是重要外部挑战

从货币发展史看，即使一国经济实力足够强大，该国货币也不能马上成为国际货币。美国 GDP 在 19 世纪晚期已居世界首位，但直到 20 世纪 50 年代美元才取代英镑成为全球最重要货币。现在美元在世界范围内拥有庞大的货币网络，其交易便利性和强大的流通性使国际货币使用者习惯于使用美元。而且美元代表着美国核心利益，美国必然会利用各种机制继续对人民币国际化进行阻挠。人民币要想实现突破仍需很长时间。即便在亚洲，人民币要实现区域化也需要与日元进行竞争。

从基本面看，一国货币成为世界储备货币必须以该国强大的综合国力为基础。目前中国综合实力仍远低于美国，国际社会对于人民币的信心正处于建立过程中。2014 年中国经济进入“换挡期”，未来较长一段时期面临下行压力。人民币国际化要顺利推进，必须保证适度经济增长、低通胀、低赤字，维持币值稳定，并全面提高政治、军事和外交影响力。

三、进一步推动人民币国际化的几点建议

（一）借助“一带一路”战略实施，推动人民币国际化

“一带一路”战略的实施将极大促进中国与沿线国家的经贸交流，为人民币区域化和国际化带来新契机。具体来讲，可以通过以下途径推动人民币在沿线国家的使用及流通：一是推动人民币在贸易结算支付中的使用。通过签订双边贸易清算安排和货币互换协议，鼓励、便利本币在贸易结算支付中的使用。二是使用人民币进行投融资。在中国企业及亚洲基础设施投资银行（AIIB）、金砖银行（NDB）、丝路基金等区域性经济合作机构对沿线国家进行投资时，适时、逐步引入人民币的使用，鼓励当地企业用人民币购买中国的基建设备、产品和服务，同时鼓励企业及金融机构在中国国内和国际资本市场发行人民币债券进行融资。三是在能源等大宗商品中使用人民币计价结算。“一带一路”沿线的俄罗斯及中亚国家油气资源丰富。2014 年能源价格暴跌及俄罗斯遭受西方制裁，推动这些国家更加积极地转向中国等亚洲市场。俄罗斯与中国签订的天然气协议即是以人民币进行结算。我们应抓住机会，推动在能源贸易及能源基础设施建设中更加广泛地使用人民币计价结算，提升人民币对能源等大宗商品的定价权，并为人民币在中亚的区域化奠定基础。四是建立人民币离岸清算中心。作为上述措施的配套机制，建议在沿线国家设立人民币清算网络，提供汇兑、存储、结算及回流等综合性服务，逐步形成“人民币区”，实现区域内多边贸易及投资的人民币化。

在推动人民币区域化和国际化的过程中，需要根据各国实际情况采取有针对性的措施。目前人民币在东南亚和东盟国家已是硬通货，需求依然高涨。我们可相应增加对该地区的人民币投入，扩大人民币使用范围及数量，丰富币种职能。但在中亚国家，对人民币的认同和需求仍不高。我们需先做好推广人民币使用的基础工作，增强双边经贸金融交流，健全结算流通机制，逐步建立起当地企业及居民对中国经济实力和人民币的信心。

（二）加强国内金融市场建设，提高市场开放度

深化金融市场改革和创新，丰富产品和服务品种，可以有效吸引境外人民币回流，为境内资本市场提供资金，增强市场活力。

1. 加速国内债券市场建设

美国、欧洲和日本等国经验表明，发达和开放的债券市场能有力推动一国货币国际化。美国国债由于其安全性和流动性成为全球美元持有者的首选投资工具，为维持美元的国际地位发挥着至关重要的作用。建议尽快扩大债券发行规模，尤其是国债发行，全面提升债市体量。同时增加和拓宽境外机构及个人投资国内债市的途径，提高审批额度，更多地吸引利用境外资金为国内市场服务。允许更多境外企业在国内发行人民币债券（“熊猫债”），便利其为在华业务融资，并适度放松对募集的人民币资金的汇出限制。当前我国债券市场存在银行间和交易所市场分割以及监管部门多头管理的问题。建议相关部委加强政策协调，共同推动债券市场的发展和国际化。

2. 加强金融期货市场建设

期货市场的健全与深化是完善人民币定价机制、推动人民币国际化的必要条件。央行正逐步退出常态式的外汇市场干预。随着汇率浮动空间进一步扩大，汇率风险也相应增加，发展外汇期货已势在必行。目前境外已有 6 家交易所推出 11 个人民币外汇期货品种。建议尽快在境内推出外汇期货，为境内外企业、金融机构和个人投资者提供避险工具。而且离岸市场的壮大已对人民币汇率定价权形成挑战，推出外汇期货也是一项及时和必要的应对措施。同时，利率期货和权益类期货可以提高债券及权益类投资的安全性，提升境外投资者投资国内市场信心，也宜尽快丰富和完善相关产品，助力人民币国际化。

（三）加快离岸人民币债券市场建设

提升离岸人民币债券市场的体量和质量，为境外人民币持有者提供安全、流动性好的投资工具，是繁荣离岸市场、推动人民币国际化的有效途径。建议丰富离岸债券发行主体，鼓励更多的优质企业到离岸市场发债，放宽内地企业在境外发债的额度，在增加供给的同时提高发行质量。财政部及其他政策性金融机构可适度增加在境外发行国债的频率和品种，促进离岸基准利率的形成。同时健全债券评级机制，建立合格评级机构，对债券信用风险进行充分揭示，为投资者决策提供可靠依据。完善人民币回流机制，便利募集资金调入境内使用及还款汇出，全方位提高离岸人民币债券市场的流动性，促进市场增容。

（四）推动 IMF 将人民币纳入特别提款权（SDR）一篮子货币

2015 年年末 IMF 将对特别提款权（SDR）一篮子货币构成进行五年一度的复核。如果人民币能如美元、欧元、英镑和日元一样被纳入 SDR，全世界央行将通过所持 SDR 资产自动持有人民币。而且由于中国出口的规模，人民币在 SDR 中的权重可排在第三位，仅居美元和欧元之后，对人民币国际化将是一个里程碑事件。

进入 SDR 一篮子货币需达到两个标准：一是货币发行国在过去五年内货物和服务出口额位居前列。此标准中国早已达到。二是货币需为“自由使用货币”。“自由使用”的定义强调货币在国际间支付及外汇市场中的交易情况，而不是指该货币汇率必须自由浮动或必须为完全可兑换货币。在 2010 年审核 SDR 时，IMF 认为人民币尚未符合此标准。但五年之后，人民币在外汇交易量和结算支付等方面都有巨大进步，纳入 SDR 的时机接近成熟。

根据 IMF 章程第十五条规定，执行委员会只需 70% 支持即可做出改变 SDR 构成的决定，美国没有机会行使一票否决权。我国应充分利用这一机制，争取成员国支持，推动 IMF 在 2015 年将人民币纳入 SDR。

综上所述，人民币国际化是一个长期的历史过程。伴随我国经济实力的进一步增强，人民币国际化的全面深化与提速是必然趋势。我们应继续采取稳健和渐进的方式，灵活、务实地巩固推进人民币在贸易结算和投资交易中的使用，并加快推动人民币成为国际储备货币。

（胡　冰　叶申南）

IMF 发布中国 2015 年第四条款磋商成果*

5 月 14—27 日，国际货币基金组织（IMF）亚洲及太平洋部副主任马克斯·罗德劳尔带领 IMF 代表团同中国有关部门和专家开展了 2015 年第四条款政策磋商。磋商结束后，IMF 发布了磋商成果，认为中国经济正逐步向新常态转型，尽管这意味着经济增速将有所放缓，但希望中国能借此实现更安全和更可持续的经济增长。具体内容如下，供参考。

1. 中国经济增长有所放缓，这一放缓并不是目的，而是从过去十年来的不可持续经济增长模式进行转型的结果。IMF 预测，中国今年经济将增长 6.8%，与中国政府 7% 左右的增长目标基本吻合，也与 IMF 先前介于 6.5%—7% 增速区间的判断相一致。尽管经济增速有所回落，但劳动力市场依然保持稳定，从而为家庭消费提供了支撑。IMF 预计 2015 年年底通胀率在 1.5% 左右。

2. 自全球金融危机爆发以来，中国的经济活动过于依赖不可持续的信贷和投资政策组合，导致脆弱性进一步上升。为应对上述脆弱性中国政府采取了多重措施，并取得了一些相应的效果。例如社会融资总量增速下降，对影子银行的监管得以加强，投资增速有所回落，房地产建设也有所放缓。尽管如此，目前上述领域的脆弱性仍然存在且规模较大，中国政府仍需采取坚决措施予以应对。

3. 在当前情况下，IMF 认为中国政府的宏观政策立场与其希望实现的年度增长和通胀目标基本一致。中国经济尚处在消化近期一系列事件影响的过程中，包括人民币实际有效汇率的升值、油价下行、存款准备金率和利率调整以及实施新的预算法。如果下一步数据显示经济增速可能超过 7%，中国政府应借机加快减少脆弱性。如果增速下降至 6.5% 以下，则应实施更多宽松的财政政策。如果需要采取财政刺激措施，这些措施应当反映在预算内，且应可以保护弱势群体、促进经

* 本文写于 2015 年 6 月 1 日。

济再平衡和与改革议程相一致的措施为主。所有的政策目标最好是通过财政政策来实现。

4. 2016 年，政策应继续以减少脆弱性为目标，即便这意味着经济增长可能放缓至 6—6.5%。放缓是经济转型的结果之一。中国已制定了一项全面而宏伟的改革方案，即三中全会改革蓝图，旨在实现这一转变。当务之急是及时实施这一改革蓝图，包括金融、财政、国企以及外部改革。成功实施这一蓝图将降低过高的储蓄、减少投资，使投资更有效率、促进消费，并使得中国可以继续迈向高收入国家的行列。

5. 金融体系市场化改革对于推动潜在生产率的提高至关重要。存款保险制度已经实施，存款利率完全放开的条件已经成熟。这将推动利率成为货币政策的主要工具。这又涉及制定一个政策利率，并将它作为调节货币环境以及传递政策变化信号的主要工具。此外，打破金融体系中普遍存在的隐性担保网络也是改革的另一优先事项。这不能一蹴而就，但该进程必须启动，并且应提高对违约和破产的接受程度。

6. 促进国企与私营企业市场竞争环境的公平是“三中全会”改革蓝图的一个重要目标，IMF 完全赞成。但国企改革进程过于缓慢。重要的改革应包括提高利润上缴比例，取消对生产要素成本直接或间接的补贴，提高公司治理水平，以及放松对国企破产和退出的限制。国企改革的成功有大幅提高潜在生产率和创造数百万就业机会的潜力。

7. 实施新预算法将构建一个地方政府融资、提高透明度和加强中期财政规划所亟需的新框架。尽管实施复杂且可能耗时较长，但尽快颁布一个清晰而全面的地方政府融资过渡计划至关重要。首要任务是找到彻底解决地方事权与财权不匹配问题的长期解决方案。

8. 在外部评估方面，过去几年，中国在减少高额的经常项目顺差和外汇积累方面取得了很好的进展。但是，IMF 预计，2015 年中国的外部顺差仍高强于中期经济基本面和理想政策环境所对应的水平。影响一国对外顺差的原有包括汇率在内等多个方面。尽管人民币币值低估是在过去导致巨额不平衡的主要原因之一，但 IMF 最新的评估认为，人民币在过去一年里实际有效汇率大幅升值使得当前的人民币币值不再被低估。当然，2015 年中国的对外顺差仍相对较高，这意味着需要其他改革政策以减少过高的储蓄并达到可持续的外部平衡，这也确实是中国政府改革计划的一部分。同时这也意味着将来汇率会随着基本面的变化而调整。比如，因中国的生产率较贸易伙伴增长更快而带来的汇率升值。

就汇率机制而言，IMF 敦促中国政府在进一步提高汇率灵活度方面加快步伐。对于像中国这样希望实现市场化定价和迅速融入全球金融市场的大国而言，灵活的汇率机制是必要的。提高汇率灵活度，仅在需要避免非正常市场条件或过度波动的情况下才进行干预，对于未来汇率不偏离均衡水平至关重要。IMF 认为，在这一方面中国政府的改革目标应当是在未来 2—3 年内基本实现浮动汇率。

9. 近年来，中国在推动全球增长，促进全球经济和金融稳定以及改进国际金融体系方面发挥了越来越重要的作用。IMF 目前正在审议特别提款权（SDR）货币篮子的构成。中国政府明确提出，希望人民币加入 SDR 货币篮子。IMF 对此表示欢迎，并认为双方在这方面目标一致，并将为此一道做出积极努力。正如 IMF 总裁拉加德日前在北京所说，人民币加入 SDR 不是要不要的问题，而是何时加入的问题。

（董　杨）

人民币加入 SDR 货币篮子进程及前景简析*

2015 年，国际货币基金组织（IMF）将对特别提款权（SDR）货币篮子构成进行五年一次的例行审查。对于人民币申请加入 SDR 货币篮子，IMF 已明确表示欢迎，德、英、法等主要发达经济体也对人民币加入 SDR 表示支持。近期，IMF 团队已完成相关技术评估，人民币加入 SDR 货币篮子进入冲刺期。为何积极推动人民币加入 SDR，人民币入围前景如何，我们的分析如下，供参考。

一、中国加入 SDR 的背景及意义

特别提款权（Special Drawing Right，SDR）是 IMF 创设的一种储备资产和记账单位，是 IMF 分配给成员国的一种使用资金的权利。成员国在发生国际收支逆差时，可用它向 IMF 指定的其他成员国换取外汇，以偿付国际收支逆差或偿还 IMF 的贷款，还可与黄金、自由兑换货币一样充当国际储备。目前 SDR 货币篮子由美元、欧元、日元及英镑组成，其比重分别为 41.9%、37.4%、9.4% 及 11.3%。在 2010 年的例行审查中，IMF 以“可自由使用程度不够”为由，未通过人民币加入 SDR 的申请。

随着新兴市场国家经济的崛起，SDR 货币篮子中现有币种代表性不够，扩大 SDR 篮子货币种类的呼声日渐高涨。在此背景下，中国积极推动人民币加入 SDR 有助于全面反映世界经济现实，既有助于 SDR 的保值增值，又有利于推动国际货币体系改革。对中国自身来说，人民币加入 SDR 货币篮子将推动人民币国际化进程，体现中国在融入国际金融体系过程中发挥的重要作用，同时也有助于倒逼国内金融改革。

---

* 本文写于 2015 年 8 月 10 日。

首先，中国推动人民币加入 SDR 货币篮子是人民币国际化的重要一步。一方面，人民币跨境贸易和投资结算快速发展。截至 2015 年 5 月末，中国已与 32 个国家和地区签署了高达 3.1 万亿元人民币的双边本币互换协议，与周边 9 个国家签订了双边本币结算协议，各金融中心如香港、新加坡、伦敦等争相成为人民币离岸中心，人民币国际化步伐加快，加入 SDR 货币篮子有利于双边货币互换协议更好地发挥作用。另一方面，由于 IMF 成员国可使用 SDR 向指定成员国换取篮子中的外汇，因此人民币一旦入选 SDR 篮子货币，就能够成为各国央行在 IMF 的外汇储备份额的组成部分，人民币也将享有与美元、欧元同等的国际储备货币地位，使更多国家能通过增加人民币资产丰富其外汇储备资产组合。

其次，推动人民币加入 SDR 货币篮子是中国在国际金融体系中发挥更重要作用的体现。SDR 货币篮子由国际强势货币组成，若人民币能被纳入，一定程度上标志着国际社会对人民币国际化进程的肯定。作为全球第二大经济体、第一大货物贸易国，人民币加入 SDR 货币篮子体现了中国正积极融入国际金融体系并发挥更大作用。

第三，人民币加入 SDR 货币篮子是推进国内金融改革的催化剂。为达到 IMF 的标准，中国已开展必要的改革，促使人民币符合 SDR 篮子货币的基本技术要求，除中国经济金融实力的支撑外，国内有关制度建设的跟进与配套也是影响人民币能否加入 SDR 篮子的因素之一。从这一角度看，加入 SDR 扮演了倒逼国内金融体系改革和推动资本市场开放的角色。

此外，随着中国经济规模的不断扩大和改革开放的不断深入，中国的 SDR 配额也在不断增长。IMF 第 14 次配额重估并增资后，SDR 的总配额也翻了一番。未来中国获得的配额将会越来越多，SDR 在中国外汇储备中的占比和作用也将越来越大。因此，人民币加入 SDR 篮子能给中国庞大的外汇储备提供一种优良的投资工具，有助于外汇储备保值增值。

整体而言，中国寻求让人民币加入 SDR 货币篮子有利于推动人民币国际化进程，提升人民币国际地位，降低“美元独大”带来的外部风险，推动国际货币体系改革，促进国际储备货币多元化，并倒逼国内金融改革。

二、人民币“入篮”在技术层面已基本达标

（一）加入 SDR 货币篮子的主要标准

IMF 衡量某一货币能否纳入 SDR 货币篮子有两个标准。第一是该货币的发行国（或货币联盟）在过去 5 年内货物和服务出口额位居世界前列。据 WTO 统计，中国近五年商品出口总额占全球的比重分别均超过 10%，2014 年达到 12.4%，稳

坐世界第一。而服务出口总额占全球的比重近五年稳定在4%以上。事实上中国在2010年SDR资格审查中就已经符合了这一标准，预计本次审查关于这一标准的争议不大。第二个标准是IMF认定该货币为“可自由使用”货币。“可自由使用”主要参考以下四个指标：在各国官方外汇储备所占的比重、国际贸易结算中所占的比重、国际债券市场所占的比重和在国际外汇市场中所占比重。从在各国官方外汇储备所占比重这一指标来看，2015年一季度，包含人民币在内的“其他货币”占全球各国官方外汇储备的3.08%，而英镑、日元分别占比3.91%、4.15%。可见人民币在该指标上与日元和英镑尚有差距；从在国际贸易结算中所占比重这一指标来看，截至2014年年底，人民币成为美元、欧元、英镑、日元后全球第5大支付货币，在全球贸易结算占比2.17%；从货币在全球债券市场所占比重这一指标来看，2014年四季度，人民币在全球债券市场主要计值货币中排名第8，占比0.54%，短期有望接近日元；从货币在全球外汇交易市场中占比这一指标看，截至2014年年底，人民币已成为全球第6大外汇交易货币，占全球外汇交易市场的比重升至1.82%。

（二）中国相关金融改革助推人民币加入SDR货币篮子

本次IMF对人民币能否纳入SDR所进行的审查，主要是从两方面着手，除上述技术性标准，还将评估中国近年来推进的利率汇率市场化、资本账户开放等主要金融改革措施。

1. 深入推进汇率市场化改革。将银行间即期外汇市场人民币兑美元交易价浮动幅度扩大至2%，同时推出人民币对新西兰元、英镑、欧元及新加坡元直接交易以及对哈萨克斯坦坚戈等货币的区域交易，人民币汇率双向浮动弹性增强，我央行基本退出常态化的外汇干预。

2. 大力促进资本市场双向开放。推动沪港股票市场互联互通试点；简化人民币合格境外机构投资者（RQFII）额度管理，支持部分地区开展合格境内有限合伙人（QDLP）试点；继续推动境内金融机构赴境外发行人民币债券，支持境外非金融企业在境内发行熊猫债并允许募集资金汇出境外使用。

3. 有序推进自贸区金融改革。大力推动上海自由贸易试验区金融改革先行先试，先后发布支付机构跨境人民币支付业务、扩大人民币跨境使用、外汇管理、分账核算业务、审慎管理等实施细则，正式启动自由贸易账户业务，积累可复制、可推广的改革开放和风险管控经验。

总体上看，针对某一货币能否加入SDR货币篮子，IMF并没有固定的“门槛”，主要考察的也多为定性而非定量指标。多数指标上人民币已经达标，个别指标上虽距前四大货币有一定差距但也呈逐步缩小态势。中国正在按计划积极有序地推进金融改革，预计仍将有新的改革措施出台，进一步提升人民币“可自由使用”程度，人民币在技术层面可以说已基本达标。更重要的是，随着中国经济开放程度和全球影响力不断扩大，人民币加入 SDR 货币篮子符合各方利益，自然水到渠成。

三、几点看法

（一）推进金融改革，继续做好人民币加入 SDR 货币篮子的准备工作

十八届三中全会以来，中国政府在金融领域积极推进各项改革措施，特别是在人民币利率汇率市场化改革、资本市场双向开放、金融机构和区域金融改革等领域取得了积极进展，人民币国际化水平不断提高。这些改革措施是中国政府从改革和发展的大局出发，依据经济社会发展需要做出的统一部署，并不是以达到 IMF 各项标准，推动人民币加入 SDR 为目标。虽然人民币已基本符合加入 SDR 的各项标准，但中国推进金融改革的决心和力度并不会减弱，各项改革措施仍将积极有序展开，一方面更好地服务实体经济发展，另一方面更好地适应 IMF 的各项要求，找到推动国内改革和达到 SDR 标准的契合点。

（二）注意加强同 IMF 和主要国家的沟通协调

从国际社会的态度上看，IMF 及英、德、法等主要发达国家和发展中国家对人民币加入 SDR 普遍持支持立场。7 月份，IMF 在完成对人民币加入 SDR 的技术评估后，先后对中国金融改革所取得的进展和应对资本市场波动所采取的措施表示肯定。但 IMF 关于 SDR 的审查标准多以定性指标为主，审查过程中自由裁量权较大，审查的规则和方法不同，得到的结果也大不相同。为此，我应在技术层面达标的同时，继续加强与 IMF 的沟通协调，既争取最有利的审查结果，又避免受 SDR 审查影响而因小失大，打乱国内推进金融改革的节奏。

在人民币加入 SDR 问题上，美国的态度仍是关键。今年以来，美国对人民币加入 SDR 的态度时而排斥，时而缓和，第七轮中美战略与经济对话（S&ED）前，美国政府表态有所松动，但国会又出现了激烈的反对声音，归根结底还是担心人民币威胁美元的霸权地位，为人民币加入 SDR 设置阻碍或捆绑其他条件牵制中国。特别是如果 IMF 决定将评估期延长至 2016 年 9 月，届时受美国大选因素影响，美官方态度或将出现更多变数。我应加强与美方沟通，消除误解，并对美方可能提出的捆绑条件和牵制手段做好应对预案，以有限的政治资源积极争取美方对人民币加入 SDR 的支持。

（三）将 SDR 篮子构成现状延期不会改变人民币加入的基本趋势

8 月 5 日，IMF 发布工作报告建议将 SDR 货币篮子的构成现状延期至明年 9 月，给持有 SDR 的机构和投资者提供更长的缓冲期来平衡资产组合以控制潜在风险。此报告被部分国内外媒体误读为 IMF 将延迟决定是否将人民币纳入 SDR 货币篮子。而事实上，该报告所提议的将 SDR 构成现状延期，非但不会影响 IMF 执董会将于 11 月份决定人民币能否加入 SDR 货币篮子的既定日程，反而从侧面表现出人民币顺利加入 SDR 货币篮子的可能性正在增加。按照相关流程，SDR 资格每五年审查一次，2015 年 SDR 审查将在年内结束，2016 年新一期 SDR（无论是否产生变化）将正式投入使用，IMF 将 SDR 货币篮子构成现状延期，正是为了避免在 2016 年年初，SDR 货币篮子构成出现变化而持有者准备不足所引发的潜在风险。这说明 IMF 已经开始考虑 SDR 货币篮子构成发生变化的潜在影响，或意味着人民币在本次审查中获得通过的可能性正在增加。

（四）放平心态，不必为加入 SDR 货币篮子自设时限

人民币加入 SDR 货币篮子有利于国际货币体系多元化，使国际货币体系更具代表性，既符合国际社会利益又因应国内改革需要，具有现实可行性。中国一方面应积极争取推动人民币在本轮审查中加入 SDR 货币篮子，同时应以平常心看待，不必强行推动该进程，不必自设时间表。人民币加入 SDR 货币篮子是水到渠成、瓜熟蒂落的过程，无论人民币最终何时加入，中国金融改革和开放进程都会按自己的节奏循序渐进地推进。

（王　虎　贾静航）

日本 2015 财年预算案简析*

4 月 9 日，日本国会正式通过日本 2015 财年①预算案②，总规模高达 96.34 万亿日元，创历史新高。该预算案旨在通过结合《日本经济复兴方案》、日本 2014 财年追加预算和 2015 财年税收改革等内容，着力实现经济复苏和财政整顿两大目标。现对该预算案简析如下，供参考。

一、经济复苏和财政整顿目标

2014 财年日本经济复苏步伐放缓，实际经济增长率为 -0.5%，名义经济增长率为 1.7%。2015 财年经济将实现增长，实际增长率将达到 1.5%，名义增长率达到 2.7%，消费者物价指数将维持在 1.4%，同时失业率有所下降，将维持在 3.5%（详见表 1）。

表 1　2013—2015 财年日本主要经济指标

	FY2013（实际值）	FY2014（估计值）	FY2015（预期值）
名义 GDP 增长	1.8%	1.7%	2.7%
实际 GDP 增长	2.1%	-0.5%	1.5%
消费者物价指数	0.9%	3.2%（1.2%）③	1.4%
失业率	3.9%	3.6%	3.5%

为实现日本财政可持续发展，2015 财年将达到以下财政整顿目标：一是将财政赤字占 GDP 比重减半，即从 2010 财年的 -6.6% 降低至 2015 财年的 -3.3%，

* 本文写于 2015 年 4 月 22 日。

① 日本 2015 财政年度从 4 月 1 日起至下年 3 月 31 日止。

② 由于审议时间受限，该预算案未在 3 月底前获得参议院通过，日本政府启用一项临时预算案，使用期限为 2015 年 4 月 1 日至 2015 年 4 月 11 日。

③ CPI 值排除消费税增加影响。

并将在2020财年之前实现财政盈余；二是在2014财年和2015财年，将财政赤字减少约4.6万亿日元；三是自2014财年起，减少政府新发行债券额4.4万亿日元；四是稳步降低公共债务占GDP比重。

二、收支总体情况

日本2015财年预算规模高达96.34万亿日元（按现价，约合8093亿美元），创历史新高。其中，支出方面，72.89万亿日元用于政策性支出，同比增长2.79万亿日元，创历史新高；收入方面，因消费税税率上调以及企业所得税收入增加，税收收入将达54.53万亿日元，为24年来最高。此外，还将新发行36.9万亿日元国债，较2014财年初始预算缩减4.4万亿日元。2014财年日本政府公共债务规模已突破1000万亿日元大关，预计2015财年还将增长26万亿日元至1035万亿日元，占GDP比重高达205%。2015财年财政赤字将达13.4万亿日元，同比减少4.6万亿日元，赤字率为-3.3%（详见表2）。

表2　2013—2015财年日本中央政府收支总体情况

	FY2013（初始值）	FY2014（初始值）	FY2015（拟定值）
主要支出	70.4万亿日元	72.6万亿日元	72.9万亿日元
税收	43.1万亿日元	50.0万亿日元	54.5万亿日元
政府债券	42.9万亿日元	41.3万亿日元	36.9万亿日元
财政盈余（赤字）	-23.2万亿日元	-18.0万亿日元	-13.4万亿日元
债券依赖比率	46.3%	43.0%	38.3%

三、主要支出情况

2015财年，日本预算支出总额为96.34万亿日元，其中75.7%为政策性支出，约为72.89万亿日元；24.3%为国债偿付支出（含利息），约为23.45万亿日元。政策性支出中，社保支出所占比重最高，为31.53万亿日元，占支出总额的32.7%；地方税收分配补贴支出15.53万亿日元，占支出总额的16.1%；公共项目支出5.971万亿日元，占支出总额的6.2%；教育和科技支出5.36万亿日元，占支出总额的5.6%；国防支出4.98万亿日元，占支出总额的5.2%（详见图1）。

（一）加强社保支出

2015财年社保支出高达31.53万亿日元，同比上升3.3%。主要突出以下两方面内容：一是增加育儿投入。加大对儿童护理领域投入，从2014财年的3000亿日

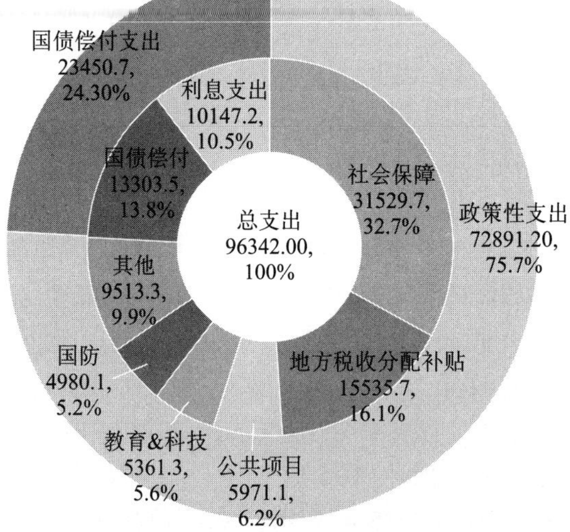

图 1　2015 财年日本中央政府预算支出结构

元提高至5000 亿日元。此外，将于 2015 年 4 月份投入 1. 35 万亿日元启动一项新的育儿支持体系以实施《加快消除儿童护理等候问题计划》，该项支出主要来源于消费税收入增加；二是加大对长期医疗护理的投入。从 2014 财年的 2000 亿日元提高至 8000 亿日元。同时，对提供长期医疗护理的企业给予优惠，降低其费用率至 -2. 27%，以控制上涨的保险费用并降低使用者成本。

（二）发展公共项目

为促进企业发展，2015 财年将支出 5. 971 万亿日元用于发展公共项目，同比增长 26 亿日元，重点将用于完善防灾减灾工程和改善基础设施。一是做好灾后重建工作。在 2014 财年追加预算和 2015 财年初始预算中，政府将投入 4. 2 万亿日元用于加快东日本大地震灾后重建以及福岛复兴工作。二是加快日本新干线建设。预计三年内建成从金泽至敦贺一线，五年内建成从新函馆—北斗线至札幌一线。三是强化日本物流网络系统建设，以提高日本企业国际竞争力。

（三）促进地方经济复苏

2015 财年将投入 7000 亿日元用于拉动地方经济发展（外加 2014 财年追加预算共计 1 万亿日元），以实现活跃社区经济、加强人力资源开发和创造新的工作机会三大目标。同时，将支出 1 万亿日元用于保障《日本 2015 财年地方政府财政计划》的实施。此外，为保障地方财政资金总量，将减少地方税收收入上缴比例，从 2014 财年的 16. 1 万亿日元降低至 15. 5 万亿日元。同时，逐步减少财政出资项目预留金总额，由2014财年的6000亿日元降至2000亿日元。

（四）增强国防

2015财年，国防预算支出将提高2%至4.98万亿日元（约合418亿美元），为连续第三个财年增长，并创历史新高。预计中期国防预算支出提高0.8%。防卫预算的增长主要集中在武器装备和基地建设等硬件方面，同比增长2.7%[①]。重点用于以下几方面：一是加强“离岛防卫”能力和水陆两栖攻击型装备采购；二是进一步强化在冲绳县等西南地区的防卫部署和海空监视能力；三是加大太空军事和网络安全领域支出，分别投入340亿日元和91亿日元用于太空开发和完善网络安全。此外，还将增设新的外交政策研究室以加强国家关系战略研究。

（五）重视教育、体育和科技发展

教育方面，将优先实施与“教育重建计划”相关的各项措施，包括全球人力资源开发、促进全国高校系统改革以及加大学生免息贷款规模和儿童入托优惠等；科技方面，将加快科技体系改革，包括建立工业—学会—政府联合国际研究中心；体育方面，将通过承办2020年东京奥运会和残奥会以扩大《运动员强化计划》规模，同时完善PDCA[②]管理循环模式。

四、几点看法

（一）经济刺激与财政稳健并重恐面临一定困难

实施灵活的财政政策是“安倍经济学”第二支箭，主要通过补充或追加预算以扩大公共支出、拉动经济增长。日本2015财年预算规模高达96.34万亿日元，创历史新高。安倍政府希望通过公共事业支出加速经济复苏。但是，如此大规模支出计划将进一步加重日本债务负担，2014财年日本公共债务已突破万亿日元大关，预计2015财年债务规模还将进一步扩大。虽然日本政府将降低公共债务占GDP比重作为本财年财政整顿目标之一，但预计2015财年该指标不会下降。这也凸显了“安倍经济学”在处理经济刺激和财政稳健的两难处境。日本经济复苏的关键还是要进行深层次结构改革，以增加资源供给，刺激需求增长，提高潜在增长率。

---

① 根据日本防卫省发布的2015财年防卫预算概要。

② PDCA是英语单词Plan（计划）、Do（执行）、Check（检查）和Act（修正）的第一个字母，PDCA循环就是按照这样的顺序进行质量管理，并且循环不止地进行下去的科学程序。

（二）加强社保支出以缓解日益加剧的少子老龄化问题

劳动力市场改革是日本结构性改革的关键领域，长期以来，少子老龄化是日本劳动力市场面临的最大问题，2014 年日本人口自然减少速度继续加快①。为应对少子老龄化问题，并回归人口自然增长，日本社保支出在 2015 财年首次提高到 31 万亿日元水平，用于老龄化和育儿援助的财政支出有所扩大。为应对少子化，政府将增加儿童护理支出 2000 亿日元，同时还将投入 1.35 万亿日元启动一项新的育儿支持体系。此外，还将鼓励女性参与就业，目前日本女性就业参与率为 63%，在发达国家中处于较低水平，为此，日本将进行一些政策上调整，比如设立国家出资幼儿园，鼓励女性工作，以实现构建“女性能力得以凸显的社会”。

（三）应高度警惕日本国防支出不断上升趋势

近年来，日本右翼势力增强，政府和右翼势力合流。安倍政府利用当前经济疲软、民众民族主义情绪上升的时机，强力推行修改和平宪法以解禁集体自卫权，企图摆脱战后体制。为达到这一目标，加快军力扩张步伐，日本连续三个财年提高国防支出，并创历史新高。预计中期国防预算支出将提高 0.8%。2015 财年增加的防卫预算将重点用于强化日本的海上监视和“离岛防卫”能力。其中，海上自卫队装备采购经费占防卫预算总额的 55.8%，而 2012 年仅为 21.9%。日本如此大规模的军备扩张应引起中国以及周边国家高度警惕。

（四）预算案引起在野党强烈不满

日本民主党和维新党等在野党对预算案内容提出强烈批评。民主党认为，巨额预算支出将造成财政危机，同时，预算案对地方经济带来的帮助有限；维新党指出，财政重建问题未被充分考虑，并缺乏大刀阔斧的行政改革，多是旧有政策的重新拼装；日本共产党批评，这是一部走向扩军的恶劣预算。虽然实施了消费增税政策，但却摒弃了部分社会保障支出，并对大企业进行减税；社民党认为，预算案在一定程度上牺牲了劳动者利益，不利于国民生活水平提高。

日本未来如何实施 2015 财年预算案以及未来新的预算走向，值得进一步关注。

（于　晓）

① 2015 年 1 月份，日本厚生劳动省发布《人口动态年间推测统计》显示，2014 年日本出生人数减去死亡人数的自然增长为 -26.8 万，同比增加 2.9 万人。

安倍“新三支箭”及简析*

9月24日，日本首相安倍晋三宣布，“安倍经济学”进入第二阶段，日本政府将制订《日本“一亿总活跃”计划》，推出“新三支箭”政策措施。相关情况及简介如下，供参考。

一、“新三支箭”主要内容

“安倍经济学”自推出以来取得显著成效，日本有望摆脱通缩，“安倍经济学”正式迈入“第二阶段”，今后三年将继续推行相关改革措施。日本政府将制订《日本“一亿总活跃”计划》，着力遏制少子高龄化趋势，目标是50年后将人口总量维持在1亿人规模。同时，通过各种政策措施，激发家庭、职场、地方活力，打造更加富有、更加充满活力的日本。为此，日本政府将实施“新三支箭”政策：第一支箭，催生希望，打造更加强大的经济；第二支箭，编织梦想，为育儿提供更多支持；第三支箭，确保安心，进一步完善社会保障制度。

（一）催生希望——打造更加强大的经济

日本政府将继续坚持“经济最优先”原则，着力采取措施，增加就业岗位，进一步提高薪酬，刺激消费增长，大胆尝试“生产性革命”，目标是使日本GDP总量从现有的490万亿日元增长至600万亿日元，打造“战后最大规模经济”和“战后最高水平的国民生活富足度”，将日本建设成为一亿日本人安居乐业的社会。

为此，日本政府将采取措施，吸引投资，吸引人才，鼓励女性发挥更活跃的作用，推进“多样化工作方式”，营造包括身有顽疾和残障人士在内、所有人都有机会活跃其中的经济社会环境。同时，充分发挥各地方的地域特色，激发地方经济的活力。为此，日本将加大对基础设施投入等相关政策的实施，如上月开始动

* 本文写于2015年10月8日。

工的线型中央新干线，2015 年春天投入运营的北陆新干线，以及 2016 年 3 月份投入运营的北海道新干线，将日本联接成为一个巨型经济圈，有助于进一步激活地方经济生命力。

（二）编制梦想——为育儿提供更多支持

第二支箭是为育儿提供更多支持，鼓励生育，目标是将出生率提高到 1.8。针对由于经济等因素不具备抚养条件的家庭，将进一步推行幼儿教育无偿化，鼓励三代人同居或者就近居住以便相互支持。同时，将对育有多个子女的家庭提供重点支持。对于有生育意愿但患有不孕疾病的妇女，帮助提供不孕治疗。通过这些措施，政府希望目前 1.4 的出生率恢复到 1.8，进而逐渐回升至 2.08，使日本人口出生率维持稳定状态，使日本少子化早日打上"休止符"。在教育领域，政府将着力推动教育制度的多轨化。通过创立多样化教育场所，让由于全面发育障碍、遭遇欺凌问题等原因不能就学的孩子继续接受教育。通过增设奖学金，让孩子的教育和未来不再受家庭经济状况的影响。通过增强对单亲家庭的援助，着力解决孩子的贫困问题。

（三）确保安心——完善社会保障机制

第三支箭，构筑确保"安心"的社会保障机制，确保高龄人士"安心"，也确保目前属于社会支撑力量的一代人"安心"，政府将为此不断改革完善社会保障制度。

目前，日本突出存在高龄人士缺少护理和护理工流失问题。数据显示，日本护理人员年度离职人数首次超过了 10 万人。到 2020 年，战后第一次婴儿潮出生的人口将超过 70 岁，这一问题将越来越严重，极有可能影响经济社会的正常运转。

对此，政府将积极采取措施加以应对。首先，设立"护理人员零离职"政策目标，积极完善护理设施，促进护理人才的培养，减轻上门护理的负担。其次，针对高龄化快速发展，社会保障负担不断加重，化负担为机会，利用高龄人士丰富的知识经验，发挥高龄人士在社会的领导作用，构筑高龄仍在岗的就业环境。第三，推进以预防为重点的医疗制度改革，打造出企业参与促进的经营健康、投资健康的社会结构。此外，积极为高龄人士提供多种多样就业机会，提升其包括退休金在内的收入，支持高龄人士生活自立。

二、几点分析

（一）安倍"新三支箭"意在扭转其持续下滑的民意支持率

在再次当选自民党党首后，安倍第一时间宣布"新三支箭"措施，但内容缺乏新意，提出的新目标和新措施，总体上仍然是《日本再兴战略》部分内容的重复和强调。一方面，显示安倍政权“老三支箭”并没有取得理想效果，日本经济复苏缓慢，需要制定新的经济刺激计划。另一方面，安倍也希望通过出台经济刺激措施，通过提振经济扭转其因强推新安保法带来的政治支持率下滑的势头，并为 2016 年日本参议院夏季选举做准备。

（二）“新三支箭”政策效应有待观察

“新三支箭”虽然表面看起来较宏大，但短期内效果难以显现，最终效果有待进一步观察。其一，目标偏离现实。日本刚刚经历“失去的二十年”，一些深层次结构性问题基本都没有得到解决，目前经济复苏尚不稳健。要想达到 2020 年 GDP 为 600 万亿日元，需要实际 GDP、名义 GDP 分别保持 2%、3% 以上的增长速度，而 2014 年、2015 年实际 GDP 分别为 0.9% 和 1.5%（预期），在全球经济刺激政策效应减退的环境下，实现这一目标难度极大。其二，“新三支箭”现实性和可行性并不充分。从“老三支箭”具体执行上看，安倍经济改革讲的比做的多，且后期政策效应减弱，一定程度使国际社会和日本民众对安倍政府失去信心。“新三支箭”目前仅宣布了几个目标，后续能否出台具体和可操作的规划有待观察。其三，缺乏强有力财力支持。“新三支箭”中如庞大的培育儿童计划和完善社保计划都需要强有力的财力支撑，但在日本经济不振和债务负担沉重等条件的制约下，“新三支箭”目标恐难落实。

（三）日本经济的根本问题仍是结构性问题

“安倍经济学”原有三支箭的重点是第三支箭“增长战略”，而实施效果差强人意。“新三支箭”将施政重点置于老人、孩子等弱势群体上，并未触及劳动力、医疗、农业、债务等结构性问题上，其政策前景难以乐观。日本经济真正走出低迷的出路仍在于结构性改革。

（陈立宏　胡振虎　郭　昊）

日本智库谈日本经济及经济政策*

9 月 11—14 日，财政部亚太中心副主任周强武一行在日本东京分别拜会了日本财务省综合政策研究所、日本丸红经济研究所、日本大和总研三家智库，就日本宏观经济形势、“安倍经济学”成效、日本政府债务问题、日本老龄化问题、日本 2015 财年财税改革等进行了交流。各方主要观点如下，供参考。

一、关于日本宏观经济形势

日本财务省综合政策研究所认为，日本 2014 财年①三季度和四季度实际 GDP 分别增长 1.3% 和 4.5%。在连续两期增长后，日本 2015 财年一季度 GDP 负增长 1.2%，这主要受私人消费和出口额下降影响。日本经济增速近期出现了一些波动，但整体处于温和复苏阶段。主要表现在以下几方面：一是就业形势不断改善。近几个月日本失业率维持在较低水平，7 月份失业率为 3.3%。二是企业收益状况不断改善。2015 财年一季度日本企业收益额创 2011 财年来新高。三是贸易收支情况有所恶化。时隔 31 年后，日本首次出现进出口贸易逆差。这主要由于日本东北部大地震后，大量核电站关闭，导致燃料需求上升，进口大幅增加。从中日双边经贸关系来看，中日双边贸易额不断上升，日本对中国出口额由 2003 年的 8.6 万亿日元上升至 2014 年的 13.4 万亿日元，进口额由 8.7 万亿日元上升至 19.2 万亿日元。四是私人消费有所下降，主要受去年 4 月份消费税率上调影响。为此，日政府拟把原定 2015 年 10 月份提高消费税率至 10% 的计划推迟至 2017 年 4 月份。

关于日本 2015 财年经济展望，日本财务省综合政策研究所指出，7 月份 IMF 发布的《世界经济形势展望报告》对日本 2015 财年经济前景预判比较乐观。从短期来看，日本经济将温和复苏，就业和收入状况也将逐步改善。然而日本经济的

* 本文写于 2015 年 10 月 16 日。

① 日本财年起止时间：当年 4 月 1 日至次年 3 月 31 日。

下行风险仍不容忽视，特别是来自海外市场的影响，包括世界金融和资本市场的动荡、中国增长低于预期等因素。日本内阁预计，日本2015和2016财年，实际GDP增速分别达1.5%和1.7%，CPI增速分别为0.6%和1.6%。

大和总研认为，未来十年（2015—2024财年），日本实际GDP同比将增加1.0%，名义GDP增加1.2%，消费者物价指数同比上涨1%，失业率维持在3.4%左右，十年期国债收益率上涨0.6%，政府债务占GDP比重将达到258.5%。未来五年（2015—2019财年），世界原油价格走低、日元贬值、日本利率维持在低位等因素将对日本经济增长起到促进作用，汇率波动对经济影响则相对温和。随着经济温和复苏，日本通胀率将逐步回升，但达到日央行2%的通胀目标仍存在较大难度。因此，日央行将继续实行QQE直至通胀稳定在2%的水平。

二、关于“安倍经济学”

（一）“安倍经济学”成效

日本财务省综合政策研究所认为，“安倍经济学”实施以来，主要取得以下几方面成效：一是对上市公司的监管不断强化。2014年日本87%（2013年仅为47%）的上市公司设立至少一名外部董事，上市公司平均净资产收益率由2012年年底的5.8%上升至2015年4月份的8.5%，增长近50%。二是海外对日投资不断增加。2013年，日本吸引外国直接投资较2010年增长十倍，订单额由2010年的10万亿日元上升至16万亿日元。三是女性劳动参与率不断提高。自“安倍经济学”实施以来，日本女性就业人数增长100万人。四是农业部门实现六十年来首次实质性改革，并取得一定成效。2014年日本农业、林业和渔业产品出口总额达6117亿日元，同比上升11.1%，创历史新高。五是电力和天然气系统实现60年来首次根本性改革。六是旅游业增长加速。由于访日签证限制放宽，2015年1—7月，旅日外国游客同比增长46.9%。外国游客消费总额达2.03万亿日元，同比上涨43.1%。其中，2014年中国访日游客较2004年增长4倍，

丸红经济研究所认为，“安倍经济学”的实施对日本股市和日元贬值方面产生了一定积极影响，但在结构性改革方面收效甚微。首先，从“第一支箭”来看，超量化宽松政策（QQE）的效果仅实现了一半。这主要表现在两个方面：一是2013年4月份，日本股市高涨，日元贬值，日本银行资产负债表现金增多，银行借贷能力增强，但日本国内贷款并未出现增长，贷款多流向海外。二是尽管日元贬值，但社会购买力依然没有增强。同时，日元贬值将推高日本海外企业投资成本。其次，关于结构性改革，其最理想的状态是实现企业效益提高，进而实现，金融市场稳定，最终使银行借贷能力上升的良性循环模式，显然目前日本经济状

况还未达到这种理想状态。

大和总研认为，“安倍经济学”的“第一支箭”就是要通过 QQE 将日本通胀率稳步提升至 2%。但就目前来看，实现这一目标存在很大难度。仅就帮助日本逐步走出通缩困境而言，还是起到一定作用。“安倍经济学”之所以未达到预期效果，主要由于目前日本出口额未达到当时设定的目标。正因为出口增长缓慢，企业设备投资不足，所以日本经济难以加速增长。日本出口增长缓慢的主要原因包括：一是世界整体贸易增长放缓，尤其是中国经济增速开始放缓；二是“安倍经济学”各项政策还将持续五年以上，目前仅实施两年，不可能所有政策层面的目标都能实现。同时，他们对日本政策的连贯性表示担忧，目前安倍政权必定会以金融政策为基轴，加快实施《日本再兴战略》（Japan Revitalization Strategy）各项措施。但如果安倍政权执政期结束，新一届政府上台，能否继续实施《日本再兴战略》将是一个未知数。

（二）日本结构性改革的难点

日本财务省综合政策研究所认为，安倍的“第三支箭”能否成功取决于经济能否实现良性循环。日本结构性改革主要面临以下困难：一是日本经济增长不能只突出东京地区的增长，要实现全国性的增长，加快地区性改革，实现地区性再生。二是目前日本实际收入呈下行趋势，如何增加实际收入是一个难题。三是日本农业市场存在较大问题。长期以来，日本农业受到国家严格保护，但间接导致了农业生产效率低下。逐步放宽对海外农产品的限制，将在一定程度上倒逼日本农业生产效率的提高。四是对日本企业而言，要不断提高自身经营水平，加快企业技术创新和投资，减少对国家政策扶持的依赖。

丸红经济研究所认为，任何国家想推进结构性改革都存在较大难度，都会受到利益相关方的阻挠，日本也是如此。近三十年来，日本结构性改革的压力主要来自外部，70、80 年代，日本贸易顺差较大，美国对日本施压，要求其推动国内结构性改革。目前日本面临的主要外部压力是跨太平洋伙伴关系协议（TPP）的建立，贸易壁垒将下降，这可能是倒逼日本对外开放和国内企业改革的最好契机。日本可以采取以下措施：一是可以借鉴中国改革开放经验，先设立特区和试点。二是下调企业所得税率，以吸引海外投资。三是改善日本企业经营方式。“安倍经济学”提倡对企业实行第三方监督，要求上市公司设立 2—3 名外部董事对公司经营状况进行监督。四是增加女性就业机会。

（三）日本超量化宽松政策的负面影响

丸红经济研究所认为，QE 最大的问题是推行容易，但退出十分困难。自 2001 年起，日本已实行了十几年量化宽松政策，但到目前为止还未出现任何退出的迹象。但美国已开始逐步退出 QE，这将为未来日本退出 QE 提供宝贵经验。对于日本何时开始退出 QQE，他们预计 2020 年东京奥运会时可能成为日本政策的拐点，估计届时日本长期国债利率将出现大幅上涨。

三、关于日本政府债务问题

日本财务省综合政策研究所认为，日本债务构成主要为内部债务，外部债务所占比率较低，约为 10%。目前来看，日本并不会引发主权债务危机。但如果日本财务省放任日本债务规模不断扩大，恐引发日本金融体系系统性风险，主要有以下几个原因：一是日本国内企业存款以及个人金融资产规模较大，部分可用于购买国债，但这种情况并非可持续。“安倍经济学”鼓励企业加强技术创新和设备投资，因此资金难以稳定用于国债投资。二是 2020 年以后，日本社会老龄化程度将逐步加剧，老龄人的存款将主要用于养老支出，因此目前庞大的个人金融资产规模到 2020 年以后也将逐步缩小。这意味着国内购买国债的额度将逐步减少，不得不依靠海外力量购买国债。日本目前利率水平较低且相对稳定。如果以后依赖海外投资机构购买日本国债，日本利率将产生大幅变动。如果利率大幅上涨，国债收益率将下跌，这会给日本国内债券持有者带来较大损失。因此，日本应在超级老龄化社会到来之前，形成较好的财政对应体系，严格控制债务规模。

日本丸红经济研究所认为，目前日本债务规模占 GDP 比重高达 220%—230%，日本债务问题是否可持续的一个关键因素就是国债长期利率是否存在大幅上涨趋势。如果长期利率不断上涨，政府国债负担将不断加重。但目前这种情况并未发生，事实上尽管日本政府债务规模如此庞大，但十年期国债利率仅为 0.4%，且并无明显上涨趋势。

目前关于短期利率走势，日本陷入了两难境地。目前政府正在努力摆脱通缩阴影，使物价平稳回升，政府税收有所增加，这样日本债务占 GDP 比例可能会有所下降。如果经济不断好转，短期利率将上升，随之长期利率也会上升。但目前日本并不希望这种情况发生，因为长期利率上升将加剧政府国债负担，反而遏制经济增长，所以这种局面对日本政府来说十分矛盾。

从日本国债构成来看，主要为内部债务。但随着日本社会“少子老龄化”情况加剧，国民养老开销不断增加，购买国债的余力将不断降低，所以很可能出现外债比例不断上升的局面。如果日本国债占 GDP 比例继续上涨，日本经济恐面临系统性风险，因此日本正努力将该比例维持在 220%—230% 不变。主要采取以下两方面措施：一是提高消费税率。目前日本消费税率为 8%，到 2017 年将提高至 10%，这与美国的 15% 仍存在一定差距。二是削减财政支出。目前随着社会老龄化程度不断加剧，日本社保支出不断增加，特别是医疗保险以及长期护理费用不断上升，如何稳定该项支出是目前面临的一个难题。

四、关于日本老龄化问题

（一）日本应对老龄化存在的问题

大和总研认为，日本在应对老龄化过程中存在以下问题：一是，日本实施了大量应对“少子老龄化”的策略，但成功的案例较少。比如，整个社会都意识到“少子化”问题的严峻性，但政府却没有出台具体应对策略。日本前几年出生率略有上升，但前提是处于就业和工资状况较好的时期。如果未来日本就业和工资状况没有大幅提升，出生率将不会有很大提高。二是，一直以来，日本对老年人实施的扶持政策较多，而目前财政预算开始加大对年轻人的关注和投入，但实施过程中会遇到不少阻碍。日本是选举政治，老年选民占多数，而年轻人相对较少，政治家更多考虑的是选票，从而加剧了政策的不确定性。三是，传统日本家庭基本是四人家庭模式（即一对夫妇及两个孩子），因此以往的财政政策多是基于四人家庭模式制定的。但现在家庭形态多样化，特别是单身或结婚但不生育小孩的家庭不断增多。因此制定财政政策时，应全面考虑各种家庭形态，以制定公平的财政政策，积极应对老龄化。

（二）“超级老龄化”将加剧日本财政负担

大和总研认为，未来三十年，随着日本社会进入“超级老龄化”阶段，日本的社保支出将不断增加，预计到2040年日本社保支出占GDP比重将从2010年的不到20%上升至24%。从这个角度来看，日本的财政状况并不乐观。由于社保支出不断上升，日本的财政负担将逐年增加，1900—2013财年，日本65岁以上老人比例由12.1%上升至25%，国家负担比例也由38.4%上升至40.6%。

（三）日本养老保险制度改革

大和总研认为，如果日本能够摆脱通缩阴影，日本养老保险制度基本可以实现自给自足。目前日本人均领取养老金额度为世界最高，特别是养老金平均领取水平已高于年轻人基本工资水平。日本养老保险制度改革主要有以下几方面：一是，退休年龄不断延迟。20世纪70年代，日本退休年龄为55岁；到80年代，延长至60岁。2013年，日本修订《高龄者雇用安定法》，规定企业有义务继续雇用面临退休但有工作意愿的65岁以下员工。二是，目前日本养老保险缴纳年限为20年，未来可能会延长缴纳年限，但预计要到2015年以后开始实施。三是，日本政府通过政府养老金投资基金（GPIF）来管理数额高达100万亿日元的养老金。但长期以来，GPIF 在资本市场中的投资策略偏保守，资产配置以债券投资为主。近年来，随着老龄化负担不断加重，日本政府逐渐改变了 GPIF 的投资策略，为了配合经济改革、促进股市上涨，力主推动养老金入市。

五、关于日本 2015 财年财税改革问题

日本财务省综合政策研究所认为，为实现财政可持续发展，日本必须进行财政整顿。日本计划在 2015 财年实现以下财政整顿目标：一是将财政赤字占 GDP 比重减半，即从 2010 财年的 -6.6% 降低至 2015 财年的 -3.3%，并将在 2020 财年之前实现财政盈余；二是在 2014 和 2015 财年，将财政赤字减少约 4.6 万亿日元。

同时，稳步推进日本 2015 财年税制改革，主要包括企业所得税、消费税、个人所得税、国际税收、纳税环境、财产税等六个方面。主要措施如下：一是降低企业所得税率，从目前的 34.62% 分阶段下调，2015 财年下调至 32.11%，2016 财年下调至 31.33%。目前日本企业所得税征收存在很多政策性漏洞，因此如何有效填补这些漏洞，是在降低公司税率的同时不会造成税收大幅减少的有效手段。二是将原定今年 10 月份提高消费税率至 10% 的计划推迟至 2017 年 4 月份实施。三是国际税收方面，建立非居民金融账户信息报告系统。相关金融机构将从 2017 年着手准备，2018 年正式运行。四是个人所得税征收，将扩大以年满 20 岁人群为对象的免税范围。五是上调赠与税起征点。

大和总研认为，目前日本地方政府主要依靠中央补助实现运营，这种财政状况是不可持续的。日本政府在减少财政开支的同时，并不希望降低行政服务水平。因此，日本政府应鼓励民间企业参与到地方政府的部分公共服务中，将减少的财政支出由民间企业出资补足，以实现财政收支平衡。日本政府已在今年 6 月份开始对该问题进行讨论。

（于　晓）

日本 2016—2020 五年期财经政策简析*

近期，日本内阁府发布《日本 2016—2020 财年经济与财政改革基本政策》①（以下简称“日本 2016—2020 五年期财经政策”），内容包括日本经济现状与挑战分析②、日本中长期改革措施、日本经济财政综合改革框架等。在安倍“旧三支箭”作用下，日本经济短期复苏取得进展，但仍面临亟待进行结构改革的巨大挑战；日本大规模财政刺激和财政改革政策效应继续递减，将继续加剧其财政失衡。日本 2016—2020 五年期财经政策主要内容和我们的分析如下，供参考。

一、结构改革：中长期经济改革措施

为实现日本经济良性循环及中长期增长目标，日本政府将优先采取以下措施：

（一）推动潜在增长及结构改革

1. 改善营商环境，增加民众收入

一是优化经济结构，促进高附加值产品和服务。日本政府将保持良好的宏观经济环境，加强企业治理结构，增加民众收入，提高董事会监管效率，加大对投资者信息透明度。此外，油价下跌等因素改善了日本贸易环境，日本将继续改善贸易条件，促进就业和投资，并通过政府采购多元化稳定进口资源和能源价格。二是提高生产部门生产效率。政府将联合私营部门，利用 IT、大数据等工具提高制造业、服务业等部门生产效率，使其更具吸引力。此外，通过设立奖项和项目

* 本文写于 2015 年 11 月 10 日。

① 从 2001 年开始，日本每年（除 2010—2012 年外）都会发布一份五年期的《日本经济与财政改革基本政策》，是指引日本经济发展和财政改革的基本方针，将对日本未来五年经济和财政管理进行规划。

② 通过实施安倍“旧三支箭”战略，日本经济近 25 年来首次取得较好进展，并在“克服通缩和复兴经济”及“财政整顿”两方面取得重大突破。然而，日本经济仍面临延长经济增长周期、实现潜在增长及振兴地方经济等挑战。

提高服务业附加值。三是支持中小（微）企业。日本政府将要求企业基于原材料价格波动和供给平衡设定合理交易价格，遵循分包协议，通过支持研发、开放国内外销售渠道、振兴购物区等措施提高中小（微）企业盈利能力。四是转变融资渠道。政府将推动资金流多元化、培养专业人员、建立基金，并通过政府金融机构补充私营部门资金。五是推动监管改革。政府将加快建设国家战略经济增长区，进一步取得改革进展应对利益集团抵制。六是吸引 FDI。政府将致力于促进商店、餐厅、医院等机构采用多种语言，支持外国留学生就业，优化投资顾问分配系统，并致力于发掘和吸引投资项目。七是聚焦能源和资源。政府将致力于加强工业、住宅、运输等节能管理，推动节能屋、智能社区；通过地热、生物能、水力发电提供稳定能源，降低太阳能、风能等不稳定能源成本；开发新技术提高核能安全，培育相关人力资源。八是推进农林渔业。政府将加强管理机制，改善土壤质量，推进农田分区和商业化。此外，政府还将促进城市与农林渔社区经验交流，协调农业和旅游业，推动城市农业发展。九是开发旅游业。政府将通过拓展旅游线路、扩大消费税退税机制、放宽签证要求等措施吸引国内外游客。十是推动带薪假改革。政府将通过延长假期、带薪假改革和创造新节假日提振旅游和地方经济。

2. 加强与全球市场协调

日本政府将继续推进 TPP 谈判进程，为日本谋取最大化利益。同时，全面推进日本—欧盟经济合作伙伴协定（EPA）、区域全面经济伙伴关系（RCEP）以及中日韩自由贸易协定（FTA）。此外，政府将推动日本企业“走出去”。主要措施包括：一是通过 PPP 开展官方发展援助（ODA）鼓励基础设施出口；二是支持中小（微）企业和服务商开展海外业务；三是促进日本食品、酒精饮料等出口；四是改善企业环境。

3. 推动工业结构改革

为成为世界最先进工业化国家，日本政府将稳步推出以下措施：一是将利用人工智能（AI）、大数据、互联网推动工业结构转型，创造新商业模式。二是将 IT 技术融入社会。实现全球最安全网络、公共无线局域网、自动语言翻译等。三是推动机器人革命。加速推广在政府机构和各行业使用机器人。四是改善就业环境。通过云计算、电信、远程医疗和教育等提高地方产业生产力。

4. 将通信技术融入医疗和其他领域

为进一步促进医疗和教育资源高效利用，日本政府将利用数字化技术改善医疗和护理质量，使医疗费用合理化。此外，建立新平台供制药公司更有效进行临床试验，并鼓励公司在重点领域发展具备国际竞争力的医疗设备。

（二）促进人力资源多样化

1. 发挥妇女和青年等人力资源优势

为促进人力资源多样化，日本政府将采取以下措施：一是通过积极推动妇女进入行政管理、经济等领域，培养女性科学家和工程师，通过减少工时、改革工作方式、建立社保体系等保障妇女就业。二是改善就业管理，为大四学生提供更多选择就业的时间；为当前没有接受教育、就业或培训的青年提供就业机会；大力支持非常规就业，对雇佣有前科人员雇主提供支持。三是支持老年人就业。

2. 鼓励结婚生育

为应对低出生率，日本政府将采取以下措施：一是加大对婚姻和育儿支持，发展育子综合支持中心，为安全妊娠和分娩创造良好条件；二是采取有效措施应对贫困儿童问题，加大对单亲家庭和多子家庭支持；三是将提高消费税所得收入部分用于提高儿童早期教育质量。

3. 推动教育改革

日本政府将采取以下措施推动教育改革：一是全面推进幼儿教育，扩大无息奖学金计划，减少学费负担；二是通过提高教师素质、制定指导方案、加强各组织协调能力等提高不同专业人力资源利用率；三是实施高中和大学改革，提高分数等级和毕业要求；四是推广文化和体育，加强国家文化设施功能，培养文化艺术领导者，振兴日本体育产业。

（三）加强社保改革

为确保日本社保系统可持续性，日本政府将基于以下五点基本原则推动社保改革：一是打造高覆盖率、可持续社保系统；二是使社保支出与经济增长保持一致；三是确保医疗服务公平、高效；四是建设健康社会；五是让投保人共同分担成本。而且，日本政府在稳固推进“社保及税收全面改革”的同时，将致力改革实现经济复兴和财政巩固，并确保社保系统可持续。基于过去三年社保支出增速与人口老龄化速度相符、未来经济形势及价格变化等多方因素考虑，日本政府将保持社保支出增长趋势，使社保支出与人口老龄化和消费税上调造成的成本上升相匹配，相关改革措施包括优化医疗与长期护理供给系统、完善医疗激励机制、推动公共服务产业化、推动药品费用补偿改革、加强养老保险改革等。

1. 优化医疗与长期护理供给系统

日本各地医疗情况存在一定差异。为降低各地住院人口比例、长期护理床位和平均住院时间等方面存在的差异，日本政府将实施以下举措：一是进行机构审查，确保医疗服务系统同时满足慢性病医疗与长期护理；同时，对医疗和长期护理价格公平性进行审查，确保医疗配给系统与人口变动和地方实际情况相匹配。此外，通过分析地方差异和优化门诊、咨询及用药以降低就医成本。二是使各地区人均医疗成本更加均等化。日本政府鼓励地方制定医疗成本优化计划，制定医疗成本目标，并于2015 财年底出台目标、设定准则，并采取有效方法管理中长期医疗和长期护理等领域。三是制定综合社区护理系统满足各类需求，如家庭终端护理、长期护理设施。此外，推广家庭医生，并对医疗保健工作类别进行评估。四是支持地方医院增加住院床位，减少地区差异，并对承诺改革的地方政府给予优惠政策。

2. 完善医疗激励机制

日本政府鼓励公民采取预防措施预防癌症和相关疾病，建立激励机制鼓励个人和承保人采取适当行动提高健康检查和癌症筛查参与率，具体措施包括：一是将保险公司支持系统纳入国家医疗保险补贴系统，进一步激励保险公司在 2018 财年实现医疗成本优化；二是采取根据医疗点数或健康活动点数减免保险费的形式激励公民采取预防措施；三是鼓励私营部门参与应对老龄化，并在 2015 财年底制定“抗癌措施加速计划”进一步对抗癌症。

3. 推动公共服务产业化

为促进与社保密切关联却不属于公共保险范围的各类服务产业化，日本政府将对各类医疗供应商提供支持，推动私人供应商提供服务支持综合社区护理建设，并考虑采取措施消除医疗服务运营壁垒，推广运用私营经验和资金提高机构管理效率。此外，利用个人号码系统（My Number System）达成以下目标：一是明确公民是否具备医疗保险资格；二是降低患者医疗成本并提供便利；三是加快医疗及相关领域研发进程。

4. 推动药品费用补偿改革

日本政府计划在 2017 财年中期将非专利药份额提高至 70% 以上，并在 2018—2020 财年提高至 80% 以上。为此，日本政府将采取以下措施：一是提高公众对非专利药供给和质量的信心，向公众提供更多信息，并解决医疗待遇问题；二是审查药品定价规则，减轻公众负担；三是建立相关机制，基于非专利药价格评估专利过期药品价格。

5. 加强养老保险改革

日本养老保险改革将着重审查以下四方面：一是宏观经济运行机制的设计；二是将员工保险覆盖到临时工；三是针对不同职业退休老人制定合适的养老制度；四是收入再分配，包括对高收入人群和养老保险税收的设计。

（四）重振区域发展以支持地方经济良性循环

为应对人口老龄化和人口快速下降等问题，日本政府将采取措施重振区域经济和地方经济。

1. 重振地方经济

为重振地方经济，解决人口下降和人口过度集中东京等问题，日本政府将采取以下措施：一是发展区域高效产业，吸引人力资源和资金。二是制定一揽子区域振兴政策，提供多元化支持。国家将对地方提供人力、数据和财政支持，加大激励力度。三是加强东京地区医疗、护理和住房等基础设施建设，并对搬离东京人群提供援助。

2. 重振区域经济

地方政府将通过加强区域合作推动地方经济良性循环，增加就业和收入。一是重振地方经济。政府将通过协调学术机构、金融机构与地方政府创造更多就业；将在全国进行能源基础设施建设，并对私营部门开放基建，恢复地方产业；鼓励地方金融机构加大对地方社区支持；促进多元化运输服务，确保商品能配送至人口稀少和贫困地区。二是推进城市升级。鉴于人口下降，政府将建设更密集的城市公共交通网络，或对现有网络升级改造；推进木结构住宅，提高抗震能力，减少对环境和救灾影响；通过促进土地登记制度确保土地交易和私人开发项目顺利进行。三是发展冲绳。政府将制定完善措施发展冲绳，使其成为日本经济的新驱动力。四是实施分权改革。通过分权改革让各地根据各自经验和措施应对各自挑战。五是承办好2020年奥运会和残奥会。

（五）保障生活安全安定

日本政府将动态调整外交战略。除日美同盟核心外，日本政府将扩大并加深其他对外协作关系，有效提升国家综合防御力。

二、财政改革：财政整顿和增收节支

未来五年，日本政府将整合经济与财政改革，推动预算、税收及地方行政和财政管理等重点领域改革。首先，确保财政可持续。日本政府将制定2016—2020财年“推进经济财政复兴计划”，目标是在2020财年实现基本预算盈余，同时降低基本预算赤字占GDP比重，并在中长期降低公共债务占GDP比重。2016—2018财年是“集中改革期”，政府将建立专家小组调查委员会，规划改革进程并构建关键绩效指标。其次，压减财政支出。日本政府将致力于“公共服务产业化”、“激励机制改革”和“公共服务创新”；在不降低公共服务质量和标准前提下限制开支，减轻经济下行压力。进一步强化2013—2015年以来的安倍改革措施，核查中央和地方政府各项支出项目。再次，增加财政收入。自2017年4月起上调消费税率至10%，政府将提前采取必要措施营造良好经济环境。具体推进以下三方面改革：

（一）教育、科技、外交和国防安全预算改革

为解决当前问题并实现长期增长目标，日本政府将通过投资教育提高公共财

政质量，并将推进科技、外交和国安等部门预算改革。

1. 教育和科技

教育和科技改革将瞄准以下三个目标：一是缩减预算。鉴于日本出生率下降，政府将加强以下三方面预算审核：强化学校在当地社区的枢纽角色、振兴小型学校和重新开放学校。二是进一步利用私营部门资金。为促进利用私人资金，政府将致力于大学收入多样化，如与私营部门联合研发项目；同时，政府将考虑向大学捐款的私营部门给予课税扣除或课税减免奖励。三是对大学和项目研究资金实施综合改革，优化预算质量和明确预算优先项目。

2. 外交和国安

日本政府将有效、适当和战略性利用 ODA 作为外交工具。除利用私营部门资源支持 ODA 外，政府将确保通过 ODA 进一步扩大私营部门业务活动；政府将评估日本对国际组织的贡献度。此外，将基于中长期国防计划有效提高国防能力，并通过采购改革提高收益率。

（二）税收改革和减少负债

1. 提高税收

为对抗通缩和振兴经济，日本政府将通过提升高附加值产品价值和提高征税服务质量来增加财政收入，主要有以下几个措施：一是通过提高私营部门占经济比重扩大税基，增加税收；二是利用个人身份号码系统降低征税成本；三是通过有效利用国有资产，出售不良资产和其他方式确保非税收入增加。

2. 税制改革

政府将重审现有税制，制定有针对性税制改革措施。一是尽快完成企业税改革；二是鼓励低收入年轻人和拥有小孩的家庭继续工作，避免贫富差距加大；三是确保不同工作的收入更加公平、合理；四是确保不同年龄段收入公平性；五是整顿地区税源分配不均问题。

3. 减少负债

政府将继续有效利用国有资产，包括特别账户资产；同时，出售不良资产，并将销售收入用于偿还债务和灾后重建。通过这些举措，政府将减少资产和负债，并降低其 GDP 占比。

（三）地方政府行政管理和财政改革

日本政府将推行地方政府税收改革以激发地方活力，并建立有效机制支持地方政府。通过提高中央和地方政府支出效率优化公共行政和公共服务。为此，日本政府将广泛推动 IT 技术和运营服务改革，引入个人号码系统和公共服务信息可视化技术。

1. 建立机制振兴社区和激励地方政府

日本政府提供额外激励措施鼓励地方政府振兴社区，缩减支出，并实施行政和财政改革。根据基本税制改革法案纠正地区间税源不均等问题，并赋予地方政府征税权。基于不断降低的出生率，推动私营部门融资，并通过加强预算质量和优先级提高教育、科学和技术等部门预算效率。

2. 缩减国家和地方政府开支，盘活地方政府管理资源

日本政府将通过法律和条例改革缩减国家和地方政府开支，具体措施包括：一是对各部门设定绩效指标，审查相关法律和条例；同时，审查国家财政拨款和地方政府税收。政府将与私营部门合作打造最佳实践，在全国范围推动企业业务重组，并加快对优化公共服务的研发。二是鼓励地方政府因地制宜地提高公共服务质量。三是进一步实施公共部门企业改革，如关闭、私有化、与地方政府合作等。四是审查税收留成比例，并实施地方税制改革。五是鼓励地方政府提高信息透明度。六是实施机构改革，防止地方政府过度申请拨款。

3. 加快行政改革

日本政府将鼓励“行政改革推进委员会”进行跨部门审查；同时，国家和地方政府将稳步推行政府雇员工资全面审查，进一步减少人员开支。

三、加强基础设施建设

展望中长期，日本政府将充分利用现有设施和制度，最大程度地发挥资本效应以完善社会基础设施建设。根据人口下降形势划定资源配置优先区域，大范围推动 PPP/PFI（民间主动融资）项目及特许经营。日本政府将在“国家空间规划”（National Spatial Planning）、“社会基础设施开发优先计划”（Priority Plan for Social Infrastructure Development）等计划中规划行动优先级和时间轴。

（一）优化资本存量

日本政府将通过优化资本存量，降低运营和维护成本支持地方政府推出资产分类账户，引入地方私营部门会计，进而使公共行政成本对公民和其他地方政府公开；同时，日本相关政府部门将与地方政府合作将地方基础设施纳入公共基础设施综合管理计划，加速优化使用政府资产，高效运营和维护公共基础设施。

日本政府将集中资源用于发展机场、都市圈道路等有利于刺激私营部门需求、灾难预防或高投资效率的社会基础设施建设。为此，政府将对基础设施建设项目进行评估，明确项目从计划到维护各阶段成本，并将相关信息告知私营企业及其他实体。日本政府将致力于提高营建部门效率及支持海外营建部门扩张。

（二）用好私营资本

日本政府将加速实施 PPP/PFI 改革，利用私营资本更高效地发展运营基础设施、提供高质量公共服务，刺激经济进一步增长。为此，日本政府将通过以下方式为私营部门提供商机：一是提供特许权和公共房地产；二是有效利用公共资本存量；三是将供水和污水处理等业务外包给私营部门。此外，为显著增加 PPP/PFI 项目数，日本政府鼓励对规模较大、私营资本运营更具优势的项目优先采用 PPP/PFI 模式。

四、几点分析

（一）日本 2016—2020 五年期财经政策较客观反映出日本经济深层次矛盾

安倍自上台后，力推“安倍经济学”、“旧三支箭”改革，对促进日本经济复苏发挥了积极作用。虽然从通缩和经济增长指标看，日本经济正趋好，但是安倍 9 月份宣布“安倍经济学”进入第二阶段，今后三年将继续推行相关改革措施，制订《日本“一亿总活跃”计划》，推出打造更加强大经济、为育儿提供更多支持和进一步完善社会保障制度的“新三支箭”，足以说明前期政策效应减退，支撑日本经济复苏的结构性问题依然没有得到根本解决。因此，延长经济增长周期和实现经济可持续发展，对日本无疑是一个巨大挑战。如不能在工业结构、区域经济结构、劳动力市场、医疗、债务和农业等领域深化结构性改革、提高全要素生产率、提升潜在增长率，日本经济或重陷困境。总体而言，日本 2016—2020 五年期财经政策较客观地分析了日本经济面临的结构性问题，为安倍“新三支箭”的提出奠定了基础。

（二）日本仍应致力于结构性改革

虽然安倍政府通过大开货币龙头的 QE 和 QQE、灵活的财政政策以及其他经济刺激措施在短期取得了一些积极成果，但仍没从根本上有效触及结构性问题。IMF 最新发布 2015 年度日本第四条款磋商成果对日本明确提出了要加强结构性改革的建议，包括：亟需提高劳动力参与率和促进生产力、进一步加强治理改革、加快放松在经济特区的贸易管制、进一步鼓励整合私营部门引导的金融体系特别是地区银行系统，并改善政府养老金投资基金治理结构等。日本 2016—2020 五年期财经政策更多布局于结构性改革，一方面呼应了 IMF 改革建议，也表明日本政府也想着力推动困扰日本多年的这一顽疾。但最终政策效果有待进一步观察。

（三）日本财政改革难以走出困境

从安倍“旧三支箭”的财政政策看，日本政府试图通过实施灵活的财政政策摆脱经济困境，比如提高消费税率、降低公司税率、削减财政支出等。但是，在老龄化导致社保支出增加、政府扩大投资刺激经济增长等压力下，日本一再提高债务上限，财政风险不断累积，且将难以同时实现经济复苏与财政整顿的双重目标。一方面，刺激经济复苏、加大民生支出需要加大财政支出，同时也需要结构性减税，而实际上日本正在实施增税政策；另一方面，财政整顿意味着削减公共债务，也意味着要削减财政支出，而实际上日本财政正加大对养老、医疗等民生的支出。日本财政改革短期内仍难以走出两难选择的困境。

（四）日本利用私营资本发展基础设施经验值得借鉴

从日本财政支出规模和结构看，日本是比较典型的政府主导型市场经济国家，财政通过引导产业发展，刺激私营资本投资和消费，进而带动经济增长。日本政府自第二次世界大战以来一直重视通过财政资金引导私营资本投资公共基础设施建设，并积累了不少好的经验。为此，应重视对日本 PPP/PFI 改革的研究和经验借鉴，推动 PPP 经验交流和能力建设的国际合作，以便吸引更多私营资本参与基础设施建设，为中国经济中长期发展注入动能。

（郭　昊　胡振虎）

日本自民党国会议员谈日本经济*

2015年10月22日，周强武副主任在亚太中心会见了以日本众议院议员中川俊直①为团长的日本自民党新生代国会议员访华团。双方就日本经济政策、中日经贸合作等问题交换了看法。该访华团成员均系长期致力于改善和发展中日关系的福田康夫、中川秀直、武部勤等资深自民党政治家的后代。中联部相关陪同人员参加了会见。会谈相关情况如下：

一、关于安倍“新三支箭”

中川表示，日本首相安倍晋三9月份宣布“安倍经济学”进入第二阶段，推出“新三支箭”政策措施。其中，第一支箭是扩大日本经济规模，使日本GDP总量从现有的490万亿日元增长至600万亿日元；第二支箭是为育儿提供更多支持，鼓励生育，将日本出生率由目前的1.4提高到1.8；第三支箭是在经济增长的基础上，进一步完善社会保障制度。安倍“新三支箭”旨在实现两大目标：一是让一亿日本国民充分发挥作用，将日本建设成为一亿人安居乐业的社会。目前日本社会“少子老龄化”问题严峻，应鼓励更多老年人参与社会劳动，共同推动经济增长。二是振兴日本地方经济。由于日本中小城市经济长期低迷不振，就业形势严峻，日本人口向东京等大城市流入趋势进一步加强。为扭转这种状况，增强地方经济活力，政府应倡导在东京的大企业将总部部分职能部门或生产基地迁移到地方城市。

日本众议员福田达夫②指出，在安倍“新三支箭”政策中，最引人关注的是第

* 本文写于2015年11月16日。

① 中川俊直，现任日本众议员，日本自民党国际部副部长兼青年部副部长。日本前自民党干事长中川秀直之子。此次访华，中川任团长，率代表团拜会了中国国家副主席李源潮，以及中联部、外交部和商务部等有关部门领导。

② 福田达夫，现任日本众议员，日本自民党国际部副部长兼青年部副部长。日本前首相福田康夫之子。

一支箭，即将日本 GDP 规模扩大到 600 万亿日元。该目标从表面上看是追求经济总量增长，但实质上在追求经济总量的同时也要提高经济质量。目前，日本仍存在地区经济发展水平和人均收入差异较大的问题。安倍“新三支箭”让一亿人发挥作用以及振兴地方经济，就是旨在不断缩小这种差距，鼓励老年人和女性参与社会劳动，激发社会各个群体的潜力；同时，不断缩小大城市和小城市、大企业和小企业的经济发展差距。目前日本政治权利集中在中央，通过“新三支箭”也将在一定程度上实现地方分权，这在日本政治史上将有重大意义。

日本众议员武部新[①]认为，安倍“老三支箭”计划在三年内实现经济复苏，是一项短期措施，而“新三支箭”着力解决人口老龄化引起的社保费用激增等社会深层问题，因此需要更多时间和耐心。

日本众议员津岛淳[②]目前担任日本国土交通大臣政务官一职，他从城市基础设施建设角度，表达了对安倍“新三支箭”的看法。他说，20 世纪 60、70 年代是日本经济高速发展的阶段，基础设施建设不断加强，但目前这些基础设施大多已出现老旧和损坏问题，需要进行维修和重建。但目前面临资金筹集的问题，日本政府希望引入更多民间资本，而非单纯依靠政府力量。目前，中国也在加强基础设施投资，而四五十年后也将面临日本目前的问题，希望届时中方可以借鉴日本经验，日本也愿意与中方分享这些经验。

二、关于中日经贸合作

中川表示，近年来中日经贸关系快速发展。2015 年中国赴日游客达 270 万人，预计今年赴日游客将超过 400 万人。仅“十一黄金周”期间，中国赴日游客就超过 40 万人，在日消费额高达 1000 亿日元（约 53 亿元人民币）。中国赴日游客人数不断增加的原因主要有：一是日本放宽访日签证限制；二是日本对外国游客实行免税措施，短期访日的外国人在日购物只要符合相关规则，所购携带出境的商品均可获得免除 8% 消费税的优惠待遇。日本计划到 2020 年实现赴日游客 2000 万人，但预计 2015 年年底就将达到 1700 万—1800 万人。

中川介绍了日代表团考察福建自贸区厦门片区情况。他表示，目前厦门正积极以推进自贸试验区建设为突破口，努力打造国际一流营商环境，未来厦门将成为引领中国经济发展的重要城市之一。日企对投资厦门抱有兴趣，但近年来日企面临中国劳动力成本和物流费用不断增加的困难，一定程度上影响了日企对华投

① 武部新，现任日本众议员，日本自民党国际部副部长兼青年部副部长。日本自民党前干事长、前内阁农业水产大臣武部勤之子。

② 津岛淳，现任日本众议员，日本国土交通大臣政务官。日本前厚生劳动大臣津岛雄二之子。

资积极性。希望中方多关注日企相关诉求，多了解日企进入中国市场面临的困难。

福田指出，对于日企投资而言，基础设施等硬件环境固然重要，但商业信息整合汇总也十分必要。当前日企对在华生产商品进而转销海外的模式兴趣不大，关注重点主要放在如何开辟庞大的中国市场。吸引更多日企入驻中国自贸试验区也需要契合这一转变，突出自贸试验区在信息交换与供需对接中的平台作用，向日企提供中国内地市场需求、企业需要等商业信息，促进日企更好地对华投资。福田还强调了加强日中城市之间交流的重要性，越是两国关系发展不顺时，越需要两国各界人士积极作为，越需要双方加强民间交流，为两国关系改善发展创造条件和环境。

津岛淳指出，中国经济正处于从高速增长向中高速增长转变时期，过去吸引外商投资的普惠条件正在减少，千篇一律式地放宽投资环境未必能收到最佳效果。未来应更注重实施差别化战略，突出地方特色，吸引包括日企在内的外国企业对华开展有针对性投资。

三、关于中国经济

福田表示，中国经济正处于从高速增长向中高速增长的转型期，中国用了20年时间实现了经济飞跃式发展，而这一过程日本用了24年。在经历了长期经济高速增长后，目前中国要在适应经济“新常态”基础上重点推结构性改革这一难题。目前日本结构性改革也并不成功，希望中国不要重蹈日本覆辙，如果错失2020“中期”这个重要历史机遇期，继续坚持工业主导、投资主导，将失去经济转型与改革的主动权，给中长期发展埋下隐患。

武部新指出，日本经济正在温和复苏，但下行风险仍不容忽视，特别是来自海外市场的影响。日本各界都在关注中国经济下行情况及其对日本经济的影响，但日本经济学家普遍对中国经济前景持乐观态度，认为中国经济发展进入“新常态”，出现阶段性经济下行属于正常表现，中长期对日有利。

四、关于中日关系

中川表示，他们的父辈都曾为改善日中关系做出不懈努力，他们连续三年访华也意在继承父辈衣钵，深化日中两国友好关系。中国和平发展对日本具有重要意义，符合日本国家利益。21世纪是亚洲的世纪，建设新时代的亚洲尤其需要日中两国携手起来，在各领域开展务实合作。

福田强调，亚洲地区既拥有世界第二大经济体中国，也拥有世界第三大经济体日本，这种情况在其他任何地区都是没有的。如果日中两大经济体不能建立友好合作的伙伴关系，将对区域乃至世界经济产生长期影响。因此，两国交恶将导致“双输”局面，这是两国人民都不愿意看到的。中日两国一衣带水，中日两国关系稳定将是整个亚太区域稳定的基础。日本自民党新生代国会议员访华团就是要继承日本老一代政治家重视发展中日关系的经验，为改善和发展中日关系做出努力。

武部新指出，日中两国国民感情迟迟难以改善，日本媒体负有一定责任。部分日本媒体歪曲事实的报道屡见不鲜，刻意向日本国民传递日中关系的消极面。日本政府很难对新闻报道加以限制，但他们愿努力向日本民众传递积极信息，推动舆论氛围向有利于日中友好的方向转变。

周强武副主任就中国经济及中日经贸合作等相关问题做了回应。关于中国经济，周强武副主任表示，中国经济保持在合理区间，中长期稳定向好的基本面没有改变。短期看，中国政府有信心达到年初确定的经济发展目标，即实现 7% 左右的经济增长。目前中国经济正从高速增长转为中高速增长，中国政府将保持定力，有序推进既定的各项宏观经济政策，特别是推动中国经济转型和结构性改革，包括简政放权、“大众创业、万众创新”等政策措施。关于中日经贸合作，周强武认为，中日经济早就处于“你中有我、我中有你”的状态，中日应在保持稳定的双边政治关系基础上，不断加强双边经贸合作和政策对话。对此，两国财政部门可起到积极作用。今年 6 月份，中日重启了第五次财长对话，取得了十分积极的成果。中日财长对话平台有助于深化两国在宏观经济政策方面的沟通和协调，在一定程度上也有助于两国政治关系的稳定和发展。

（于　晓）

日本推出 1100 亿美元亚洲基础设施投资计划*

2015 年 5 月 21 日，日本首相安倍晋三在“21 世纪亚洲未来国际论坛”上发表题为“创新：亚洲的未来”的演讲，宣布日本推出总规模达 1100 亿美元的亚洲基础设施投资计划，提出建立“面向未来亚洲的高质量基础设施伙伴关系”（以下简称“高质量基础设施伙伴关系”）。同日，日本外务省、财务省和国土交通省联合发布相关政策文件。有关情况及我们简要分析如下，供参考。

一、总体情况

（一）主要内容

安倍表示，基础设施建设对于亚洲保持全球增长中心地位、引领 21 世纪经济发展具有重要意义。鉴于亚洲在基础设施开发领域存在巨大资金需求，同时有大量投资潜力亟待释放，日本政府将与亚洲开发银行合作，充分利用官方发展援助（ODA）等现有经济合作机制，在今后 5 年内提供总规模 1100 亿美元（合 13 万亿日元）资金，用于支持亚洲“高质量基础设施投资”。这一合作机制主要为适合亚洲本地情况、建设质量数量并重、具有创新特质的基础设施项目提供融资支持。日本政府期待，这一伙伴关系将在动员全球资金以及私营部门融资、推动亚洲知识技术进步（know - how）、建设质量数量并重的基础设施等多方面发挥重要催化作用。

（二）强调“质量数量并重”

日本政府强调，基础设施建设要做到质、量并重。“高质量基础设施”可能投

* 本文写于 2015 年 5 月 25 日。

入较高，但更便于使用，更加耐用，更环保，防灾性能也更强大，长期来说更加经济。“高质量基础设施”将有助于加强亚洲互联互通，为所在地创造就业，提高当地知识技术水平，改善民众生活质量。日本愿作为亚洲各国“高质量基础设施”的长期合作伙伴，支持各国基于自身发展计划开展的基础设施建设，并将通过动员更多私营部门资金和技术投入，推动兼顾“质量”与“数量”的亚洲基础设施建设。

（三）四大合作支柱

1. 充分利用日本现有经济合作机制。将日本针对亚洲基础设施建设的 ODA 提高 25%；通过新的 ODA 贷款方式动员更多私营部门资金投入基础设施建设；继续采取措施，进一步加速 ODA 贷款相关程序。

2. 加强日本和亚洲开发银行之间合作。提出支持亚行将其贷款能力提高 50%、增加对私营部门贷款组合以及缩减项目准备期等动议；欢迎亚行考虑未来进行增资；筹划在日本国际协力机构（JICA）和亚行之间建立新的合作机制，便利 JICA 私人资本融资部门的资金用于支持 PPP 基础设施建设项目。

3. 通过发挥 JBIC 作用等方式将高风险项目融资加倍。推动日本国际协力银行（JBIC）向风险相对较高、无政府担保的 PPP 基础设施项目提供融资支持；充分发挥新成立的“海外交通与城市开发事业支援机构”（JOIN）的作用。

4. 推动“高质量基础设施投资”成为国际标准。通过媒体和宣传手册等方式进行“高质量基础设施投资”全球经验分享；动员对日本先进技术经验的实地考察；与世行、亚行等国际机构及合作伙伴国共同举办相关研讨会；提升“高质量基础设施投资”在 G20 和联合国等国际机制中的重要性；强调技术合作在“高质量基础设施投资”中的必要性与重要意义。

二、几点分析

（一）“高质量基础设施伙伴关系”计划旨在维护日本在亚洲的主导权

第二次世界大战后日本作为亚洲最大经济体，长期引领亚洲经济发展进程，通过亚行等机制在区域发展中占据主导地位。随着中国积极参与国际经济合作，倡导成立亚投行等新开发机构，区域经济合作主导权开始在一定程度上发生转移。日本推出“高质量基础设施伙伴关系”，以亚洲基础设施建设作为主要内容，资金总额与亚投行 1000 亿美元资本金相当，显示与中国倡议下亚投行展开主导权竞争的明确意图。

（二）“高质量基础设施伙伴关系”投资计划相当部分属于拼凑、“贴标签”性质

安倍政府此次宣布5年内投入1100亿美元，包括日本支持亚行扩大贷款额度的530亿美元，国际协力机构（JICA）日元贷款总额提高约335亿美元，国际协力银行（JBIC）支持基础设施建设资金投入约220亿美元。此前，安倍政府原计划通过亚行、JICA和JBIC向亚洲基础设施投入850亿美元，现只是在原计划基础上增加约250亿美元，总投资在相当程度上有“贴标签”性质。

（三）应以开放姿态对待日本这一新动作

一方面，未来8—10年，亚洲每年的基础设施资金需求将达到7300亿—8500亿美元，而近年来亚行和世行每年在亚洲的基础设施投资总额仅为200亿美元左右，即便加上亚投行，亚洲基础设施建设仍存在巨大的资金缺口。另一方面，基础设施投资对于区域发展产生的带动效应必然惠及域内各国，带来更多投资机会和产品市场。这样的投资计划对亚洲互联互通有利，对亚洲发展有利，对未来的亚投行的负面效应也不会太大。因此，应对日本该投资计划持开放态度。

（四）警惕“高质量基础设施伙伴关系”可能产生的负面效应

安倍在演讲中多次提及“质量”，强调私营部门参与，强调创新和环境因素，旨在突出日本经济发展和相关产业的相对优势，可以预期日本将以“质量”为突破口，在基础设施建设中与中国开展竞争。尤其应当警惕的是，四个支柱之一的“高质量基础设施投资”国际标准化，即通过广泛宣传，实地考察，开展与世行、亚行、联合国、G20等国际机构和机制合作等方式，过度强调技术重要性，片面宣传日本所谓技术质量优势，甚至将日本某些标准国际化，可能对我基础设施建设参与国际竞争带来相当程度负面影响，对此应予以重视和妥善应对。

（陈立宏）

日本前首相菅直人谈日本经济和中日关系*

2015 年 9 月 11 日，亚太财经与发展中心北京分部周强武副主任在日本东京会见日本前首相菅直人。菅直人主要就日本经济、中日关系、东亚区域合作等问题谈了看法。主要观点如下：

一、日本经济

安倍重新执政以来，推出了所谓的安倍经济学，极力推行 QQE 政策，扩大内需，想使日本摆脱通缩，恢复正常通胀。目前看取得了一些效果，但实质进展不大。

实际上，日本央行当下采取的大规模购债的政策不可持续。政策初衷是通过扩大内需，使经济恢复增长，但这种“强硬”做法风险很大，其中最大风险是国债比率过高。日本国债约占 GDP 的 220%，如债券利息走高，将对经济构成巨大冲击。日本国债多数为国内机构及国民持有，风险尚未完全暴露，但如果经济不能恢复正常增长，将来日本国债可能更多被国外持有，日本经济终将面临困境。

关于日本能源政策，菅表示，日本福岛核泄露时，如果处理不当或再晚些，会造成至少 5000 万日本人流离失所。受此影响，日本能源政策开启了“去核化”进程，未来将尽可能降低对核能的依赖。菅个人将致力于建立一个无核的日本。他表示，德国已经宣布 2022 年前关闭 17 座核电站，成为近 25 年来首个放弃核能发电的主要工业化国家，值得借鉴。他认为，中国的能源政策对世界具有重要影响，希望中国逐步停止发展核电，转而更多发展其他清洁能源。

* 本文写于 2015 年 10 月 16 日。

二、中日关系

当前中日关系依然处于十分困难的时期，形势十分严峻，令人忧虑。造成中日关系困难的原因，主要是安倍试图否认村山谈话，否认慰安妇等历史问题。“安倍自始至终都是自民党内的一个右翼分子。受其外祖父岸信介的影响，安倍相信第二次世界大战期间日本对外发动的战争是正确的”。安倍内阁的主要成员也是一些右翼或偏右的人士。安倍在历史等一些问题上的认知很难改变。另外，中日关系陷入困境与中国也有关联。近年来，中国 GDP 超过日本，随着经济、军事实力的增强，中国不断向海洋拓展，包括在南海扩建岛礁等，日本感到不安。

短期看，中日关系存在不少困难，但未来发展仍值得乐观。中日交往有 2000 多年历史，在文化方面，日本从中国学到了很多东西。长期看，中日之间会实现互相理解，并继续发展两国关系，这对世界来说十分重要。菅谈到，中国近几十年来经济高速增长，与 20 世纪 60 年代时期的日本很相似。尽管目前中国经济仍有较大的成长空间，但也面临增长放缓问题。中国长期实行独生子女政策，也面临类似日本的“少子高龄化”的挑战。日本比中国更早经历这些社会问题，可以给中国提供经验。日本与中国在很多领域可以互补，中日加强经验分享很有现实意义。

关于如何改善中日关系，菅表示，日本执政党自民党内部有不少实力派议员有意愿打开中日关系局面，公明党一直维持着和中国的良好关系，而民主党等在野党此类人士更多。中国应创造条件把这些政治力量联合起来。

中美日三方建立信任关系和加强合作十分必要，也非常重要。如能更多地发出这样的声音，会对缓和中日关系起到积极作用。中日在政治上都应该冷静，应通过不断加强交流，增进理解，最终才能恢复友好。

三、东亚区域合作

菅表示，中日韩自贸区谈判是其任内推动的，但进展缓慢，建议将其作为东亚区域合作的优先方向加以推进。这不仅有利于东亚区域合作，也有利于中日韩政治关系的稳定和发展。

2009 年民主党执政以前，日本与美欧中三大经济体均没有自贸区谈判。民主党执政以后，开始推动自贸区谈判，其中日欧自贸区谈判在其任内取得很大进展。

至于日美贸易谈判，美国当时不愿启动日美自贸区谈判，意在把韩国拉进来一起谈。与日美自贸区相比，如中日双方能冷静下来，积极推进，中日自贸区会更容易建起来。总的来说，中日在经济上能确立一个共同的目标是非常重要的。

四、关于亚投行

2010 年中国经济总量超过日本。以美元计算，2014 年中国 GDP 规模已是日本的两倍。但日本多数国民仍未充分意识到这意味着什么。况且亚洲已有亚洲开发银行，中国再筹建亚投行，令日本社会普遍觉得此举有些“突兀”。安倍政府决定暂不加入，与其说是经济因素，不如说是政治因素起了决定性作用。

五、中国主办 G20 会议

菅认为，G20 机制很重要。他曾参与 G20 峰会，当时雷曼兄弟破产后全球经济正面临十分困难的局面。随着中国实力的增强，中国想承担更多的国际责任。中国应借 2016 年主办 G20 的机会，进一步推动全球经济治理和改革，同时向世界各国发出声音：中国经济增长不仅有利于日本，有利于美国，也有利于全世界，而不是相反。

（周　波）

IMF评估日本2015年宏观经济及政策*

近日，国际货币基金组织（IMF）完成了2015年度日本第四条款磋商。IMF在磋商成果报告中表示，尽管“安倍经济学”在前一阶段取得了积极成果，但日本政府仍面临着结束通缩、提振增长、恢复财政可持续性和维护金融稳定等严峻挑战，应制定全面的长期解决方案，包括：实施更有力的结构性改革，以提振增长、推进财政整顿并为货币政策减压；提出具体、可信的中期财政整顿计划，降低抑制投资和消费的不确定性；进一步放松货币政策，并通过更明确的指引强化政策效果，提升通胀预期。报告主要内容如下，供参考。

一、日本经济现状及前景分析

1. 日本经济温和复苏

日本经济温和复苏，主要表现在：出口回暖，消费恢复；劳动力市场收紧，工资上涨速度温和，但已居历史高位；在整体信心提升的正面效应下，企业利润增加、投资再平衡和股票回购刺激了股市；随着跨国银行资本状况进一步强化及巴塞尔协议Ⅲ的执行，金融系统稳健性普遍提升；包括中小企业在内的私营部门信贷复苏。在这种背景下，日本2015年和2016年实际GDP预计将分别增长1%和1.25%。在女性劳动参与率增加和结构改革（特别是公司治理改革）的支持下，日本长期经济前景温和回暖。

2. 通胀率逐步提高，但上升速度慢于预期

现有的政策刺激了潜在通胀，通胀前景向好，有利因素包括：实际利率降低，日元贬值，股票市场繁荣，日本的金融环境明显回暖；信贷增加，土地和房地产价格转为正增长，表明建筑行业逐步复苏；日元疲软的滞后效应和产出缺口的消失，给价格带来上行压力；劳动力市场收紧，工资稳步上升或在未来几年引发有

* 本文写于2015年11月30日。

利的价格波动。因此，在现行政策下，IMF 预计日本通胀率将在 2015 年末开始上升，中期内年增幅逐渐升至 1.5% 左右。

日本通胀上升的下行压力来自能源价格走低、通缩难以改变，以及工资—价格动态机制的结构性障碍等因素。此外，自实施量化和质化宽松货币政策（QQE）以来，日本通胀预期明显上升，但在近几个月内始终停留在 1% 左右，凸显出货币政策传导机制过于疲弱。因此，即使进一步实施宽松政策，通胀率稳定升至 2% 所需的时间仍会长于日本央行预期。

3. 脆弱性犹存，经济面临下行风险

中美两国经济低于预期以及避险货币升值，可能会危及日本复苏，但日本面临的最大风险来自于国内需求疲软和政策的不完整，尤其是“第二支箭”和“第三支箭”可能导致经济停滞或滞胀。在此情况下，对财政长期可持续性的担忧将带来更高的主权风险溢价。为此，日本政府不得不进一步实施紧急财政调整，而这将对金融系统和实体经济造成不良影响，并可能与银行系统低盈利性一道，引发日本国债和货币市场的过度波动。

二、IMF 政策建议

针对日本经济现状及前景，IMF 提出了一系列政策建议，主要包括结构改革、财政政策和货币政策等方面。

（一）结构改革方面

日本经济面临劳动力萎缩的挑战，亟需提高劳动参与率、促进生产力增长。日本政府已提出并实施了诸多新倡议，在结构改革上取得了一些进展，但其影响尚未充分实现。除继续落实这些改革倡议外，日本政府还需要进一步提出清晰、大胆的改革计划，包括在劳动力市场、公司治理、贸易管制和金融部门等领域进行改革，以提振信心，刺激国内需求。

1. 劳动力市场改革

在当前已取得的成果基础上，消除税收对就业的抑制作用，解决儿童看护问题（如放宽工作环境标准）将有助于进一步提高女性劳动参与率。吸引更多外国劳动力，鼓励老年人延迟退休也将有助于解决劳动力市场短缺问题，还可吸引投资。新的工作合同应实现就业保障和工作灵活性间的平衡，减少劳动力市场二元性，提升晋升便利性，从而提高生产力和工资增长水平。

2. 公司治理改革

日本政府应进一步加强治理改革，为产品市场带来新活力。基于现有的改革基础，政府应鼓励企业采用更加大胆的独立董事制度，并采取额外措施减少企业过度囤积现金。

3. 放松贸易管制

从放松日本农业和服务业管制等角度看，跨太平洋伙伴关系协定（TPP）将从根本上刺激日本经济。日本政府应加快放松在经济特区的贸易管制，并尽快推广至全国。

4. 金融部门改革

金融部门应利用近期解禁交叉持股的公司治理改革，推进企业整合，并推动中小企业通过优胜劣汰成为改革的中坚力量。日本政府应停止对既不投资也不雇佣工人的中小企业的金融优惠，支持证券化等金融市场扩张行为和风险资本的规范。需进一步鼓励私营部门引导的金融体系整合，特别是地区银行系统的整合。考虑到政府养老金投资基金的投资分配出现了实质性改变，加强其治理结构十分重要。

5. 工资改革

由于失业率处于历史低点，劳动参与率上升，劳动力市场非常紧张。作为三方对话的参与方之一，政府有理由要求提高工资。随着利润增加，公司有机会建立良好的工资—价格动态机制。持续的工资增长是个好的开始，应继续保持。政府应致力于提升由行政管控的工资和价格；在新一轮工资谈判中讨论将永久奖金计入基本工资，并提高年度奖金；同时应考虑较以往更大幅度地上调最低工资标准，并给予拟提高工资的公司更多的税收激励。

（二）财政整顿

日本国债收益率低且稳定，但这不应被看作理所应当的常态。一个具体且可信的中期财政计划将消除财政政策走向的不确定性，有助于刺激国内需求，应对下行风险。

1. 需精心设计下一步财政整顿计划

2015—2016 年间日本政府有计划地进行财政整顿，撤回先前的刺激政策、减少重建费用等主要做法都是合适的。2017 年，日本政府应通过单一税率结构提高消费税，但应引入缓冲机制以防税率上调危及经济增长和通胀上升的势头。因此，即使实现基本预算盈余后有效降低了债务规模，在中期内仍应保持结构性财政整顿规模占到 GDP 的 0.75%。

此外，日本政府提出在 2020 财年实现基本预算盈余的计划对锚定财政政策具有重要作用，但下一步计划需在以下方面加强：第一，宏观经济前景分析应审慎、实际；第二，应明确在结构性财政平衡方面的具体整顿措施；第三，应确立债务下降的长期目标；第四，应提前明确结构性收支措施。

2. 日本亟需强化财政机构，以保证财政整顿的公信力持续的巨额赤字、创纪录的高水平公共债务、过于乐观的宏观经济前景分析，以及反复追加预算带来的不确定性，都表明政府亟需在中期预算框架中强化财政纪律。财政整顿将至少耗时十年，因此中期预算框架中应涉及减支、追加预算、经济前景独立评估报告的披露、财政制度委员会（Fiscal System Council）预算案等方面的财政纪律。这将有利于防范顺周期政策，消除波动来源，并明确政策走向。

3. 财政整顿需在收支两方面采取措施

日本政府聚焦于如何确保社会保障支出的长期增长是合适的，但并不足以消除赤字。因此，日本政府需进一步扩大社会保障缴纳基础并加快税收改革进程，扩大税基，持续降低公司税法定税率，并有计划地提高消费税。为持续实现中期调整，使债务步入下行通道，日本政府需进一步提高消费税率。如果出现税收递减，可通过专项转移支付予以解决。

（三）货币政策方面

日本央行需准备好进一步放宽货币政策，加强沟通，引导市场，并更注重稳定实现2%的通胀目标。

1. 进一步放松货币政策

由于通胀传导机制过于疲弱且具有滞后性，日本政府应通过增加资产购买和延长资产到期时间来进一步放松货币政策。这将进一步降低长期收益率曲线，加强低利率预期，同时加速机构投资者投资组合的再平衡。此外，进一步财政整顿和结构性改革仍是减轻货币政策压力、降低金融稳定风险的必要措施。

2. 加强沟通，引导市场

日本央行应更加明确支撑其通胀预期的主要动力，包括产出缺口和工资—价格动态机制等被认为能提高通胀预期的因素。同样，应明确在哪些情况下央行将实施哪些额外政策举措。因此，公开用于经济预测的石油价格前景分析报告、量化宽松政策的有效性研究等都有重要作用。

3. 重申日本央行“稳定实现2%通胀目标”的承诺

日本央行应重申，只要时机合适、条件成熟，央行对所有进一步宽松手段持开放态度，包括提高资产购买数量、延长资产到期时间、扩大资产购买范围，以及降低超额准备金率和政策利率等，以“稳定实现2%通胀目标”。

4. 金融行业政策应避免非常规手段带来的意外风险

尽管日本央行证券借贷工具数量翻倍，有效支撑了国债市场的流动性，但仍应密切关注其成本和准入标准，以确保政策的有效性。与市场参与者保持密切沟通并密切监测市场流动性至关重要。应持续测试金融机构应对市场波动的能力，包括资产价格、汇率和利率的波动以及市场流动性过低等因素，特别是在关键的国债市场中；银行业看似资本充足，但需进一步加强其风险管理能力并调整商业模式，以在中期提高盈利能力；使用外币借贷的银行还应确保稳健的资金来源；保险公司需提高盈利能力以完成理赔。尽管当前尚无突出问题，但日本政府仍应做好宏观审慎政策的准备，以防范股票、房地产市场繁荣和贷款（包括国外贷款）给金融稳定带来的风险。

（四）其他方面

1. 政策调整需为经济再次疲软或潜在金融风险做好准备

由于日本财政空间极为有限且货币政策早已“捉襟见肘”，必须根据出现的具体风险，制定相应的政策。例如，若经济增长温和，通胀萎靡不振但信用风险并未增加，可采取财政整顿、进一步放松银根和其他结构性改革予以应对；如出现滞胀，说明日本需要更多的结构性改革；而主权信用风险上升可能需要额外的财政整顿。无论发生何种情况，制定可信的中期框架并通过清晰地沟通交流来明确下一步政策走向都十分重要。

2. 若无进一步政策举措，日本经济的正面溢出效应可能出现逆转

当前日本经济的正面溢出效应包括银行对国外贷款上升、外国直接投资增加等。但是，汇率的进一步疲软抑制了进口，提高了日本企业在全球商品市场的竞争力。尽管 2014 年日本的外部头寸和实际有效汇率大致符合经济基本面，但 2014 年下半年日元的实际贬值仍导致实际有效汇率下跌，在此之后，实际有效汇率基本保持稳定。若没有更大胆的结构改革和可信的财政整顿，日本国内需求仍将低迷，且任何进一步的货币宽松政策都会导致对日元贬值的过度依赖。

（陈　茜　李锦文）

印度外贸新一期“五年规划”简析*

近日，印度政府制定了新一期外贸政策“五年规划”（2015—2020）（以下称“五年规划”），目标是以开拓市场和“印度品牌战略”为抓手，通过发展基础设施、改善营商环境，扩大印度制造业和服务业出口，从而促进就业并拉动经济增长。印度外贸新一期“五年规划”主要内容及我们的分析如下，供参考。

一、“五年规划”的愿景目标

2020 年印度出口总额实现翻番：即从目前的 4659 亿美元增至 2020 年的 9000 亿美元，印度出口总额占全球的比例从当前的 2% 提高至 2020 年的 3.5%。通过开拓外部市场、加强与其他地区的经贸联系，提升印度在全球贸易中的地位，使印度成为国际贸易体系“重要的参与者”，在国际贸易体系中拥有更多话语权。

二、“五年规划”的主要内容

（一）积极开拓外部市场

1. 北美市场

美国是印度最重要的贸易伙伴之一，未来美印贸易前景广阔。印度将采取措施，扩大纺织业、农业、皮革、珠宝业等优势产业对美出口。深化印美贸易合作，一方面可以从美国获得高技术人才和投资，另一方面通过定期与美国举行双边对话，使印度充分认识和理解美国在知识产权、移民、劳工政策等方面的立场。

2. 欧盟市场

由于欧盟实行严格的卫生和检验检疫标准，同时配额、关税、贸易救济措施

* 本文写于 2015 年 4 月 27 日。

等纷繁复杂，印度产品在欧盟面临严峻挑战。印度将加大在欧盟推广军工装备、医疗设备、加工食品等高附加值产品的力度。

印度与大部分独联体国家的经贸关系发展潜力巨大。印度拟加大在原材料等领域的投资，建设和运营“国际纵向运输走廊”，增加印度有比较优势的产品在这些地区的出口。

3. 亚洲市场

对南亚地区，印度计划在该地区构建纺织、机械、化工、医药、汽车零部件等行业的“区域价值链”，以发展印度东北部地区与南亚地区的贸易往来。连接畅通的南亚可以为东南亚和中亚地区提供更多的贸易路线。

对东南亚地区，印度、柬埔寨、老挝、缅甸、越南贸易一体化是印度在该地区贸易战略的重中之重。

在东北亚地区，印度最重要的贸易伙伴是中国。印度将继续关注 IT 服务业等领域的市场准入，降低甚至取消中国对印度在药品、农产品等领域的非关税壁垒，鼓励印度发展电影、娱乐业等文化产业，以增加对中国的出口；同时，力争获取中国的投资，以提升印度的制造业水平；此外，加强与日、韩的贸易联系也是印度融入东北亚地区的重要因素。

4. 大洋洲市场

发展印度与澳、新的贸易联系仍有很大空间，可通过贸易和投资进一步巩固与他们的联系。目前，印度正在与澳大利亚和新西兰进行 RCEP 谈判。

5. 非洲市场

非洲地区的农产品加工、制造业、采矿业、纺织业、基础设施建设等对印度企业具有吸引力。印度正积极与非洲地区国家和国际机构在贸易协定、投资合作和能力建设等方面开展合作。

西亚北非地区是一个充满活力、不断增长的区域，值得更多关注。印度正与以色列和海湾合作委员会进行自贸协定谈判。

6. 拉美市场

印度需推动对该地区出口产品的多样化，增加出口信贷的便利化措施，鼓励印度对拉美地区扩大出口。在拉美地区开发规模农业也是一个前景广阔的领域。

（二）实施“印度品牌战略”

一是巩固皮革、纺织、珠宝，以及农业、种植业、水产业、铁矿石等资源密集型产业；二是鼓励发展高科技，加大工程物资、电子产品、药品等高附加值产品的出口力度；三是打造“世界一流”的产品，将印度打造成世界“制造中心”和“出口中心”，并出台了消费者保护、提高产品质量等方面的政策措施。

（三）发展基础设施

一是实施“出口基础设施开发行动计划”，以缓解基础设施需求严重不足的局面。二是加强“经济特区”建设力度。拟恢复税收优惠政策，提高经济特区的竞争力。三是鼓励基建项目“走出去”，加大对新兴市场的出口力度。印度进出口银行将为基建项目出口提供特别贷款，以帮助印度企业与新兴市场发展长期商业关系。

（四）改善贸易环境

一是简化行政审批，降低交易成本，启动一批贸易网络交易平台项目。二是承诺实施 WTO 的贸易便利化协议，并设立国家委员会，以协调和实施该协议。三是通过实施有针对性的培训项目使新企业和制造业企业更好融入全球贸易体系。四是组建“国际贸易研究中心”，加强国际贸易领域的研究能力。

（五）促进区域贸易发展

印度将高度关注 TPP 和 TTIP 谈判，同时积极推进 RCEP 进程，妥善应对 TPP 和 TTIP 等新贸易协议给印度国内产业带来的挑战，提升印度在全球价值链和区域价值链中的地位，进一步监督税收倒置行为。此外，在多哈回合谈判中，印度将继续与志同道合的成员通力合作，去除那些使发展中国家处于劣势的贸易规则，促进区域贸易的发展。

三、几点看法

（一）莫迪政府力推改革，经济复苏态势明显

近期，印度经济加速复苏，成为新兴经济体中的亮点。IMF 预测，受印度实施的一系列改革、投资增长以及国际油价下跌等因素影响，印度经济增速将由 2014 年的 7.2% 升至 2015 年的 7.5%，从而超过中国成为发展最快的金砖国家。此番印度政府推出的外贸政策“五年规划”，与先前推出的“印度制造”和“数字印度”计划一脉相承，旨在刺激印度制造业和服务业出口，促进就业和经济增长。

尽管印度仍处于全球价值链的低端，但在全球产业链优化调整的浪潮中，印度具有独特的低成本特别是 IT 服务业的人才优势。莫迪上任以来陆续推出“印度制造”计划、“印度品牌战略”，体现了其意图提升印度全球竞争力、率印度向全球价值链中高端迈进的雄心。印度未来经济增长潜力和产生的区域乃至全球影响，值得深度关注并研究。

（二）中印应相互支持，促进区域和全球贸易增长

近年来，中印贸易往来逐年增加。中国占印度贸易总量从2000—2001财年的2.5%增至2013—2014财年的8.6%；印度占中国贸易总量也从2001年的0.7%升至2013年的1.6%。2014年，中国已经是印度第四大贸易伙伴和第一逆差来源国，而印度也成为中国在南亚最大的贸易伙伴。

在中印双边贸易中，印度的软件、服务业、医药等优势显著，中国则在基础设施和制造业等领域较为突出。印度高度关注IT服务业的市场准入，以及中国对印度在药品、农产品等领域的非关税贸易壁垒，希望扩大相关优势产业对中国的出口。中国则在基础设施建设领域与印度有广泛的合作空间。

作为最大的两个发展中国家，中印应优势互补，进一步深化双边贸易和投资合作，共同推进RCEP谈判，并力争在中方倡导的“一带一路”中挖掘合作潜力，共同应对TPP、TTIP的冲击，促进区域和全球贸易增长，从而使两国经济都可从中受益。

（陈 霞 彭 慧 周 波）

印度 2015—2016 财年预算案简析*

2015 年 2 月 27 日，印度财政部向议会提交了 2015—2016 财年①预算草案。4 月 30 日，印议会在对现有预算方案未做较大调整情况下审议通过了该预算案。现将印新财年预算案相关情况简析如下，供参考。

一、2015—2016 财年预算收支总体情况

（一）预算收支情况

2015—2016 财年（以下简称“2015 财年”或“本财年”）预算案预计，印度联邦政府预算收入（含借款及其他负债）/支出总额为 17.77 万亿卢比（按现价约合 2821.4 亿美元），较上一财年同比增长 5.7%，财政赤字为 5.56 万亿卢比。预算收入方面，经常性收入 11.41 万亿卢比，占比 64.2%，包括税收收入与非税收入，同比增长 1.3%；资本性收入 6.36 万亿卢比，占比 35.8%，包括贷款回收、借款及其他负债以及其他收入，同比增长 14.6%。预算支出方面，非计划支出（Non - Plan Expenditure）为 13.12 万亿卢比，占比 73.8%，主要包括利息支出、国防费用、补贴等，同比增长 8.2%；计划支出（Plan Expenditure）4.65 万亿卢比，占比 26.2%，主要包括农业、能源、交通等领域支出，同比减少 0.6%。

（二）预算支出分配情况

总支出之中，中央部门总支出 15.7 万亿卢比，同比增加 12.1%；中央向邦和联合属地提供援助 2.1 万亿卢比，同比减少 25.8%。按功能划分，包括计划支出和非计划支出。计划支出主要包括：中央支出 2.6 万亿卢比，占支出总额 14.7%，

* 本文写于 2015 年 5 月 7 日。

① 印度财政年度从每年 4 月 1 日起至下年 3 月 31 日止。

同比增加3.4个百分点；中央向邦和联合属地计划援助2.05万亿卢比，占支出总额11.5%，同比降低5个百分点。非计划支出主要包括：利息支付和债务支出（Interest Payments and Debt Servicing）4.56万亿卢比，占支出总额25.7%，同比增加1.2个百分点；国防支出2.47万亿卢比，占支出总额13.9%，同比增加0.7个百分点；食物补贴1.24万亿卢比，占支出总额7%，同比减少0.3个百分点；向邦政府拨款1.08万亿卢比，占支出总额6.1%，同比增加1.3个百分点；养老金支出8852.1亿卢比，占支出总额5%，同比微增0.1个百分点；肥料补贴7296.9亿卢比，占支出总额4.1%，同比减少0.1个百分点，等等（见图1、图2）。

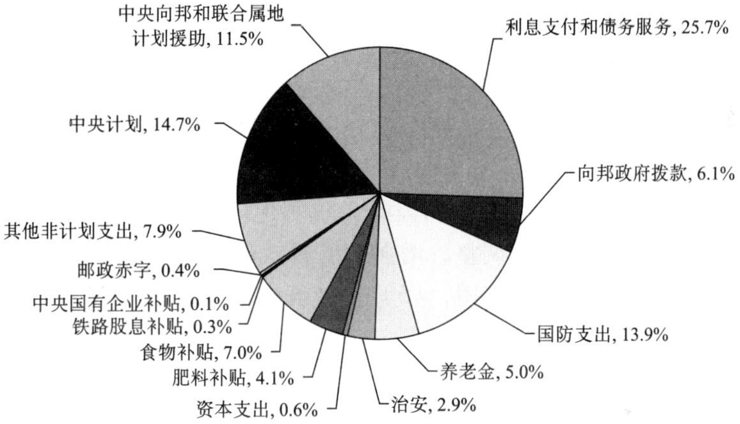

图1 2015—2016财年印度联邦政府支出结构

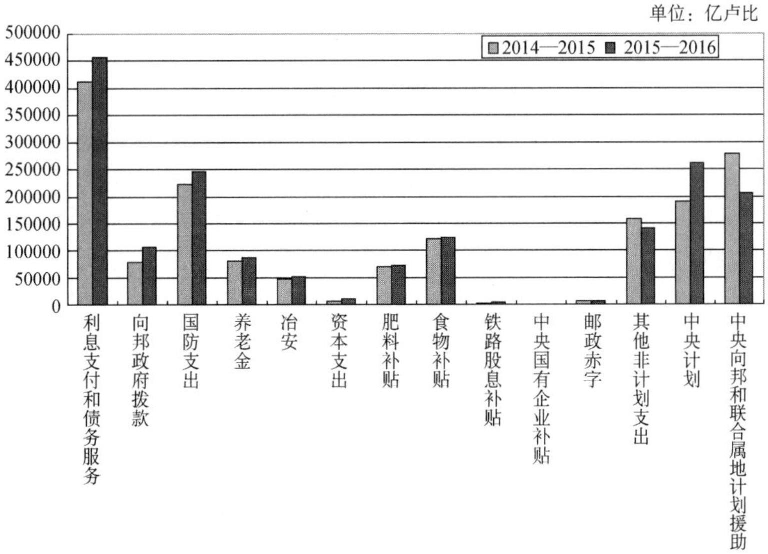

图2 2014财年与2015财年印度联邦政府支出对比图

二、2015 财年重点领域财政政策措施

（一）经济建设重点领域活动及资金安排

1. 大力加强基础设施建设

基础设施落后一直是制约印度经济发展的主要因素。2015 财年，政府继续加大相关领域、特别是铁路公路等交通基础设施投入，采取的措施主要包括：（1）大幅增加交通基础设施投入，道路交通和高速公路部预算支出同比将增长 1217.2 亿卢比，铁道部预算支出同比将增长 9900 亿卢比，涨幅分别约为 40% 和 33%；（2）设立“国家投资和基础设施基金”（NIIF），计划每年筹资 2000 亿卢比，通过股权投资方式支持印度铁路金融公司（IRFC，Indian Railway Finance Corporation Ltd.）及国家公路局（National Highway Bureau，NHB）等基础设施融资机构；（3）允许铁路、公路和水利项目发行免税基建债券；（4）对基础设施建设公私合作模式（PPP 模式）进行调整，增强 PPP 模式的活力，进一步平衡风险机制，增强政府在风险承担机制中的作用；（5）筹建五个发电量达 4000 兆瓦的超大型发电项目。

2. 积极推动金融市场发展

为规范和加速金融市场发展，2015 财年安排金融服务部门预算 2486.7 亿卢比。其中，955.5 亿卢比用于公共部门银行和金融机构的重新注资，同时还将采取以下措施：（1）成立“公共债务管理机构”（PDMA），统筹管理政府内外债，吸引投资流向基础设施投资部门，加强债券市场建设；（2）合并印度远期市场委员会（FMC，Forward Markets Commission）和印度证券交易委员会（SEBI），以加强对商品期货市场的管理并减少投机行为，同时将修订完善《印度政府债券法》和《印度储备银行法》；（3）将修订《印度外汇管理法》第六部分，从而为管理流动资金提供清晰的依据；（4）为保障消费者权益，新设一个中立的金融调解机构，用以解决金融服务相关争端；（5）通过立法完善印度养老保险制度，一方面对于雇员公积金（EPF）制度，在保持雇主缴纳比例不变的情况下，调整低收入雇员个人上缴比例，另一方面对于联邦雇员保险（ESIs）制度，雇员可以选择缴纳 ESI，同时允许其选择购买其他由印度保险监管发展局（IRDA）许可的人身保险产品。

3. 继续加大农业和农村发展投入

本财年，农业部预算支出总额 1375.1 亿卢比，较上一年度增长 19.2%。针对农业生产面临的土地和水两方面问题，政府推出了土壤健康卡计划（Soil Health Card Scheme）以改善土壤肥力；同时积极推动有机耕作计划，力图使灌溉体系惠及所有农户，改善水资源利用效率。2015 财年将安排专项资金 530 亿卢比，用于

灌溉、水流域治理等领域相关项目。此外，政府拟注资农业金融机构，提高农业部门生产效率和信用，增强对小微农户的支持，包括2500亿卢比支持“农场基础设施建设基金”，1500亿卢比支持“长期农业信贷基金”，4500亿卢比支持“短期农村合作信贷融资基金”，以及1500亿卢比支持“短期区域农村银行（RRB）再融资基金”的运作。

4. 积极推动绿色可持续发展

印度新能源和可再生能源部确立了到2022年可再生能源生产达到17.5万兆瓦的目标，积极采取措施开发利用新能源和可再生能源。2015财年，计划安排资金616.1亿卢比支持新能源和可再生能源发展，其中预算资金28.8亿卢比，公营企业等内部资金和预算外资金337.3亿卢比，国家清洁能源基金250亿卢比，主要支持以下活动：交互式电网和可再生能源分送，农村可再生能源利用，城市、工业和商业部门可再生能源利用，可再生能源利用的研发与规划，以及可再生能源项目活动等。其中，特别安排7.5亿卢比，用于推行“加速电动汽车使用与制造计划”。

5. 着力支持信息通讯产业

印度IT行业较为发达，新财年政府将继续对相关领域给予支持。中央部门预算中通讯与信息技术部安排预算支出总计2324.4亿卢比，其中邮政部门713.9亿卢比，电讯部门1347.5亿卢比，电子信息技术部门263亿卢比，分别较上年增长6.9%、30%及16%。为鼓励拥有前沿技术、具备创新理念的企业更好地发展，政府将特别投入100亿卢比，启动“鼓励自主创业和各尽所能”（SETU）计划，该机制将为自主创业、特别是科技领域自主创业活动提供全方位的支持。

（二）促进社会公平与发展，提高人口和劳动力素质

1. 社会保障体系建设投入

政府将建立惠及全民的社会保障体系。就业保障方面，劳动与就业部本财年预算396.7亿卢比，同比增长15%。为落实《圣雄甘地全国农村就业保障法》（MGNREGA，Mahatma Gandhi National Rural Employment Guarantee Act），提高就业率和就业质量，拟安排首批3469.9亿卢比用于支持相关活动，如果本财年实际税收收入高于预算，还将追加投入500亿卢比。养老保障方面，考虑人口老龄化因素，财政部将建立惠及全民特别惠及贫困人群的社会保障体系，2015财年将投入1.05亿卢比用于城市老龄事务，其中1000万卢比用于80岁以上人群。政府为鼓励国民加入新养老金计划，规定凡2015年12月31日之前新开设养老金账户，政府每年将支付受益人收益的50%，最高达1000卢比，优惠期限为5年。政府将投入150亿卢比用于支持儿童发展综合方案（ICDS），50亿卢比用于支持儿童保护综合方案（ICPS）。政府还将特别投入373.8亿卢比促进少数民族青年教育和就业。

目前，印度养老金保护基金（Pension Protection Fund，PPF）余额达到 300 亿卢比、雇员公积金计划（Employee's Provident Funds Scheme）余额约为 600 亿卢比。

2. 教育支出及重点支持领域

2015 财年，教育部门通过预算计划资金和其他公共资金渠道，向相关教育领域活动提供资金支持，主要包括：教育部学校教育和识字部门安排资金 3904 亿卢比，教育部高等教育部门安排资金 1585.5 亿卢比，其他教育相关基金及项目安排资金 2757.5 亿卢比。此外，政府着力加强劳动力技能培训，基于为数庞大且相对年轻的劳动力人口（25 岁以下人口占比达 54%），且农村人口占比超过 70%，提高农村青年就业率，有针对性地开展技术培训，对推动“印度制造”至关重要。印度政府特别设立了“技能提升与企业文化部”，2015 财年中央预算安排支出 1543.5 亿卢比，推动“国家技能行动”计划，通过整合相关部委机制形成涵盖 31 个部门技术委员会的标准化实施程式与培训产品。

（三）继续加大国防支出

印度国防支出新财年继续大幅增长，2015 财年共安排 24672.7 亿卢比国防预算，较上一财年增长 10.95%。其中，日常预算支出 15213.9 亿卢比，较上一年增长 8.4%；基本建设预算支出 9458.8 亿卢比，较上一年增长约 15%。由于国防建设过于依赖进口，产生了一些负面影响，政府拟采取措施加以纠正，将批准外国直接投资于防卫领域，推动本土企业逐步成为防卫设备制造商，目标是不仅满足本国防卫体系的要求，还可以对外出口，实现防卫设备领域更高程度的“印度制造”，在自给率方面取得更大进展。

三、几点分析

（一）财政赤字率保持逐年下降趋势

印度政府近年来致力于缩减赤字规模，已取得了一定进展。2012 财年、2013 财年、2014 财年预算赤字分别为 49019 亿、50285.8 亿、51262.8 亿卢比，赤字率分别为 4.8%、4.4% 和 4.1%。莫迪政府希望在三年内将赤字率缩减到 3% 以下，设定了 2015 财年、2016 财年、2017 财年赤字率分别为 3.9%、3.5% 和 2% 的目标。如果保持目前赤字率缩减势头，2017 财年将很有可能实现既定目标。

（二）减少非计划支出措施收效不明显

近年来，印度政府积极采取措施，努力减少非计划支出，增加计划支出中发展性支出的比重，如重点扶持基础建设项目，但 2013 财年、2014 财年以及 2015

财年预算中，非计划支出占总支出比率分别约为68%、72%、74%，呈现逐年增长趋势，显示这些政策措施并没有收到预期成效。

（三）传统能源在能源发展中占据主要地位

本财年中央政府计划公共资金投入总额中，用于支持电力部门发展共6140.4亿卢比，核能发展979.5亿卢比，石油天然气部门7661.5亿卢比，煤炭部门1313.7亿卢比，而新能源及可再生能源投入共约616亿卢比。由此可见，印度作为发展中国家，在积极开发利用新能源的同时，传统能源开发和基础电力体系建设仍然是现阶段能源领域的主要任务。

（四）政府关注创新和改善营商环境

印度政府在“全国改革印度学会”（NITI）框架下，积极推动“阿塔尔创新计划”（AIM），拟将其建设成为汇集学术界、企业界多方力量的创新平台，并将投入启动资金15亿卢比。政府还建立了“创业与人尽其才”行动（SETU）机制推动信息产业发展，全方位支持信息行业处于起步阶段的创业公司和个体经营活动。政府将出资2000亿卢比，设立资助小微企业再融资的政策性银行，出资300亿卢比用于支持信用担保体系发展。政府还采取措施，简化投资许可审批程序，启动了电子商务平台，为投资者提供14项必备管理许可的“一站式”办理服务。这些措施显示了政府对于创新、创业和企业经营积极给予支持的姿态。

（陈立宏　李明慧　胡振虎　于　晓）

IMF 结束对韩国 2015 年第四条款磋商*

2 月 13 日，国际货币基金组织（IMF）结束对韩国 2015 年第四条款磋商后发布声明，主要内容如下，供参考。

2014 年，韩国经济的增长动力一定程度上出现停滞，经济前景无论从周期性角度还是结构性角度来说都充满挑战。内需低迷，通胀水平较低，外部不确定性增加。长期来看，经济增长很大程度依赖制造业出口，非制造业部门生产力水平相对较低，使得韩国经济易受到外部冲击影响。人口方面，人口老龄化问题也使得人口结构逐渐成为经济增长的不利因素。

为促进经济潜在增长，韩国政府提出一系列解决劳动力市场僵化、提高金融市场效率、改善金融市场稳定性的倡议，并在近期出台了一系列推动经济复苏的措施。IMF 对韩国政府所作的努力表示赞赏，同时强调，韩国政府的工作重点应继续放在增强经济增长动力方面，特别是目前较为疲弱、但对长期经济增长非常重要的领域。

IMF 本次对韩国 2015 年经济增长的评估要低于上次的预期，同时面临诸多不确定性。实际上，关注经济增长动力要比精确预测年度经济增长率与通胀率更有意义。2015 年，韩国将面临一系列不确定性。作为一个高度开放的经济体，韩国面临国际经济的影响，增长前景受许多不确定因素影响。作为全球最大的石油进口国之一，韩国从石油价格下降中获益良多，但要通过投资和消费的增加转化为真实的经济增长尚需时日。从外部环境看，尽管美国经济增长动力日益强劲，但中国、欧元区及日本增长前景仍令人担忧，全球通缩风险不断上升。而日元疲弱为韩国出口行业带来挑战，因此，韩元应继续保持灵活的汇率政策。

韩国经济还存在下行风险。目前，家庭对未来通胀水平的预期并不乐观，消费支出可能因此受到抑制，进而影响公司投资的积极性。如果再考虑外需疲弱的因素，预计韩国经济增长将弱于基线预测下的“稳定复苏”。当然，出现这种情况

---

* 本文写于 2015 年 3 月 8 日。

的可能性不大，但一旦出现问题将比较严重。因此，如果复苏迹象没有清晰显现，政府应利用现有的货币和财政空间采取应对措施。

为提高经济的抗外部冲击能力，防范全球性金融波动对国内经济的影响，韩国应继续巩固外部缓冲，包括：控制并适量削减短期外债规模，维持净海外资产为正，保持一定规模的国际储备。一旦受到危机冲击，保持韩元汇率的灵活性是首选的政策手段，也是至关重要的一个外部缓冲手段。

在资本缓冲稳定的情况下，韩国金融体系总体而言基本稳定。尽管韩国家庭债务总规模在持续增加，但同时金融资产也在增加，而不是用于消费，不同于导致全球金融危机的许多其他发达经济体。因此，近期来看，尽管家庭债务的结构还有进一步改善的空间，但债务规模不会对韩国宏观经济构成威胁。此外，优化韩国金融业的一项重要任务是推动抵押贷款市场向更加稳定、期限更长的结构过渡，这与政府提高利率固定、期限更长、分期付款的贷款规模在总债务中占比的目标一致。

正如韩国政府的经济增长战略所体现的，解决长期经济增长面临的根本挑战需要进行更加深入的改革，鉴于改革的推进和成果的取得不可能一蹴而就，应立即着手启动。改革要取得理想的效果，须促使不同既得利益方达成共识，若改革措施能够得到落实，其影响将非常深远。结构性改革短期内往往需要财政投入，但长期来看由于经济增长潜力提高，财政将会不断受益。同时，不同于其他主要发达经济体，韩国公共债务规模处于低位，因此具备一定的灵活性实施结构性改革。

（燕晓春）

韩国 2016 年预算案简析*

10 月 27 日，韩国总统朴槿惠在韩国国会就 2016 年预算案发表施政演说指出，韩国 2016 年预算规模将达 386 万亿韩元（按现价，约合 2.12 万亿元人民币），旨在彻底落实“韩国经济改革三年规划”，重点推动公共部门、劳动力市场、教育和金融等四大领域改革，不断提振经济、推动文化产业发展和提高国民生活水平。韩国国会将于 11 月份开始对预算案进行审议，并计划在 11 月 30 日国会全体会议上进行表决。朴槿惠讲话在韩国朝野和民众中引发巨大关注。韩国 2016 年预算案主要内容及我们的分析如下，供参考。

一、近期韩国经济运行情况

在介绍 2016 年预算案之前，朴槿惠对韩国经济作了说明。她指出，在全球经济低迷不振的情况下，韩国各项经济指标表现良好，今年三季度韩国 GDP 增速达 1.2%，创五年来季度增速新高。预计韩国 2015 年 GDP 增速将达 2.7%，失业率为 3.7%。同时，标准普尔将韩国信用评级调至历史最高水平。IMF 预测，2015 年韩国 GDP 总量全球排名将从 2014 年的第 13 位上升至第 11 位。朴槿惠同时指出，受全球金融和资本市场动荡、中国经济增长放缓以及韩国“中东呼吸综合症（MERS）”疫情等因素影响，韩国经济下行风险仍不容忽视。此外，随着 2016 年韩国退休年龄延迟以及战后生育高峰出生的子女进入劳动力市场，青年人可能面临更严峻就业形势。只有加快推进结构性改革，才能为青年人提供更好的就业机会，让下一代继承“健康的大韩民国”。

* 本文写于 2015 年 11 月 9 日。

二、2016年预算案主要内容

韩国2016年预算总额将达386万亿韩元，同比增长3%，增幅创2010年以来新低；政府总收入将增加2.4%，财政赤字占GDP比将由2015年的2.1%上升至2.3%；政府公共债务规模将达645万亿韩元，同比增加50万亿韩元，GDP占比将首次突破40%，达40.1%。

（一）推动结构性改革

预算案将重点推进公共部门、劳动力市场、教育和金融等四大方面改革。

1. 公共部门改革

一是加强社保支出。2016年韩国社保支出占预算总额比重达30%，创历史新高。预算支出将重点用于改善社会低收入群体生活水平，2016年韩国四口之家每月最低生活保障金将提高至127万韩元，同比上升21%。二是推动公务员养老金制度改革。5月份韩国国会通过了以“多缴纳少领取”为宗旨的《公务员养老金改革案》。根据改革方案，未来5年内韩国公务员养老金缴纳比例将从7%提高至9%，而支付率将在未来20年内从1.9%降至1.7%，同时养老金领取年龄将从目前的60岁延迟至65岁。改革方案实施后，2016财年韩国财政支出将减少1.5万亿韩元，今后30年将减少共计185万亿韩元。三是对316家公共部门实行“薪资递减制度（SALARY PEAK）”。根据该制度，资深员工达到一定年龄后开始减薪，但保障可以工作到退休，而节约的资金将用于招募年轻员工，从而提高就业市场流动性。韩国政府预计，2016年起退休年龄将推迟至60岁，将出现资深员工工资过高、新员工人数减少等问题，实行“薪资递减制度”势在必行。四是提高财政补贴效率和透明度，2016年将投入181亿韩元用于财政补贴管理网络建设。五是大力推动文化创意产业发展。2016年对文化产业投入将达6.6万亿韩元，占总支出1.7%，同比增长7.5%。其中，今年上半年韩国新增文化创意型企业4.6万家，创历史新高。为加大对此类高附加值服务产业支持力度，将投入1.8万亿韩元专门用于帮助该类企业渡过创业瓶颈期；同时，支出1319亿韩元用于启动文化创意产业区K－Culture Valley①，并增加对动画和游戏行业投入，将达480亿韩元。六是将投入14.8万亿韩元用于构建更完善的疾病应急和防控体系，以提升政府应对类似MERS等突发性疾病的快速反应能力，使国家防疫体系尽快达到世界先进水平。

---

① 韩国将打造文化创造融合区域，该区域包括首尔上岩洞—清溪川—洪陵、京畿道一山市和济州岛西归浦。其中一山将建立面积达33万平方米的韩流文化内容制作基地“K－Culture Valley”。

2. 劳动力市场改革

一是增加对就业领域投入。2016 年韩国将投入 15.8 万亿韩元用于就业领域，同比提高 12.8%，创历史新高。二是支出 1 万亿韩元用于改革失业保险制度。此次改革为韩国 20 来首次提高失业补助金标准，并将发放时间延长 30 天。三是为帮助失业者再就业和办理相关社保手续，政府计划在 2017 年前增设 100 个此类“一站式”服务网点。四是关注青年人就业问题。2016 年针对青年人就业的预算支出将增加 20% 以上。政府将为青年创业者提供更好的“一站式”服务，在一些大企业内设立开放式实习点，让更多年轻人获得创业体验；同时，通过“青年希望基金”帮助青年人求职和创业，该基金主要通过公益性募捐筹集资金。五是鼓励企业聘用正式员工。根据规定，公司每新聘一名正式员工，政府将给予多达 200 万韩元税收减免优惠。对于实施“薪资递减制度”的企业，每新聘一名正式员工，将获得现金补助 1080 万韩元。

3. 教育改革

一是自 2016 年起在全国中学推行“自由学期制”①，该计划支出将达 679 亿韩元，同比上升 20%；二是投入 2706 亿韩元用于支持大学研发和开设更多符合社会需求的学科；三是增设学习与工作并行的“产学一体”型学校，明年将从 9 家增至 40 家；四是关爱儿童健康成长。2016 年韩国幼儿教师以及儿童看护人员数量预计将增加两倍，同时将不断提升育儿水平。

4. 金融改革

2015 年上半年，韩国政府向技术创新型企业投入资金同比增长四倍。今后，韩国政府将加大对此类企业资金扶持力度。

（二）追加预算的主要内容

为应对 MERS 疫情、韩元贬值以及希腊财政危机等因素对韩国经济造成的冲击，韩国政府将追加预算 22 万亿韩元，仅次于 2009 年金融风暴时追加规模的 28.4 万亿韩元。追加预算将主要用于以下几方面：一是支出 5.6 万亿韩元用于弥补因今年经济增长率自 3.8% 下调至 3.1% 所产生的经济损失；二是投入 2.5 万亿韩元用于支持受 MERS 疫情影响的韩国旅游业以及中小企业出口等；三是投入 1.2 万亿韩元创造就业机会；四是投入 1.7 万亿韩元用于振兴地方经济；五是投入 1.5 万亿韩元用于兴建铁路和高速公路等基础设施建设。该项预算追加预计将使今明

① 韩国教育部在 2013 年提出“自由学期制”，旨在减轻学生压力、让学生成长为符合社会需要的人才。自由学期制度是指学生可在初中的 6 个学期内任选一个学期作为自由学期，该学期内的课程安排包括 20 小时的基本教程和 13 小时的自律课程。自律课程包括未来规划、社团活动、艺术体育、自选课程等，由各学校自主搭配。自由学期里没有任何考试，成绩则由学生自我评价与教师评价综合决定。这一制度从 2013 年开始试点实施。

年韩国经济增长率分别提升 0.3% 和 0.4%，同时创造 12.4 万个青年就业机会。

三、几点分析

（一）推进结构性改革有利于韩国经济可持续增长

韩国 2016 年预算案的重点是推进结构性改革，以促进经济增长和创造就业机会。在公共部门改革方面，政府将推进政府职能统合、事业项目统合和预算改革，预期每年减少 1 万亿韩元的预算支出；同时，对每天产生 80 亿韩元赤字的公务员养老金制度进行改革。目前，韩国公共部门改革已取得一定成效，通过减少负债和改善管理，2014 年公共部门收支时隔 7 年后告别赤字。劳动力市场改革着重解决青年人就业问题，目前韩国青年人就业形势较为严峻，二季度韩国 20—29 岁青年人失业人数剧增至 44 万人，创十五年来新高。因此，韩国在加大对青年人就业领域投入的同时，还将为青年提供更多实习和创业体验机会，鼓励青年人自主创业。教育改革的核心目标是培养更多符合社会需要的人才，采取“自由学期制度”、改进大学课程结构等措施，使学生能更准确地找到自己的定位，未来更好地服务社会。对于金融改革，“金融科技”改变着全球金融秩序，众筹平台、网络银行等全新金融平台迅速发展，将推动韩国金融产业升级，创造更多高质量的就业岗位，使韩国发展成“金融科技”强国。如果结构性改革进展顺利，韩国生产率将进一步提升，经济实力将进一步增强。

（二）以文化创意为驱动力的“创造经济”是韩国经济软实力

近年来，韩国文化创意产业在亚洲乃至世界掀起一波又一波“韩流”，备受年轻人追捧。这与韩国政府提出的以文化创意为驱动力的“创造经济”理念密不可分。目前，韩国是世界上第五大文化产业强国，文化产业占世界市场份额一直保持在 3%—4% 的水平。文化创意产业经济附加值较高，对拉动韩国经济和构建国家形象方面发挥了不可替代的作用。韩国政府将继续大力发展文化创意产业，鼓励推进创意产业与科学技术和信息通信技术（ICT）相结合的创造经济发展模式。韩国 2016 财年预算对文化产业投入同比将增长 7.5%，增幅最大。文化创意产业凝聚了更多智力成果，属于高附加值产业，将提高经济增长质量，韩国做法值得借鉴。

（三）进一步加大对韩国宏观经济政策的研究

韩国即将成为全球第 11 大经济体，在亚洲乃至全球经济中的系统重要性越来越突出，其宏观经济表现和经济政策的外溢影响越来越凸显。中韩贸易依存度逐年递增，中韩贸易额在过去 20 多年间增长了 60 倍，已达到近 3000 亿美元；中韩自贸区建成后，将形成经济总量达 12 万亿美元的巨大市场。因此，应高度重视并加强对韩国经济政策的关注和研究，预判其经济和经济政策可能给区域特别是中国经济带来的影响，及时妥拟应对策略；同时，应注意借鉴韩国宏观经济政策的有益成分。

（于　晓）

美联储高管谈亚洲经济转型*

11月19日，美联储副主席斯坦利·费希尔①就亚洲新兴经济体经济增速放缓原因、亚洲新兴经济体转型对全球大宗商品市场的溢出效应、全球经济重心向亚洲转移、印度经济潜力等问题发表演讲。其主要观点如下，供参考。

一、亚洲新兴经济体经济增速放缓原因

20世纪60—90年代，亚洲经济整体保持高速增长。目前，亚洲新兴经济体已进入转型期，总体增速放缓。IMF最新展望报告显示，由于中国经济增速放缓，亚洲新兴经济体经济2015年、2016年将减速，且到2020年都将不会趋好。

亚洲新兴经济体经济增速放缓主要有四个原因：

一是发达经济体外需增长缓慢。发达经济体外需对亚洲新兴市场国家经济增长至关重要。过去三年，美国、日本和欧洲货物进口年均增速为1.5%，仅为危机前20年平均增速的一半。

二是经济增速随着投资回报率减少逐步下降。在一个资本稀缺的国家，最初的经济增长源自投资高回报，经济增速随着资本不断积累逐步降低。随着资本和经济全球化边际产出逐渐下降，同时收入和消费增长将大大增加对服务业需求，资源向服务业转移会进一步降低产出增速。近年来，中国投资回报率下降，投资占GDP比逐年下降，而服务业占GDP比则由2008年的40%上升至约50%。

三是全球贸易放缓。经济全球化和贸易增长在亚洲经济发展中起重要作用。全球金融危机后，许多国家“贸易密集型”投资持续低迷，亚洲区域贸易和全球

---

* 本文写于2015年12月7日。

① 斯坦利·费希尔是世界著名经济学家，也是新凯恩斯主义经济学理论的奠基人之一。历任世行副行长兼首席经济学家、IMF第一副总裁、花旗集团副总裁、以色列央行行长。2014年1月10日，被美国总统奥巴马提名为美联储副主席。他培养的学生包括美联储前主席伯南克（Ben Bernanke）、欧洲央行行长德拉吉（Mario Draghi）、奥巴马前经济顾问萨默斯（Lawrence Summers）、罗默（Christina Romer）等。

贸易均出现放缓。虽然中国融入全球经济大大推动了亚洲经济增长，但随中国及亚洲区域将重点由出口转向内需，亚洲内部贸易重返超高速发展的可能性很小。

四是人口老龄化问题。中国香港、韩国、新加坡、泰国和中国人口老龄化问题较严重。数据显示，中国和泰国人口年龄中位数为 37 岁，与美国相同。中国香港、韩国、新加坡人口年龄中位数超过 40 岁。预计到 2030 年，中国、泰国及其他相对发达新兴市场国家 65 岁以上人口将占很大比重。而印度尼西亚、马来西亚、菲律宾、越南等东盟成员国以及印度等国人口老龄化问题则相对较轻，人口年龄中位数小于 30 岁。“老牌”新兴市场国家劳动力增速降低或抑制经济增长。

总体来说，新兴亚洲增速下降不是负面信息，而是亚洲经济转型和经济成功的积极成果。要继续保持足够高的经济增速，推动区域发展，经济模式需要向更加依靠内需尤其是消费转型。作为新兴亚洲出口导向型经济的中心，这种转型在中国非常明显。通过中国进行转口贸易国家的经济转型以及中国经济转型，都反映出这些经济体经济将变得更大、更重要，但不宜过度依赖过去的出口导向型增长模式。但是，尽管增速下降，未来亚洲经济增速仍将远超全球增速，并将为全球经济增长做出最大贡献。

二、亚洲新兴经济体转型对全球大宗商品市场的溢出效应

亚洲新兴经济体，特别是中国在大宗商品市场发挥着非常重要的作用，其投资驱动型发展模式在过去 20 年使全球大宗商品需求大幅提升。自 2000 年以来，中国石油、钢铁需求占全球总需求增量比例分别达 40% 和 80%，全球铜需求增量全部来自中国。新兴亚洲的强大需求在过去 10 年大幅推高了全球大宗商品价格，扭转了之前 20 年大宗商品价格下跌和大宗商品生产国贸易条件恶化的状况。但是，近年来大宗商品生产国产量快速增长和中国及其他新兴经济体需求放缓导致全球大宗商品价格大幅下跌。

全球大宗商品价格未来发展趋势不确定，亚洲新兴经济体投资率下滑预示着全球大宗商品需求将继续放缓。在相当长一段时期内，全球大宗商品价格尤其是在投资、建设中大量使用的金属价格或将维持低位。但是，由于中国人均汽车拥有量较少，中国人均石油消费量远低于发达国家，随着居民财富进一步增加，人均石油消费量将继续增加，未来或为石油价格上涨提供强有力支撑。

亚洲新兴经济体经济增速下降，由外需和投资拉动向内需和消费拉动转型，对全球经济具有重要影响。从普遍意义上讲，全球都在从新兴亚洲向消费拉动型增长模式转型中受益。成功转向更加均衡的增长模式后，新兴亚洲将从全球进口更多商品和服务。但是，国际贸易重回高速增长的可能性很小，大宗商品价格或难以再度长期攀升。

三、印度具有成为亚洲经济新引擎潜力

印度具有成为亚洲经济新引擎的巨大潜力，有以下几个主要原因：一是印度尚未完全融入全球生产分工体系。比如，机械和电子产品在全球生产分工中占有重要地位，印度机械和电子产品出口额占其他亚洲新兴市场国家出口额比接近50%，占印度总出口额比仅为15%；印度FDI占GDP比仅为中国的1/2，远低于亚洲新兴经济体平均水平。二是印度出口导向型经济增长模式仍处于初级阶段。然而，出口型经济增长模式在中国和其他国家已相对成熟，并导致经济增速放缓。印度只有进一步加强资本积累和提高产出，才可以在未来数年继续维持高速增长。三是印度人口结构年轻、抚养比较低，劳动力不断增长。

20世纪60—70年代，印度经济增速为3%—4%，随后几十年提高到6%，进入本世纪以来进一步增长，2015年将为7.25%，在主要经济体中增速最高。为促进经济增长，印度政府着力加强货币政策框架、法律、监管改革，改善商业环境，不断完善宏观经济政策框架。但是，印度实现经济增长潜力还面临很多障碍，比如基础设施瓶颈。因此，印度需提高投资率，放松FDI管制；同时，还要持续进行一系列艰难的改革。

四、全球经济重心或继续向亚洲转移

结构层面看，近期有三个重大事件对全球经济重心是否继续向亚洲转移具有潜在影响力：一是亚洲基础设施投资银行成立，二是人民币加入SDR货币篮子，三是TPP谈判达成一致。可以肯定的是，中国经济或将继续以高于世界平均增速增长，产出占全球份额不断增加。中国对全球经济重要性或将不断加大，并可能在全球经济和国际金融机构中发挥越来越重要作用。其中，地缘政治因素可能在这个过程中发挥关键作用。但是，近期包括美联储在内的主要央行或逐步加息，亚洲新兴市场国家是否能充分应对此举可能造成的资本流动和市场调整波动存在不确定性。

总之，亚洲经济特别是中国、日本和韩国经济过去六七十年在全球经济中表现令人瞩目，亚洲经济和亚洲经济转型值得大家期待。

（李　莹　郭　昊）

世行谈东亚地区如何应对快速城市化挑战*

近日，世界银行发布了《东亚变化中的城市图景：度量十年的空间增长》报告，称快速城市化给东亚地区带来诸多挑战。为此，国家和城市政策制定者应在推动可持续和包容的城市化方面发挥主要作用。考虑到其重要性，财政部亚太中心与财政部国际财金合作司联合编译了报告的主要内容，供参考。

国家和城市政策制定者在推动可持续和包容的城市化方面应发挥以下作用：一是为未来的城市扩张做好准备，二是确保经济高效的城市化，三是增强城市化的包容性，四是促进可持续的城市化，五是克服都市碎片化。

一、东亚地区如何应对快速城市化挑战

（一）为未来的城市扩张做好准备

对下中等收入国家，政府应为未来的城市扩张做好准备。2000—2010 年间，东亚地区城市化的面积达 2.8 万平方公里。目前东亚地区城市化率仍然低于 50%。这意味着，未来几十年内这些国家仍需为城市扩张准备充足的土地。中下等收入国家的政府在推进城市化进程中扮演重要角色。对这些国家来说，须谨防城市化进程中缺乏规划、碎片化和低效率等风险。

对中上等收入国家，政府应提高城市土地的使用效率。城市边缘闲置土地的取得成本较低，但道路、供水等基础设施投资所需不菲，是政府沉重和长期的财政负担。

城市群一体化需采取不同的策略。例如，北京和河内周边聚集着数以百计的

* 本文写于 2015 年 3 月 3 日。

小城市和小城镇。上海和胡志明市则环绕着数量较少、面积更大、间隔更远的大中城市。这两类城市群类型不同，所需的基础设施也不同。当北京和河内这样的大城市推进一体化时，帮助周边居民融入大城市至关重要。

（二）确保经济高效的城市化

东亚地区各国政府逐渐意识到城市化对经济增长的重要作用，因此开始积极制定城市化战略。其中一个重要的挑战是，如何在一系列城市中增加公共投资，以培育经济活动的多样性。中央政府和地方政府合理地分配资源，以协调的方式推进城市群的发展至关重要。此外，应鼓励不同规模的城市发展不同类型的产业。研究表明，在一个城市群内部，大城市重点发展服务业和高科技制造业，中小城市则应聚焦低端制造业和农业相关产业。

城市群内不同规模城市的分工协作，可使整个城市群受益。一般而言，大城市具有低成本、规模经济等优势，聚集了更多的高技术人才，愿意也能够生产高技术产品，因此大城市的经济更加多样。集聚效应应有利于发展服务业和高技术制造业。而中小城市由于地价便宜，有利于发展低端制造业。合理的产业布局有利于提升城市群整体的经济效率。

政府应支持在中小城市投资。中小城市是推进城市化的主力。例如，在越南，虽然制造业的就业人口仍大量集中于大城市。但1999—2009年间，中小城市制造业就业人口增速明显高于大城市。在印尼，近年来小城市的生产率提高最快。然而，由于缺乏金融和技术支持，中小城市如不能有效解决经济快速增长带来的挑战，则可能面临服务水平和生活质量的急剧下降。

（三）增强城市的包容性

合理的空间规划可以给人们提供良好的发展机会和舒适的生活环境，减少城市化过程中出现的不平等问题。城市化的模式是影响城市贫困人口发展机会的重要因素。

合理的空间规划，有助于人们将节省的时间用在工作上以赚取更多的收入，节省的路费或其它费用可用在购买食品和接受教育上。研究显示，在通勤距离短、交通费低的地区，人们更有发展的动力；通勤距离越短，人们的幸福感越高。在东亚一些大城市，通勤距离相对较短，如越南首都河内，人们通常生活在他们工作的地方，而印尼雅加达的通勤时间通常要数小时。

土地征用在城市化进程中通常会带来一些负面影响，但也为生活在城市边缘地区的居民带来了机会。如何在保障城市边缘地区居民权利、不打扰他们生活的前提下，将这些土地纳入城市整体规划，是当地政府面临的一个挑战。

新建住房房价必须在居民可承受范围之内。2001—2011年，东亚地区房地产投资年均增长 9%。然而，东亚大多数国家都面临房价远超居民可承受范围的严峻挑战。该地区大部分城市的房价超过家庭年收入 50%—60%，远大于国际公认的 30% 的标准线。政策房补贴、公共租赁项目和私有住房供应都在帮助最贫困的居民，却忽视了对中等收入家庭的支持。买不起房的居民只好去环境较差的区域居住，但这些地区的住房缺乏安全保障。

让城市新移民更好地融入城市生活有助于增强城市的包容性。2000—2010 年，已有 2 亿人口成为城市新移民。这些新增人口都面临着新的产业、新的生活方式，脱离了传统的社交网络和经济支柱，难免会有不适应。

小城市的发展对于解决贫困问题至关重要。尽管一些大城市的贫困问题也很严重，但相比之下，小城市的居民缺乏发展机会。比如在中国，人均收入低于世行贫困线标准的 2 倍的城市居民，80% 以上都生活在小城市。

（四）促进可持续的城市化

虽然人口高密度有利于城市的可持续发展，但对人口密度已经很高的东亚城市而言，继续简单地提高人口密度显然不是最优选择。这些国家的人口密度已经引发了基础设施超负荷、交通拥堵、空气污染、环境恶化等一系列问题。

城市的可持续发展，需要合理的人口密度，同时使人口密度与工作地点、公共服务和交通基础设施相适应，形成一个适宜步行的宜居环境。合理选址和交通走廊的协调可以减少人们的出行数量，缩短人们的出行路程。人们可以采用步行和自行车等非机动车的交通方式出行，更多地利用公共交通，从而可以减少碳污染。尽管东亚国家的汽车保有量在快速增加，但与发达经济体相比，人均汽车保有量还是相对较低，这意味着东亚城市有机会以一种相对低碳的方式推进城市化。

人口密度或容积率不是城市可持续发展的唯一标准。基础设施的互联互通，出行是否便利，以及公共交通能否便捷地使用也是这些城市可持续发展的重要内容。通过增加每平方公里的十字路口数量和设计一个更加精密的城市结构，完善城市规划，从而扩大城市空间。通过改善路网、提供多种交通工具，可以改进城市发展的可持续性。

应适当增加公园等公共设施，打造五分钟城市生活圈。城市应当混合商业空间、办公场所和居住区以减少居民从家到工作地点或娱乐休闲场所的距离。

公共交通是便捷的、人们负担得起的交通工具，公共交通应与土地使用相协调，这样可以减少通勤时间和碳排放。如果交通道路与人口中心、工作地点和其他重要的目的地相互协调，交通路网可以提升土地价值。政府可以从地价增值中获得收入，并将这些收益用于扩大市区的无障碍设施。

随着人均国民收入的增加，城市的人口密度可能稳定下来，并有可能在未来几十年随着机动车保有量和人均居住面积的增加而回落。特别是城市人口密度较低的马来西亚和蒙古，政府需要增加或维持一定水平的人口密度，避免人口低密度城市扩张的环境成本和服务的低效率。

科学的土地规划可以减少城市面对极端气候的风险。发展中国家快速增长的城市化往往扩张到不安全的区域，如集水区和陡峭的山坡等，使居住在这些地区的居民更易遭受危险，削弱了城市的可持续发展。土地利用规划应充分考虑洪水、地震和其他风险，将气候变化和减灾政策融入城市规划和管理。对东亚地区的城市而言，自然灾害是一个特别重要的问题：根据人口数量排名的世界城市，前六名最易受各种自然灾害影响的城市都在东亚。

（五）克服都市碎片化

未来几十年东亚地区城市的繁荣，很大程度上取决于各城市群能否有效地进行政策协调。例如，中国珠三角城市群由东莞、佛山、广州、深圳等大城市组成；菲律宾马尼拉城市群包括七个省份的85个城市；日本大东京城市群涵盖七个县240个城市。虽然各个市政府都承担提供公共交通、医疗卫生、教育等公共服务，但城市群内各个城市之间，交通基础设施等公共服务的覆盖面和水平都很不均衡。

对各国政府而言，解决城市交通、土地和房地产方面的挑战刻不容缓。但事实上，如果仅在城市群内单独某一城市采取措施，很可能带来新的问题或使现有问题加剧。解决城市群政策协调问题并不容易，因为跨区协调存在政治上的复杂性，其中部分城市可能存在基础设施赤字，低于城市群的整体水平，相关政策难以在该市推行，从而拉低整个城市群的发展进程。

国际经验表明，一些协调跨市公共服务供给的机制行之有效。例如，有些管理机构根据国家法律设立，如法兰西岛运输联合会（Syndicat des transports d'île - de - France，STIF），有些机构根据地方法律设立。有的机构由各城市自愿组成，如法国大部分城市群和巴西累西腓市。在法国，尽管有些管理机构（autorite organizatrice，AO）是自愿设立的，但法律支持可以在该地区征收"就业税"，用于改善该地区的公共交通。例如，美国的华盛顿大都会区运输管理局，各方（哥伦比亚特区、马里兰州、弗吉尼亚州的部分地区）根据协议拥有不同的法律地位和权利。

权力下放固然有很多好处，但也会给城市群的政策协调带来挑战。联邦制的拥护者支持权力下放给地方一级，认为这将提升公共服务的效率，促进城市间良性竞争以吸引居民在本地区生活和工作，并在辖区内投资。然而，对发展中国家而言，权力下放的适用性受到质疑。例如，城市贫困人口和新移民常常在获取信息等方面受到制约。权力下放有时也未能考虑到提供服务的规模，或是面临诸如贫困、犯罪、交通等问题，将使某些服务的总成本更高。

解决都市碎片化问题，中央政府和地方政府须加强政策协调。应对措施包括优化政府内设机构，必要的行政区划调整，如划并相邻地区，以及取缔最低一级政府等。然而，这些措施通常面临既得利益集团巨大的政治阻力。如果权力上收，一些人可能会失去既有的权力。一方面，当地政府有自主决策的愿望，他们确实也更加了解本地居民的需求，便于投资与本地的实际相匹配。另一方面，经济发达和经济欠发达的城市会因后者缺乏资源或有效的组织而使两者更为分化，从而拉大了两地的差距。解决都市碎片化问题无完美的模式可循，灵活的治理模式是必要的，这样既能解决城市的发展问题，也能很好地满足市民不断变化的需求。

二、城市化进程中政府可采取的工具

城市化进程中政府可采取以下工具：一是引导性土地开发（Guided Land Development，GLD）。引导性土地开发指政府为确保城市化的有序推进预留土地。19世纪早期纽约街道电网建设项目是 GLD 的成功案例之一，纽约市政府提前为需要几代人完成的电网项目安排了用地规划。二是将土地整体打包（Land Pooling/Readjustment，LP/R）。地方政府对分散的地块统一打包，统一开发和销售。开发后地块销售的收入会用于补偿开发成本，或用较小面积的住房交换开发前农民占用的土地。这种做法广泛应用于日本、韩国、印度，正迅速在东南亚和南亚地区的发展中国家得到广泛运用。三是土地开发权转移机制。地方政府购买、销售和转移土地开发权。有开发需求的地方政府可从其他地区购入土地开发权。该机制将土地开发权与土地所有权相分离，土地所有者也因此受益。四是土地共享机制（Land Sharing）。城市化进程中，若当地政府在城市周边地区建设基础设施和发展服务业，允许该地块最初的占用者保有对新开发土地的部分权利并享受由开发带来的部分收益。例如，土地占用者与土地所有者达成协议，土地占用者以腾退高质量地块为代价，换取以低于市场的价格向土地所有者租用或购入公共服务水平更高、质量更优的土地的权利。日本和韩国在 20 世纪时大量使用了这种方法，印度尼西亚和越南也在使用这种方法。

三、世行关于中国城市化的建议

东亚地区有 80% 的城市化发生在中国。地方政府在短时间内获得了大量能够进行开发的土地，地方财政也愈发依赖土地出让收入。但是，这种模式是不可持续的。政府开发的土地可能处于开发需求不足的地区。因此，城市开发规划应充分识别未得到充分利用的地块和须动迁的地块，并将其推入土地出让市场。

中国在大力推行城镇化战略，将农村居民向附近的中心镇或小城市转移，以缩小地区间经济增长的差距。考虑到经济的可行性，政府应将施政重点放在为不同规模城市营造良好的经济环境、培育优势产业方面，而不是简单地将农村人口转移到城镇。此外，政府应重视私人资本的作用，通过设立城市化发展基金，以公共财政资金投入撬动社会资本，为更好拉动社会投资创造良好的营商环境。

中国部分落后地区的农业用地被纳入新城市建设规划，用来建高楼，这一行为给当地农民造成了伤害并引发了不良的社会影响。土地问题是中国城市化进程中面临的关键挑战。农地确权有助于在农村土地流转中增加对农民的补偿，从而使得城市化更具包容性。

在中国部分城市，新移民的数量甚至超过了原住民的数量。城市化快速发展的进程中，城市中常滋生反移民情绪。中国和印度的实例表明，那些没有在城市找到发展机会的移民通常都被迫回到农村从事低生产率的职业。当地政府、社会组织应关注这些弱势移民群体，帮助他们在城市发展中谋求立足之地，这样才能使城市化的进程更具包容性。

（亚太中心外联处）

世行谈新兴市场国家结构改革*

12 月 10 日，世界银行发布最新政策报告《新兴市场经济放缓：是短期困难还是长期疲弱?》①，重点就新兴市场国家实施结构改革的背景、改革进展、改革政策方向以及优化商业环境和加强政府治理改革等问题进行了分析。主要内容如下，供参考。

一、结构改革的背景

近年来，新兴市场国家经济增速普遍持续放缓，陷入“中等收入陷阱”风险加剧。陷入“中等收入陷阱”将导致新兴经济体全要素生产率增长缓慢、投资成本上升、人口不利影响变大和收入差距扩大。因此，为避免落入“中等收入陷阱”，新兴市场国家应实施包括改善市场环境、增强劳动力市场功能等一系列结构改革。

新兴市场国家经济增长不连续，或从经济突然停滞转为爆发式增长。结构改革将有助于缓解近期经济增速放缓，改革货币政策和财政政策有助于稳定周期性波动。此外，结构改革可在短时间内提高投资者对经济增长前景的信心。与发达经济体相比，新兴市场和前沿市场国家（FM）或通过实施结构改革实现更多经济增长，主要有两个原因：一是与发达国家相比，新兴市场和前沿市场国家部门间生产力差异更大；二是新兴市场和前沿市场国家普遍存在资本和劳动错配现象。

二、新兴市场国家结构改革进程

自 2000 年以来，新兴市场国家改革方向不一。全球金融危机后，改革重点集中在降低税负和企业注册等监管改革，以及营建许可和电力供给等基础设施投资

* 本文写于 2015 年 12 月 22 日。

① 报告英文名为“Slowdown in Emerging Markets: Rough Patch or Prolonged Weakness?”，本文节选自该报告第四部分“Policies available to stimulate growth”第二小节“B. Structural policies”。

改革，而法制改革却相对滞后。

全球金融危机阻碍了贸易和金融自由化改革进程。2006—2009 年，新兴市场国家跨境贸易管制显著放松，后危机时期自由化进程大幅放缓，许多国家实施了贸易管制。在金融自由化方面，许多新兴市场国家在金融危机后实施资本账户管制以限制表外经济活动和银行部门的外汇风险敞口。资本流动的高度不确定性使新兴市场国家在是否放松资本账户管制方面犹豫不决。

许多新兴市场国家在特定领域进行了改革，但只有少数国家制定了全面的结构改革计划，包括中国、印度、墨西哥。中国正在逐步推进中共十八届三中全会制定的改革计划，改革领域覆盖金融、财政、国有企业、土地、劳动、社会和环境。印度改革措施包括：在 2015 年正式采用通货膨胀目标制，进而增强央行信用；降低 FDI 壁垒；取消柴油补贴以及提高石油和柴油消费税；增加公共投资。墨西哥在 2013—2014 年进行了重要改革，包括将深层水和页岩油田向私营部门开放、加强电信领域竞争、扩大税基、取消一些就业限制。

三、结构改革政策建议

（一）劳动力、财政、产品市场改革

在许多新兴市场国家，人口老龄化问题将迫使政府推行结构改革以促进经济增长。G20 将提高劳动生产率和流动性以缓解人口压力作为改革重点。通过进行劳动力市场、养老金、产品市场和政府治理改革提高资源分配效率，增强财政可持续性，应对人口老龄化带来的挑战。

1. 劳动力市场改革

劳动力市场改革可降低失业率和提高劳动力配置效率。通过减少福利、增加社会贡献和扩大财政空间等刺激措施来提高劳动参与率，或可抵消人口老龄化造成的压力。在智利，政府通过削减工资税和下放集体谈判权等措施降低失业率，并通过降低就业保护立法规格，提升劳动力市场灵活性，从而提高生产力。在中国，政府通过取消户口限制，长期增加工人实际收入。在中东和北非，劳动力市场改革与其他改革相结合（包括金融部门改革）显著减少失业、提高经济增长。

2. 养老金改革

养老金改革可增加劳动力供给和储蓄、促进经济增长，不仅可以在短期内刺激消费，而且可以在长期通过降低政府债务增加投资。如欧元区通过逐步提高退休年龄，并削减非老龄化相关事项支出促进经济增长。此外，养老金改革通过减少福利支出和改善债务状况增强财政可持续性，有助于扩大财政空间，更有效地实施财政刺激政策以支持经济活动。

3. 产品市场改革

产品市场改革可提高生产率和企业参与率。印度在 20 世纪 80—90 年代通过降低准入门槛、放松服务业监管，大幅提高了相关企业生产率。在更加灵活的劳动力市场，产品市场改革与其他改革措施相结合将进一步提高产品市场去监管化效应。OECD 产品市场监管指标表明，与发达国家相比，新兴市场国家中的最大经济体（包括金砖国家）拥有足够空间进行产品市场改革。

（二）优化商业环境

劳动力市场和养老金改革可通过提高劳动参与率和优化劳动力配置提振经济增长，而优化商业环境将提升总生产率。新兴市场国家实施商业环境改革将带来三方面利益。

一是促进经济增长。大幅改善商业环境将显著增加人均收入。即使温和改善商业环境同样可以提高经济增速、降低宏观经济波动。如通过放宽金融约束有效促进了公司、部门和宏观经济增长。

二是撬动基础设施投资。商业环境改革结合基础设施投资可释放强烈增长效应。在中国，城市周边农村土地改革显著提高公司初创数和农业生产力。大多数监管机构独立性强的国家，其电力部门改革对提高供电质量尤为明显。在乌干达，正是电力供给不到位导致企业投资和生产效率下降。

三是增加就业机会、提高公司生产力。降低创业成本、简化注册程序、改进管理方法和优化融资渠道，将吸引更多公司、创造更多就业机会、提高生产力。印度贸易自由化改革和巴西破产程序改革都大幅提高了公司工作效率和经济增长。

（三）加强政府治理改革

新兴市场国家经济增长面临的主要障碍是政府治理，尤其是腐败问题。在南亚、撒哈拉沙漠以南非洲地区、中东、北非、拉丁美洲和加勒比地区，繁冗的准入制度和许可证制度、低效的税收管理、严苛的海关部门和贸易管制以及缺乏对投资者和知识产权保护的司法体系，滋生了不同程度的腐败。

研究表明，大规模改革期，经济增速较不进行改革时提高 1 个百分点；改革失败期，经济增速较不进行改革时降低 1 个百分点。新兴市场中，2010—2014 年经济治理改善最为显著的国家增速放缓幅度低于其他国家。按照世行全球治理指标，世行根据改革进程将新兴市场国家分为高水平改革、中水平改革和低水平改革三档。2010—2014 年高改革水平国家经济增速下降 1%，而低改革水平国家经济增速下降 4%。

（江宇洋　李　莹　郭　昊）

■ 第三部分

欧 洲 经 济

《欧盟 2015 年度增长预览》主要内容*

近日，欧盟委员会（下简称“欧委会”）发布《欧盟 2015 年度增长预览》，该报告结合欧盟整体经济形势，对欧盟和成员国 2015 年应实施的政策措施提出建议，指出“推动投资”、“深化结构改革”及“履行财政职责”等是欧盟 2015 年最为重要工作。该报告将作为欧盟和欧盟成员国制定经济、财政及金融政策的重要参考，标志着“2015 年欧洲学期”①（European Semester）的正式启动。根据机制流程，欧盟理事会和欧洲议会将对该报告进行讨论，最终的政策要点将在欧盟峰会上形成并公布。现将报告主要内容整理如下，供参考。

一、欧盟整体经济形势

全球金融危机之后，欧盟为经济可持续增长做出了积极努力，但目前的复苏步伐不如预期，面临经济增速放缓、结构性失业率居高不下、通胀率低位徘徊及投资率大幅下降等问题，经济前景不容乐观。不过，欧盟财政状况有望改善。

欧委会 2014 年秋季预测显示，欧盟与欧元区 2014 年实际经济增速将分别为 1.3% 和 0.8%，2015 年将分别缓慢增至 1.5% 和 1.1%，2016 年有望达 2.0% 和 1.7%；2014 年欧洲长期失业率较高，成员国失业情况差距较大，德国和奥地利分别为 5.1% 和 5.3%，而西班牙和希腊则高达 24.8% 和 26.8%；由于商品价格较低，尤其是能源和食品价格，通胀率依然低位徘徊，2014 年将为 0.6%；随着经济逐渐复苏，2015 年和 2016 年将分别达 1.0% 和 1.6%。欧盟和欧元区赤字率在 2014 年继续下降，但速度较 2013 年有所放缓，分别为 3.0% 和 2.6%；未来两年，政府赤字水平还将继续下降；债务占 GDP 比值将在 2014 年达到峰值，分别为

* 本文写于 2015 年 1 月 14 日。

① “欧盟学期”机制是欧债危机后，欧盟推出的重要改革举措，旨在加强欧盟内部经济与财政政策协调。该机制自 2011 年开始实施，每学期的时间安排为上年 11 月份至当年 10 月份，每学期共分四个阶段：1. 经济形势分析；2. 政策要点部署；3. 公布国别建议；4. 监督成员国政策制定与执行。

88.3% 和 94.8%。

欧盟经济现状不如人意主要是由以下四方面原因造成：一是金融市场分裂；二是企业、家庭和政府债务仍居高不下；三是宏观经济失衡调整不够全面；四是经济前景、结构调整和制度改革不确定性削弱市场信心。2015 年欧盟的政策制定应重点围绕三个方面：一是共同推动投资，二是升级结构改革，三是履行财政职责。这三方面政策应有效结合，相互联系，形成一体化政策模式。

二、欧盟 2015 年工作重点

（一）共同推动投资

在全球金融危机过程中，欧盟投资水平已较 2007 年峰值减少 4300 亿欧元，降幅达 15%，预计未来几年仅能小幅回升，欧盟经济复苏、就业机会、长期增长及竞争力都将因此受阻。在投资不足的同时，欧盟储蓄和金融流动性处于近几年来较高水平，同时投资需求保持强劲，有大量具有经济效益的投资项目在寻求资金，实体经济无法从中受益。比如，教育、创新、福利体系以及能源、交通产业设施有待更新但缺少资金，中小企业项目融资受阻。这主要是由于家庭、企业和公共部门的高额债务，经济前景和制度改革的不确定性带来低水平市场需求预期，脆弱的投资者信心和持续的信用风险担忧所致。为此，欧盟应采取以下措施：

1. 成员国应有效利用自有资金和欧盟预算

财政空间较为充裕的成员国应扩大投资，并与财政空间较为有限的成员国一起将投资与增长友好型支出列为预算首要项目，争取运用更多自有资金来推动投资并改善投资环境。同时，有效利用欧盟 2014—2020 年高达 9600 亿欧元的 7 年预算，充分落实正在实施的“地平线 2020（Horizon 2020）”、“连接欧洲（Connecting Europe Facility）”和“企业与中小企业竞争力计划（COSME）”。此外，欧洲结构与投资基金（European Structural and Investment Funds）将在 2014—2020 年提供 3500 亿欧元资金，预计将带动 6000 亿欧元投资。

2. 欧盟积极实施“欧洲投资计划”

该计划旨在通过成立“欧洲战略投资基金”（European Fund for Strategic Investment，EFSI）和实施一系列制度改革带动社会投资、满足实体经济投资需求并改善投资环境。

其一，成立基金。欧盟预算和 EIB 将共同出资 210 亿欧元作为 EFSI 启动资金，其中欧盟预算出资 160 亿欧元，EIB 出资 50 亿欧元，未来各成员国可为基金自愿出资。EFSI 将重点支持长期投资项目和中小企业风险融资，将通过为 EIB 和欧洲投资基金（European Investment Fund，EIF）提供信用担保来提高项目风险承受能力，从而带动私营部门投资。预计这210亿欧元资金将以1比15的乘数效应带动3150亿欧元的社会总投资。

其二，建立机制。建立欧洲重大可行性“项目备选清单”，允许公共和私营部门获取相关信息，并在今后通过与国家及区域层面合作，使其发展成为“欧洲可行性投资项目识别体系”。设立“投资咨询中心”，该中心将由欧投行、成员国银行和其他欧洲金融机构合作创立，将为项目发起人、投资方和公共管理部门提供“一站式”技术支持。

其三，打造环境。积极构建“资本市场联盟”，减少金融市场分割，丰富项目筹资渠道并降低融资成本。建立更加简单、透明、可预见且稳定的金融监管框架。完善单一市场建设，包括积极构建“欧洲能源联盟”和“单一电子市场”，全面实施《第三次能源改革方案》和《第四份铁路一揽子计划》。完善服务与产品市场规则，促进知识传递的便利化、科学研究自由获取以及科研人员自由流动。

（二）深化结构改革

提高经济竞争力并打造合适的长期投资监管环境对经济增长至关重要。实施相关结构改革能有效吸引私人投资，特别是互联网、智能生产等融资需求较高产业。在欧盟层面，需进一步深化单一市场，避免复杂监管制度，优化融资渠道，确保研发投资质量。各成员国需在生产、服务业与劳动力市场领域全面实施上述改革。

1. 欧盟层面：消除贸易壁垒

完善单一市场，聚焦商品与服务业。欧盟单一市场是欧盟经济增长最强引擎，而商品和服务业市场蕴含显著的就业、增长与创新潜力，为此应有效发挥单一市场与产业的协同效应。单一市场也同样具有外部效应，通过与主要贸易伙伴签订加强监管趋同的贸易协定，深层次的单一市场将强化欧盟企业在全球价值链中的地位，吸引投资并将欧盟与全球新兴经济增长中心紧密相连。

构建单一数字市场，推动就业、增长与创新。全球经济正逐步数字化，信息与通讯技术是创新型经济的基础，单一数字市场每年将为欧盟创造2600亿欧元的经济收益，数字经济的良好运营决定欧盟未来经济增长的竞争力和路径，数字化服务对提升欧盟关键基础设施（能源、铁路）效率与安全性至关重要。但当前欧盟仅14%的中小企业使用互联网销售，12%的消费者通过互联网购物，限制性商业惯例与法律障碍是消费者无法使用跨境享受互联网服务的主要原因。为深挖数字市场潜力，欧盟需制定高标准数据保护规则并重建消费者信心。

深化能源市场改革，构建能源联盟。依据“欧洲2020年目标”和欧洲议会于2014年10月通过的“2030年气候与能源框架”，欧盟需进一步实施能源市场改革，加强能源供给安全，创建具有前瞻性气候变化政策的弹性能源联盟，完善欧盟内部市场。为此，应优化能源市场布局，强化现有市场工具，优化并拓展能源基础设施建设，确保能源欧盟内部自由流动，将可再生能源纳入能源网络。欧盟“结构与投资基金”将用于解决能源项目融资，同时，创新性融资机制对于刺激能源现代化投资和私人部门对能效的投资至关重要。

开展务实行动，确保欧盟监管框架支持就业、增长与投资。为使现有立法更加清晰简单且降低居民和企业的合规成本，2012 年 12 月启动的名为“监管实用性与绩效评估”（Regulatory Fitness and Performance Programme）的监管法规重审计划应成为欧委会的首要任务。同时，应进一步完善“影响分析”及“结果评估”等监管工具。

2. 成员国：全面实施结构改革

生产、服务业与劳动力市场结构改革能有效提高生产力，恢复竞争力，改善企业环境，促进投资，有利于持续平衡的发展模式，减少金融去杠杆化对私人部门的负面影响，防止宏观经济失衡。此外，通过推动经济增长、生产力与就业，结构改革将提高社会整体状况，减少贫困，增强私人及公共债务可持续性。在现有结构改革的基础上，成员国应重点关注以下几个领域：

优化劳动力市场活力，解决高失业率问题。就业保护规则和体系应为招聘提供合适的制度环境，为在职者和求职者提供高水平保护。各成员国应继续实施改革消除就业障碍，促进专业人员流动。具体包括：改革劳动纠纷解决机制与劳工减税条款，减少劳动力市场分割，升级职业培训和“二元教育体系”，优化区域与部门技术评估办法。同时，福利体系应与针对个人需求的收入替代相结合，高效利用“欧洲青年就业倡议基金”；此外，应提高养老金权益在欧盟范围内的可移动性以消除地域限制并加强人员自由流动，提高薪酬与生产力发展的匹配度及薪酬灵活性，防止永久的区域人才流失。

继续推动养老金制度改革。虽然大部分成员国都已完成养老金改革，但需进一步改革以使养老金更具有效性、财务可持续性和充足性。大多数成员国需要建立动态退休年龄制度，平衡工作期与退休期。

实施社保制度现代化改革。社保机制应高效且伴随公民一生。欧盟需要一个简化且更有针对性的社会政策，并配套负担得起的高质量儿童保健和教育、预防辍学、培训以及就业援助、住房保障及医疗卫生等制度。

提高生产与服务业市场灵活性。当前大多数成员国面临互联网产业功能现代化、基础设施升级和服务业进一步开放等挑战，需改进互联网产业的运营，强化生产与服务产业的竞争力。服务业指令（Services Directive）于 2006 年生效后，各成员国推出一系列改革，但改革进程不一导致效果不甚理想，后续应进一步全面推动实施。

提高商业投资框架条件。改善商业投资环境是吸引私人投资的关键，对于公共投资财政空间有限的成员国更是如此。为此，应进一步优化 PPP 项目设计和国有企业管理模式以提高公共支出和私人投资效率；进一步开放采购市场，强化采购部门行政能力；完善破产框架以提高资源分配效率。

提高科研创新投资质量。研发投资对于推动国家及区域经济持续增长至关重要。为此，各成员国应在研发领域优先运用公共投资，注重研发机构质量、战略开发及政策制定，确保良好投资环境。

提高公共管理效率。欧盟大多数成员国公共管理部门仍面临“更好与更少”挑战，如以更严格预算满足公共需求，通过减轻行政与监管负担营造良好商业环境，适应数字经济要求。一些成员国已开始实施体制与土地改革以达到节约开支、顺利制定与实施改革方案的双重目标。与此同时，成员国还应需推动简约和数字化公共管理方式，简化立法程序，提高立法质量，降低立法难度，创造良好的商业环境，促进投资。此外，还需提高独立司法机构效率并确保公平性，具体包括缩减诉讼时间、减少未解决案件积压以及推广信息通信技术使用等。

（三）履行财政职责

1. 公共债务：债务水平保持稳定，债务增速需继续放缓

金融危机中欧盟赤字与债务水平急剧增加。为重振市场对成员国公共财政可持续性的信心并避免主权债务发展与金融不稳定性之间继续恶性循环，大幅财政整顿十分必要。近几年，欧盟成功推出多项调整措施，有效削减了赤字并稳定了债务水平。进入过度财政赤字程序（Excessive Deficit Procedure）的成员国于2014年显著下降，由2011年的25个降至11个。根据最新预测，欧盟未来几年的财政状况将保持稳定，也意味着财政政策不会拖累未来经济增长。

然而，欧盟的高位公共债务与高额外债使经济易受到外部冲击，危害经济增长的同时也会影响欧元区正常运行。依据《稳定与增长公约》，成员国未来一年的公共债务增速仍待继续放缓。为此，财政政策与经济增长需有效结合。其一，各成员国财政调整节奏应根据财政挑战的不同而有所区别，面临财政可持续性问题的成员国应持续实施财政整顿，而具有财政空间的成员国应运用财政政策支持经济增长；其二，成员国的财政政策组合设计应利于经济增长，比如在限制财政支出的同时配以税收削减措施，可有效刺激增长和投资。

2. 财政收入：提高税收体系有效性

在财政收入方面，应确保税收体系有效且利于经济增长，解决劳动力税负过高问题。通过将劳动力税负转移至对房屋保有税、环境税和消费税等对经济增长损害较小的税负。同时，应扩大税基，简化和增加透明度有助于增加税收体系的有效性，提高税收遵从度并打击激进税收计划。

3. 财政支出：生产性投资与增长友好型支出应为优先项

在财政支出方面，福利体系应该在消除贫困与促进社会包容中扮演重要角色。

同时，为提高现有支出项目有效性，应实施改革并采用相关措施，比如支出审查。目前，至少有8个成员国正在实施或已经完成了支出审查，包括英国、荷兰、法国、意大利、爱尔兰、丹麦、西班牙和瑞典，在更大范围内分享这些审查的成果与经验并将完善全面治理体系。

（宋 馨 郭 昊）

欧洲央行新一轮量化宽松政策简析*

2015年1月23日，欧央行宣布自3月起每月资产购买规模增至600亿欧元，购买范围扩大至公共债券领域，并维持零利率政策不变。这意味着欧央行新一轮总量达万亿欧元的量化宽松货币政策（QE）已正式启动，引发市场广泛关注。现对欧央行新一轮QE实施背景、主要内容及其影响做简要分析，供参考。

一、实施背景

主权债务危机后，欧洲经济复苏步伐持续缓慢，失业率长期居高不下，通胀率自2013年年底开始放缓并于2014年12月出现负增长。2014年下半年以来，欧央行实施多项非常规货币手段予以应对，但收效甚微。

（一）欧洲经济不振

欧盟统计局数据显示，2014年12月欧盟和欧元区通胀率均出现2009年以来首次同比下降，分别为-0.2%和-0.1%；2014年第三季度欧盟和欧元区经济环比增长分别为0.3%和0.2%。欧元区通胀率自2012年8月开始放缓，2013年10月低于1.0%，2014年7月降至0.5%以下，12月已是连续第22个月低于欧央行设定的“接近但低于2%”中期通胀目标。

欧委会秋季经济预测显示，欧洲经济在2015年和2016年仍将保持缓慢复苏步伐，预计2015年欧盟和欧元区经济增速将分别为1.5%和1.6%，2016年将分别为2%和1.7%。欧央行近期分析指出，欧元区2014年通胀年率仅为0.4%，若不采取有效措施，未来5年的通胀年率将仅为0.3%，未来10年的通胀年率预期将仅为0.9%。

---

* 本文写于2015年2月2日。

（二）前期措施效果不佳

2014 年下半年以来，除零利率措施以外，欧央行实施了一系列非常规货币手段遏制通胀率持续走低，包括“资产担保债券购买”、“资产支持证券购买”及“定向长期再融资操作”。欧央行旨在通过这些措施释放流动性，扩大资产负债表，鼓励银行发放贷款，引导资金流向私人部门，降低中小企业融资成本，推动私人部门消费与投资，最终帮助通胀率恢复到“接近但低于 2%”的水平。2014 年 11 月 6 日，欧央行行长德拉吉在货币政策会议上承诺将让欧央行资产负债规模重返 2012 年年初 2.96 万亿欧元，较目前的 2.1 万亿欧元有 8600 亿欧元的扩张目标。

欧央行通过“定向长期再融资操作”为欧元区银行提供无限量四年期超低利率贷款，同时，明确规定银行获得贷款只能用于向私人部门放贷，不可用来购买政府债券和用作住房抵押贷款。欧央行“资产支持证券”和“资产担保债券”计划自 2014 年第四季度开始实施，预计至少持续两年。

至 2014 年年底，相关措施实施效果并不理想。在 9 月和 12 月实施的两次“定向长期再融资操作”中，参与认购的欧元区银行数量分别为 255 家和 306 家，融资规模分别为 826 亿欧元和 1298 亿欧元，远低于 4000 亿欧元目标。截至 11 月 28 日，欧央行首次买入规模达 3.68 亿欧元的“资产支持证券”，累计购买 178 亿欧元的“资产担保债券”。尽管欧央行此前并未设定具体购买规模，但市场反应不佳，有预计欧央行平均每周购买“资产支持证券”和“资产担保债券”的规模将仅为 5 亿至 6 亿欧元和 20 亿至 30 亿欧元；同时，按照欧央行再融资担保框架，目前合格的资产支持证券约为 4000 亿欧元，合格的资产担保债权约为 6000 亿欧元，欧央行实际能购买的数量估计仅为 25% 左右。

基于实际情况，欧央行决定进一步扩大资产购买规模，并将购买范围由银行业债券扩充至主权债券和机构债。

二、本轮 QE 政策内容

（一）规模与期限

在继续购买“资产支持证券”和“资产担保债券”的基础上，将资产购买规模扩大至每月 600 亿欧元，购买范围扩大至欧元区成员国中央政府、机构以及欧洲公共机构发行的债券。资产购买将于 3 月 1 日启动，预计将持续至 2016 年 9 月底，但截止日期最终要以中期通胀率平稳回归至“接近但低于 2%”为标准。也就是说，QE 在时间期限上是相对开放的。

（二）购买方式与风险分担方式

欧央行执行委员会此次还决定将采取“分散式购买”，同时，欧央行理事会将控制项目框架的整体设计，协调各成员国央行实施购买，以确保欧元区货币政策的统一性。“分散式购买”是指欧央行和欧元区各成员国央行将共同在二级资本市场上购买资产。欧央行将承购新增资产购买总额中的8%，各成员国央行将承购占新增资产购买总额12%的机构债，这两部分债券的风险均由央行与成员国共同承担；新增资产中其余80%债券也将由成员国央行购买，这部分风险将全部由成员国央行各自分担。

（三）定价

欧央行决定改变现有的6个长期定向再融资操作定价，初始的两个长期再融资操作利率高出的10个基点利差将被消除。

三、影响分析

（一）一定程度上利于改善欧元区经济状况并提升通胀水平

本轮QE的前期措施收效甚微，一方面是由于市场上符合购买标准的资产规模有限，另一方面是由于银行业担心欧元区经济前景、市场风险和投资需求等问题而参与积极性不高。通过大规模的主权债和机构债券购买，本轮QE将扩充欧央行和成员国央行的资产负债表，为欧元区银行业流动性输入必要流动性，这有利于提高银行业借贷能力和意愿，支持货币信贷增长，改善企业和家庭融资条件，鼓励私人部门投资，带动市场需求，刺激消费并带动就业，最终为提升通胀水平发挥积极作用，从而提振欧洲经济。

（二）巨量QE将给欧洲经济和全球市场造成负面影响

在本轮QE中，欧央行和欧元区各成员国央行将购买总额达1万亿欧元资产，相当于欧元区国内生产总值的10%，接近公共债务总值的比例，并将持续至通胀目标实现为止。如此大规模流动性资金输入市场有可能会带来两方面的负面影响：其一，若不能确保新增流动性均流向实体部门和消费者，那么欧元区乃至整个欧洲可能将会面临流动性过剩和价格泡沫。其二，将产生溢出效应，加剧金融市场波动。本轮QE在一定程度上将缓解美国QE退出所造成的全球流动性压力，但以美欧为代表的主要经济体货币政策走势分化会影响主要货币之间的汇率走向，这将加剧国际金融市场特别是外汇市场振荡，造成新兴市场管理跨境资本流动和汇率预期难度加大。

（三）QE 不能从根本上解决欧洲经济问题

通胀率走低的直接原因是国际油价下行，根本原因是欧元区经济活动减少和失业率高企。尽管本轮 QE 会对欧洲经济产生刺激作用，但也只是提供了经济增长的基础，重振欧洲经济的关键仍是结构改革与财政整顿。就结构改革而言，欧盟需进一步完善单一市场，消除贸易壁垒，积极构建“资本市场联盟”、“能源联盟”与“单一电子市场”；成员国需积极实施生产、服务业和劳动力市场结构改革，以改善企业经营和投资环境。就财政整顿而言，应继续有效开展财政协调、监测与纠正措施，提高税收体系有效性，优先投资与增长友好型财政支出，采取更有效行动，控制欧洲福利体系、财政扩张与公共财政赤字的扩大。

（四）或将给中国带来人民币升值与资金流出压力

对中国而言，本轮 QE 带来的欧元贬值将为中国进一步加大海外投资拓展空间，但将给中国对欧出口带来压力。同时，欧元贬值带来的美元汇率继续走强将造成人民币对美元汇率下行，资金外流压力增强，进一步加大人民币升值压力。为此，我国应做好应对准备，防范欧央行 QE 可能给中国资本市场与实体经济带来的负面影响。同时，我国应借大宗商品价格下降时机推动结构改革，强化在全球经济中的地位，推动全球经济再平衡。

（宋　馨）

欧盟构建资本市场联盟初析*

2015 年 2 月 18 日，欧盟委员会（下简称欧委会）公布《构建资本市场联盟绿皮书》，重点介绍了欧盟构建资本市场联盟（Capital Market Union，CMU）的背景和措施建议。该倡议旨在尽早建立一个欧盟统一的资本市场，促进欧盟经济发展。相关情况及我们的分析如下，供参考。

一、欧盟构建资本市场联盟的背景与挑战

（一）背景

在过去几十年中，欧盟资本市场规模已有所扩大。1992 年，欧盟股市总市值仅为 1.3 万亿欧元，占 GDP 的 22%；债券存量仅为 4.7 万亿欧元，占 GDP 的 74%。2013 年年底，欧盟股市总市值已达 8.4 万亿欧元，占 GDP 的 65%；债券存量超过 22.3 万亿欧元，达 GDP 的 171%。不过，欧盟资本市场发育并不健全，主要表现在以下几个方面：

其一，资本市场规模有限，欧盟的股市规模与 GDP 占比均仅为美国的二分之一，不及瑞士的三分之一；私募股权市场规模仅为美国的二分之一，私募债券市场规模仅为美国的三分之一。其二，成员国资本市场发展差异明显，英国国内股票总市值已超过 GDP 的 121%，而拉维尼亚、塞浦路斯和立陶宛的股票总市值低于 GDP 的 10%。其三，债券融资比例较低，而银行融资依存度过高，造成商业部门尤其是中小企业在银行信贷紧缩时较易受到冲击。其四，企业的资本市场参与度参差不齐，虽然低利率推高了欧盟非金融机构的公司债发行量，但债券发行人主要为大型企业而非中小企业。此外，作为资本市场一体化的核心目标，欧盟跨境资本自由流动的程度仍有待提高。目前，成员国资本市场仍较分散，跨境资本市

* 本文写于 2015 年 3 月 31 日。

场壁垒阻碍了投融资便利化和融资渠道的多元化，影响了欧洲投资增长与经济发展。

（二）挑战

欧盟资本市场一体化面临历史、文化、经济和法律等诸多障碍，比如对某种融资手段的偏好，养老金的特点，审慎监管规则的运用以及行政管理障碍；同时，还面临企业管理、公司法、数据缺口、税收体系和低效市场结构等诸多问题。现阶段来看，欧盟构建资本市场联盟需首先应对以下几方面挑战：

其一，改善融资环境，消除融资障碍。特别是对于中小企业，交通和能源领域的初创企业和长期基础设施项目，以及医院、学校和福利住房等社会基础设施项目的融资障碍，比如，投资信息不对称、资本市场准入成本较高等问题。由于存在这些障碍，很多投资者都被局限于本国市场。其二，消除投资资金流动障碍，促进投资资金来源多元化，具体包括：跨境设立基金成本较高，保险公司和银行的资本金要求中缺乏针对基础设施项目的规则，跨境获取个人养老金面临困难，风险资本市场较分散，散户投资者缺乏对于金融市场和中介机构的信任等等。其三，提高市场有效性，降低投资者与融资者之间的交易成本。

二、欧盟构建资本市场联盟主要措施

（一）短期措施

就当前亟待解决的几个问题，欧委会提出了五项短期措施。

1. 简化“招股说明书”。“招股说明书”详述企业信息和投资风险，虽是企业在资本市场融资的必备条件，但不应成为资本市场准入障碍。为降低企业，特别是中小企业的筹资难度，欧委会在开展为期三个月“绿皮书公众咨询”的同时也开展了关于“招股说明书”的公众咨询，就“招股说明书”何时必要以及如何简化审批程序等“招股说明书”规则征求公众意见。

2. 推广高质量标准化信用信息。由于中小企业的信用信息有限且经常被银行持有，一些中小企业很难获得非银行业跨境投资者的资金。尽管信用评级工作开展已得到成员国广泛支持，但欧洲约有 25% 的企业和 75% 的所有者管理型公司没有信用评级。为帮助中小企业吸引投资并使融资渠道更加多元化，欧委会将继续推广标准化的信用信息，广泛开展信用评级工作，并计划于 2015 年召开“中小企业信用信息研讨会”。

3. 重建可持续的证券化市场。证券化能有效分散风险并增加银行借贷能力。然而，全球金融危机之后，欧洲证券化程度大幅降低。2007 年欧洲证券发行总额为5940亿欧元，2014年则降为2160亿欧元。证券化工具是银行与资本市场之间的纽带，高质量的证券化市场依赖于证券化工具的简单、透明与标准化。为此，欧央行、欧洲监管机构、成员国当局及私人部门代表建议制定一套全面措施以重建欧盟证券市场。

4. 推动长期投资。自2007年达到峰值以来，欧盟投资水平已显著下降并一直低于历史水平。欧委会已公布“欧洲投资计划”，将实施一系列投资刺激措施，并通过设立“欧洲战略投资基金”在未来三年至少带动3150亿欧元投资。此外，目前已完成的“欧洲长期投资基金”监管框架将有效吸引对企业和基础设施投资项目的长期投资，尤其是需要稳定收益和长期资本的保险公司和养老基金等投资者。

5. 开拓欧洲私募市场。“私募发行”可为企业提供有效筹资并为中小企业和基础设施项目增加融资机会。自金融危机爆发以来，私募发行在欧洲迅速升温，部分成员国已建立私募市场，其中，德国和法国的私募市场2013年共发行150亿欧元债券。然而，泛欧私募市场发展存在几方面障碍，包括国家破产法规差异、标准化程序的缺乏、发行人信用信息和资料缺乏。欧盟“行业组织联盟”已就私募市场运行规则和发行标准制定了指南，且兼容多种法律框架，将在短期内促进欧洲私募市场构建，该指南下的首次私募发行也将实施。

（二）中期措施

除短期措施外，欧委会还制定了以下中期措施。

1. 改善融资环境

提高信息对称性。其一，鼓励银行为贷款申请被拒的中小企业提供更好的融资咨询服务。其二，为中小企业量身定制高质量的、简化通用会计标准，从而提高企业的透明度和可比性，降低中小企业实行“国际金融报告标准”的成本，增强企业对跨境投资者的吸引力。其三，设立“欧洲投资项目管道”，建立专门网站并统一信息披露标准，以帮助投资者获取投资信息与机会。

制定标准化规则。资本市场标准化程度对于吸引投资者并深化市场发展、增强流动性至关重要。其一，2015年欧委会将就欧洲担保债权市场一体化发展开展公众咨询，重点是协调各国相关法律框架、推动规则标准化；其二，提高企业债发行标准化程度和价格透明度，从而改善企业债二级市场流动性；其三，推动“绿色债券准则”的制定，该准则通过明确发行手段推进绿色债券市场透明化和一体化。

使其他融资手段协同发展。尽管同业借款及众筹等跨境融资形式潜力巨大，但欧洲层面的此类跨境融资数量有限，应得到进一步推动。

2. 提高资金多元化程度

吸引更多机构投资者。其一，制度障碍等因素限制了长期机构投资者的部分投资活动，欧委会希望公众提出政策措施以扩大机构投资者在资本市场的投资规模及范围。其二，进一步扩大养老金和保险行业在资本市场投资规模，措施包括：2016 年 1 月份起欧盟将实施新的偿付能力管理体制，放宽对企业资产组合的国别限制，允许企业投资更多长期资产；在保险公司和银行的资本金要求中制定有关基础设施项目投资的特别规则；强化低风险基础设施类债务或股本投资的鉴定；评估审慎规则；设立基础设施次级资产类目。其三，鼓励风险资本投资公司和社会企业参与资本市场投资，为此将在 2013 年欧盟推出的欧洲风险投资基金和欧洲社会企业家基金的基础上进一步拓宽市场参与者范围以增加这两类基金数量。

吸引更多个人投资者。个人向资本市场投资的主要工具是符合欧盟“可转让证券集合投资计划”的一些共同基金，投资规模较小。欧委会希望市场上能有更多投资产品供选择以加强竞争，并通过 UCITS 增强个人投资者的跨境投资活动。

吸引更多国际投资。全球金融危机后，欧盟双向资本流动额占 GDP 比都出现大幅下降，2013 年资本净流入的所有项目都低于 2007 年。欧盟的国际贸易和投资政策对支持国际投资有很大作用，未来应进一步放松资本流动限制、规范市场准入和投资、强化保护投资者权益并创造公平竞争环境，应减少欧盟金融机构进入第三国市场的障碍，例如在未来贸易协定中开放跨境资本管理市场，进一步推动在第三国直接营销欧盟基金和其他投资工具。同时，还将积极参与促进资本流动的国际工作。

3. 增强市场有效性

改进单一规则手册、执行及竞争。近年来，欧盟建立单一规则手册成为资本市场规范框架的主要举措，单一规则手册的成功依赖于有效贯彻实施相关规则。为此，欧委会正与成员国及监管机构合作来确保欧盟金融法律有效实施。此外，欧委会还会继续实施竞争法律，避免扭曲和受限的市场竞争影响资本市场一体化和正常运转。

强化监管机构职能。欧盟监管机构在加强金融业集中监管方面发挥了很大作用，强化了同行审议等相关举措的使用。争端解决机制运用也推动了欧盟法律在单一市场的贯彻实施。鉴于跨境融资可能因成员国的投资者保护力度差异而受限，欧盟监管机构需发挥更大作用。

建立通用数据和公开报告。在欧盟建立通用数据和公开报告将有助于资本市场一体化。目前，欧委会在寻求适当途径以保持信息畅通。若市场力量不能有效汇总和公开信息，欧盟就应考虑其他途径，包括授权特定的商业实体来制作类似“证券买卖汇总记录带”的信息集合，保证信息公开质量。

完善市场基础设施和安全法律。市场基础设施适用的法规框架正在建设中，欧盟希望通过立法保证欧元系统内的各类证券交易平台健康运行。

减少欧盟的公司法、企业治理、破产和税收规则差异。欧盟将就统一欧盟税制法规征求公众意见，并将进一步简化交易后期税收减免程序。此外，欧委会还将开展调查，若发现对人寿保险公司及养老基金的跨境投资存在歧视性规定，将采取措施予以纠正。

三、几点分析

（一）资本市场联盟旨在推动欧洲投资并推进欧盟一体化进程

投资不足是近几年造成欧洲经济增速缓慢的主要因素之一，而资本市场分散造成的跨境投资难是影响投资的主要因素。一方面，在“欧洲投资计划”等一系列投资刺激措施背景之下，尤其需要资本市场在跨境投融资过程中发挥更重要角色，需要通过资本市场有效调动社会闲置资金，摆脱企业融资过度依赖银行的不良局面。另一方面，在银行业联盟基础上，欧盟旨在通过资本市场联盟进一步隔断主权债务和银行业之间的联系，并为欧央行货币政策产生效果构建新的管道，使其成为银行业联盟的有益补充，进一步促进货币联盟有效运行。资本市场联盟将为欧洲经济创造良好政策环境，有利于创造就业与增加投资机会，从而推动经济增长，进而有利于推进欧盟一体化进程向更高层次发展。

（二）资本市场联盟将有力助推欧盟中小企业发展

欧洲中小企业对欧洲经济的作用举足轻重，其雇员总数超过就业总量的70%，创造产值占GDP总量的67%。但与美国相比，欧洲有较少中小企业具有规模扩大潜力。在融资渠道狭窄的情况下，这一局面很难改善。为此，资本市场联盟重点目标即是提高中小企业融资能力，具体措施包括：减少监管壁垒和方便中小企业进入他国股票市场、减少各成员国税率差异对中小企业在其他成员国上市融资造成的阻碍、推动同业借款和风险投资等其他融资形式、提高投资者风险共担和创新意识。若资本市场联盟成功建立，将提高欧盟资本市场的创新和竞争水平，降低风险，有效助推中小企业发展，促进欧洲金融业良好发展和商业融资的便利化与多元化。

（三）资本市场联盟前景看好但建成仍需时日

目前欧盟主要经济体和公众均对建立资本市场联盟持积极态度，欧央行和英国均公布分析报告，验证“资本市场联盟”可能产生的积极效果。当然，面临的不确定因素也不少，一方面协调各成员国法规并不容易，另一方面从倡议提出到提交方案并最终获得欧盟和欧盟各成员国批准，需经历复杂的法律程序。根据计划，未来三个月，欧盟将针对构建资本市场联盟短期与中期措施广泛征求包括欧洲议会、欧盟理事会、成员国议会及其他立法机构等在内的资本市场利益相关方的意见和建议，并以此为依据制定具体的“资本市场联盟行动计划”。欧委会计划在 2015 年夏季举办“公众咨询总结会”并在 2015 年后期出台“资本市场联盟行动计划”。欧委会预计，功能完善且运行良好的资本市场联盟将于 2019 年正式形成。欧盟资本市场联盟构建方案的最终内容值得继续关注。

（宋　馨　李明慧）

德国贸易盈余问题值得关注*

美知名智库布鲁金斯学会特聘研究员、前美联储主席本·伯南克撰文指出，近年来德国的贸易盈余持续增加，无论是盈余额还是占GDP的比重目前都已居世界首位。伯南克分析了德国存在大量贸易盈余的原因及对其他国家的影响，并就减少贸易盈余提出了政策建议。文章主要内容如下，供参考。

一、德国出现大量贸易盈余的原因

自2000年以来，德国的贸易盈余占GDP的比重一直呈上升趋势。近年来，无论是盈余额绝对量还是占GDP的比重，都已逐步取代中国成为全球第一。2014年，德国的贸易盈余约为2500亿美元，占该国GDP的7%。

许多人认为德国制造品深受外国消费者喜爱，贸易盈余是德国经济成功的标志。但不少其他国家的产品也做工优良，并没有出现大量贸易盈余。德国庞大的贸易盈余有两个更为重要的原因：

一是尽管对于19个欧元区成员国整体而言，欧元或处于适当水平，但对德国而言，欧元过于疲弱，无法使德国贸易保持平衡。2014年7月，IMF在发布的相关报告中估计，德国经通胀调整后的汇率被低估了5%—15%。而在此之后，欧元兑美元又下跌了20%。相对疲弱的欧元为德国加入欧洲货币联盟带来的利益一直未得到充分显现。如果德国继续使用马克，马克可能比如今的欧元坚挺得多，这将大大降低德国出口的成本优势。

二是包括紧缩的财政政策在内的一系列政策措施抑制了德国的国内消费，包括进口方面的消费，使得德国贸易盈余进一步增加。

* 本文写于2015年5月12日。

二、德国贸易盈余对其他国家的影响

在当今世界经济增长缓慢、总需求不足的背景下，德国的贸易盈余有着重要的外部性。欧元区内几个国家正陷入严重的经济衰退，失业率高企，财政空间不足，无法通过增加支出或减少税收来达到刺激本国需求的目的，同时货币政策已经达到极限。从欧元区以外国家看，尽管美国经济出现复苏迹象，但总体而言经济增速仍普遍偏低。德国贸易盈余改变了欧元区，乃至全球其他国家的需求方向，对这些国家的产出和就业带来了负面影响。

欧元区内部失衡造成了金融失衡和增长失衡。理想情况下，如果其他欧元区国家降低工资，使相对工资低于德国水平，相对生产成本将会降低，竞争力得到提升。但是，在欧元区通胀率远低于欧央行设定的“低于但接近2%”的目标的情况下，这些国家要降低相对成本需持续降低名义工资，并伴有长期高失业率。

三、政策建议

欧元联盟及金本位制等固定汇率制度下，国际收支赤字的国家面临调整压力，而国际收支盈余的国家则没有相应的压力。20 世纪 20 年代的金本位制就是因盈余国家不能同等参与调整过程而失败。IMF 在 2014 年 7 月的报告中建议，德国可以通过减少贸易盈余来帮助欧元区缩短调整过程，恢复经济复苏。

德国无法控制欧元的币值，但可以通过政策工具来减少贸易盈余，德国非但不会因这些政策工具而受损，反而会增加大多数德国人的福利。德国可用的政策工具包括：

1. 增加公共基础设施投资。研究表明，德国的道路、桥梁、机场等基础设施的质量正在下降，用于改善基础设施的投资将提升德国的增长潜力。同时，由于德国实际利率为负，经通胀调整后的十年期借贷利率低于0.2%。基础设施投资能增加国内收入和支出，同时增加就业、提高工资，从而减少德国国际收支盈余。

2. 提高工人工资。可通过政府、雇主及工会的合作，大幅提高德国工人工资。工人工资的提高能加速相对生产成本的调整，增加家庭收入和消费，从而减少德国贸易盈余。

3. 刺激国内消费。德国可实施有针对性的改革，增加国内支出，包括：强化国内私人投资的税收激励机制；消除新住宅建设存在的障碍因素；改革零售和服务部门；改革金融监管制度，促使德国银行将投资由国外转向国内。

4. 继续支持欧央行的量化宽松货币政策。宽松的货币政策虽然会削弱欧元，导致德国贸易盈余增加，但却能通过以下两个传导机制间接帮助德国减少贸易盈余：一是宽松的货币政策有利于欧元区提高通胀率，使相对工资调整更易实现，因为相对工资调整只能靠工资上涨相对慢于其他国家，而很难靠本国名义工资的下降来实现；二是宽松的货币政策有助于提高整个欧元区经济活力，包括德国。

（尹晓君　燕晓春）

欧洲央行新一轮量化宽松效果与前景分析*

2015 年 3 月，欧央行正式实施新一轮量化宽松货币措施（Expanded Asset Purchase Programme，以下简称“新量宽”）。从 2014 年年底和 2015 年年初有关经济数据来看，欧央行前期“非常规货币措施”和“新量宽措施”积极影响正在显现，经济增长走势向好，通胀率有回升迹象，市场的通胀预期稳固，失业率继续稳步下降，金融市场状况改善，但也面临挑战。现对欧央行新量宽措施影响和前景作分析，供参考。

一、新量宽出台背景和措施内容

自 2012 年以来，欧元区整体通胀率持续下行，经济增长陷入停滞。因此，欧央行于 2014 年实施一系列非常规措施，希望通过宽松货币政策提振欧洲经济。从效果看，欧元区通缩情况并未改善，且在 2014 年 12 月份降至零以下。在此背景下，欧央行于 2015 年 1 月份宣布新量宽政策，并于 3 月份开始实施。

（一）欧元区通缩压力持续加大

自 2012 年 8 月份以来，欧元区通胀率开始下滑，2013 年 10 月份降至 1.0% 以下，2014 年 7 月份降至 0.5% 以下，2014 年 12 月份降至 -0.1%，为 2009 年以来首次同比下降，连续第 22 个月低于欧央行设定的“低于但接近 2%”中期通胀目标。

（二）首轮量宽措施收效甚微

为刺激欧元区经济、遏制通胀率持续走低，2014 年下半年以来，除零利率措

* 本文写于 2015 年 5 月 20 日。

施以外，欧央行实施一系列非常规货币措施：一是2014年9月份首次启动“定向长期再融资操作”（TLTRO），并于12月份和2015年3月份分别启动第二轮及第三轮TLTRO。二是分别于2014年10月份和11月份启动“资产担保债券购买计划”（CBPP）及“资产支持证券购买计划”（ABSPP），购买计划持续两年。其目的在于释放流动性，鼓励银行发放贷款，引导资金流向私营部门，降低中小企业融资成本，推动私营部门消费与投资，最终促使通胀率恢复至中期目标。

但数据显示，欧央行首轮TLTRO认购规模为826亿欧元，远低于此前分析师预测的1000亿—1500亿欧元。而第二轮TLTRO认购规模虽增至1300亿欧元，但仍低于预期。第三轮TLTRO认购规模虽超出预期，但也仅为978亿欧元。再看ABSPP和CBPP购买规模。截至2015年4月份，ABSPP和CBPP购买规模总计达3000亿欧元，也同样低于市场预期。此外，2015年1—4月份欧元区通胀年率分别为-0.6%、-0.3%、-0.1%和0%，通胀年率虽稳步上升，但仍远低于欧央行“接近或低于2%”的通胀目标。由此可见，欧央行前一轮量宽政策并未发挥预期效果。

（三）欧央行新一轮量宽主要内容

2015年1月22日，欧央行宣布，以维持价格稳定、应对长期低通胀风险为目标，推出“欧版”量化宽松政策。主要内容为：一是继续扩大资产购买计划的规模。从3月起每月资产购买规模提升至600亿欧元，将持续至2016年9月或中期通胀率接近2%，预计总资产购买规模达1.1万亿欧元。二是扩大资产购买计划的范围。在此前购买资产支持证券和担保债券（每月约110亿欧元）的基础上，将购买范围扩大到投资级的成员国政府机构债券和欧盟机构发行的债券（每月约490亿欧元）。三是欧央行和成员国央行共同参与。对于新增资产部分，欧央行购买和持有成员国政府机构债券的8%；成员国央行购买和持有剩余的92%，其中12%为欧洲机构债券，80%为成员国政府机构债券（以各成员国央行在欧央行持有的股份比例为基础进行分配）。四是欧央行和各成员国央行共同分担所持部分资产风险。欧央行所购8%的政府机构债券，以及各成员国所购12%的欧洲机构债券纳入共担风险的范围，其余资产的风险由各成员国央行自行承担。

二、实施新量宽后政策效果

在近期召开的货币政策会议上，欧元区成员国一致认为，前期实施的非常规货币措施和新量宽措施非常正确且有必要。这些措施一定程度上促进了欧元区乃至欧洲经济复苏，在放宽金融市场条件和减少私营部门外部融资成本方面发挥了积极作用。近期数据表明，欧元区经济活动活跃，通胀率有回升迹象，市场通胀预期稳固，市场对经济逐步复苏和通胀率重回2%持谨慎乐观态度；同时，金融市场表现良好，收益率曲线和通胀预期向好。

（一）宏观经济形势趋好

当前，欧元区经济复苏进程趋好，经济下行风险有所稳定。经济状况改善主要得益于前期非常规货币措施及新量宽措施带来的市场信心提升、货币流动性增加以及欧元兑美元贬值；同时，国际油价下跌增加了家庭实际可支配收入和企业利润，推高了短期市场需求。

1. 经济走势向好

欧元区2014年四季度实际GDP环比增长0.3%，2015年一季度GDP环比增长0.4%，环比增幅连续四个季度递增。欧委会5月份发布的《春季经济预测》报告显示，基于欧元区及全球经济的良好表现，预计2015年和2016年欧盟经济增速将分别为1.8%和2.1%；欧元区经济增速将分别为1.5%和1.9%。与之前发布的冬季预测报告相比，春季预测报告分别将2015年欧盟与欧元区经济增速上调0.1个百分点和0.2个百分点。

2. 就业持续改善

2014年底至2015年3月份，欧元区失业率呈下降趋势。欧元区2014年12月份和2015年1、2、3月份失业率分别为11.4%、11.4%、11.3%和11.3%。欧委会5月份发布的《春季经济预测》报告数据显示，欧盟和欧元区2015年失业率将分别下降至9.6%和11%。基于2016年经济活动将进一步加强的预期，欧盟和欧元区2016年失业率或将进一步下降，特别是近期已实施劳动力市场改革的成员国。预计欧盟和欧元区2016年失业率将分别下降至9.2%和10.5%。

3. 经济动力增强

自2015年年初至今，欧盟与欧元区的消费者信心指数和经济景气指数均稳步上升，其中，消费者信心指数已达到危机前水平。主要受M1增长推动，欧元区2014年12月份至2015年3月份广义货币供应量M3增长年率分别为3.8%、4.1%、4%和4.6%。欧元区银行对私营部门贷款在经历近3年下降后，于2015年3月份再次出现增长。此外，欧元区经济主要依靠出口和消费驱动。2014年数据显示，出口增长对经济增长贡献率较高，消费需求增速平稳但低位徘徊，而固定资产投资，尤其是商业部门投资停滞不前是欧元区经济低速增长主要原因，这主要由经营利润微薄、闲置产能充足和经济增长前景不确定造成。不过，2015年年初，私人消费已开始上升，尤其是零售业销售额已大幅上升。

4. 通胀率回升

欧元区通胀率自2011年年底开始持续下滑，2014年12月份出现负增长，并于2015年1月跌至-0.6%的历史低点。通胀率下滑很大程度上源自经济增长放缓和市场需求疲软，近期主要由国际原油价格下跌导致。不过，前期非常规货币措施和新量宽措施所产生的欧元贬值和市场信心提升，在一定程度上抑制了通胀持续走低，将持续支持通胀率稳步上升。

2015 年 1—4 月，欧元区通胀年率分别为 -0.6%、-0.3%、-0.1% 和 0%。通胀率虽仍远低于 2% 的中期目标，但已形成较稳固上升趋势。同时，欧元区 2 月份通胀率首次高于预期，但名义通胀缺乏明显改善。石油期货价格曲线（oil price futures curve）显示，2015 年年底，国际油价带来的物价下行压力将会逐渐消失。同时，制造业和服务业价格自 2015 年 1 月份大幅下跌之后于 2 月份出现反弹，将在未来几个月继续削弱物价下行压力。2015 年 3 月份，欧央行公布的宏观经济预测显示，2015 年、2016 年和 2017 年的 HICP 将分别为 0%、1.5% 和 1.8%。受内需增强、产出缺口缩窄、大宗商品价格走低以及欧元贬值导致进口价格上升影响，预计 2015 年和 2016 年通胀年率将分别为 0.1% 和 1.5%。欧洲央行专业预测者调查显示，未来五年通胀预期将为 1.77%。

（二）金融市场改善

近几个月来，金融市场形势改善，私营部门融资成本显著降低，企业和家庭贷款条件放松，贷款需求增加，表明现行货币政策是有效的。自欧洲央行 2015 年 1 月 21 日宣布将实施新量宽以来，欧元区金融市场情况明显改善。同时，欧元兑美元进一步贬值。

1. 欧元兑美元贬值

在新量宽措施公布之前，欧元对美元利率一直处于下跌趋势，但跌幅较为平缓。新量宽公布之后，欧元开始加速贬值。3 月 2 日至 16 日欧元兑美元由 1.1227 跌至 1.0557，为金融危机以来最低点，跌幅达 6%。自公布之日至今①，累计跌幅约达 33%（详见图 1）。基于美欧货币政策分化，以及美国劳动力市场状况改善，有望进一步推高联邦基金利率预期，市场参与者预计欧元将进一步贬值。

此外，瑞士国家银行决定于 2015 年 1 月 15 日起终止瑞士法郎兑欧元 1.20 的最低利率政策，欧元对瑞士法郎急剧贬值，15 日当日即从 1.201 下跌至 1.028，之后有所回升，至今累计贬值 14.6%（详见图 2）。

2. 市场利率下行

前期非常规货币措施和新量宽措施给市场带来了流动性充足预期，给货币市场利率带来下行压力。自 2015 年 1 月份以来，欧元区银行同业拆借利率（Euribor）持续走低，其中 1 周和 2 周的同业拆借利率于 1 月份下降至零以下，而一月

① 2015 年 1 月 21 日，EU/USD = 1.593；2015 年 4 月 21 日，EU/USD = 1.07。

图1　欧元兑美元汇率走势图（2014/10/1—2015/4/22）

资料来源：欧央行网站。

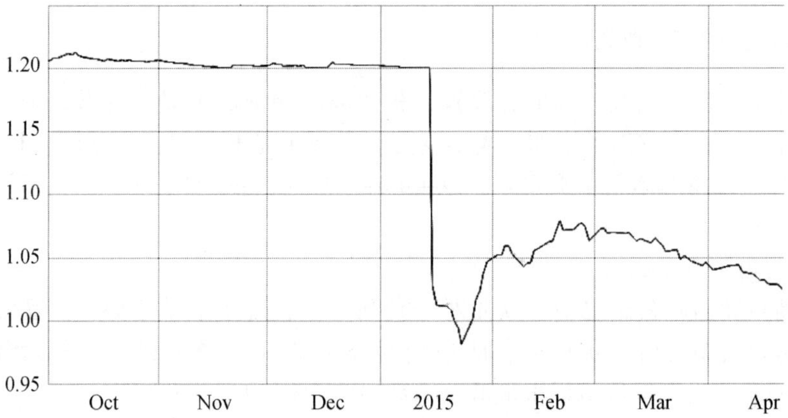

图2　欧元兑瑞士法郎走势图（2014/10/1—2015/4/22）

资料来源：欧央行网站。

期和两月期的同业拆借利率分别于3月份和4月份下降至零以下，并于4月17日分别降至-0.093%、-0.069%、-0.033%和-0.016%。同时，欧元区银行间隔夜拆借加权平均隔夜利率（Euro Over Night Index Average rate，EONIA）已于2014年9月份跌至零以下，至12月份跌入历史最低点-0.01%，目前仍在零利率以下徘徊。

3. 资本市场利好

政府债券收益率，特别是长期收益率和长期利率持续走低；部分成员国政府债券收益率已达历史最低水平，收益率转为负的债券增多；主权债收益率已进一步趋于平稳，欧元区成员国的主权债收益率差异明显缩小；同时，欧元区股市表现强劲，股票价格显著上升。

此外，贷款复苏也在持续，2015 年 1 月份非金融机构贷款年率由 2014 年 12 月份的 -1.1% 上升至 -0.9%，金融机构的证券投资组合不断增加。最新数据证实，广义货币正逐步增加，对 NFCs 贷款逐步恢复，但贷款额仍处于低水平。2015 年 1 月份家庭贷款增长年率为 0.9%。近期货币政策预计将进一步支持信贷流动。

三、新量宽实施前景分析

（一）新量宽措施面临诸多挑战

2014 年推出的非常规货币措施和 2015 年实施的量宽措施在放宽金融市场条件和减少私营部门外部融资成本方面发挥了积极作用，接下来将继续履行承诺，积极实施新量宽举措直至达成目标。不过，在零利率政策期限内，实施新量宽措施面临诸多挑战：一是新量宽计划周期长、不确定性较强。由于新量宽措施的计划周期较长，油价、汇率、货币政策、潜在增长以及货币政策有效性等因素具有较高不确定性。因此，其技术复杂性将比以往操作难度更大。二是下行风险犹存。整体而言，欧元区仍面临国际油价下跌、地缘政治动荡、投资增长低于预期等风险。三是新量宽或导致公共部门债券短缺。有以下两点原因：一方面，欧元区部分区域的政府债券净发行量可能较为有限；另一方面，监管限制、替代投资选择有限以及机构投资者的“买入并持有”理念造成欧元区政府债券投资者出售持有债券的意愿削减；四是政策协调难度大。欧元区需协调其他领域政策协同支持经济稳固复苏。了解欧元区金融市场变化对观察金融稳定性非常重要，且是评估货币政策对价格稳定传导机制的必要因素。欧洲央行需紧密监控金融市场未来一年的运行变化情况。

（二）欧元区应采取配套政策

为让欧洲央行新举措充分发挥政策效应，欧央行需出台其他配套政策。经济增长预期反弹可能削弱政府推行结构改革的决心，进而对潜在增长造成不利影响。欧元区国家政府应利用结构改革带来的新动力推动提高潜在增长率，特别是继续积极推动目前正在进行的资本市场改革、能源市场改革以及劳动力市场改革。此外，欧元区需要密切监控风险。虽然宏观经济预测通胀率将接近 2%，但仍需保持警惕。在具体执行新量宽时，需确保货币政策充分实施并保持政策良好沟通。

（三）中期通胀目标有望实现

欧元区未来几个月通胀率预期将维持低于零的低位，但非常规货币措施和新量宽措施对总需求的刺激效果将于 2015 年后期显现。考虑到欧元汇率将保持低水平，油价在未来几年可能企稳回升，通胀率在短期及中期预计将持续回升，中期通胀率有望恢复至接近 2% 的水平。同时，在金融部门得到强化、宏观经济政策环境宽松、财政政策稳健以及欧元区政府决心推进结构改革的背景下，欧元区将走上可持续增长及价格稳定之路，国内需求将进一步提升。欧洲央行货币政策将继续以维持价格稳定为核心。

（四）关注欧洲央行新量宽对全球经济可能的外溢影响

其一，欧央行新量宽对改善欧洲经济将有一定成效。在欧洲央行前期刺激措施和 2015 年 1 月份推出的新量宽政策影响下，欧元兑美元大幅贬值，欧元区出口提振，欧元区通胀率、GDP、就业率等一系列指标均有所上升。同时，主要成员国国债收益率均下降。其中，德国十年期国债收益率降至 0.38%，西班牙十年期国债收益率降至 1.44%。其二，欧央行新量宽对全球经济影响力或不及美国量宽。实施量宽政策似乎已成为各发达经济体在非常时期应对经济下行压力的标准选择。然而，对全球经济，特别是新兴经济体，量宽政策的实施与退出均会造成不小的负面影响。美国多轮量宽措施导致国际资本大量涌入新兴经济体，造成新兴经济体本币升值、通胀加剧。但随着美国经济指标向好，通胀率与就业率接近目标，退出量宽预期加大，这些经济体均出现国际资本外流、本币汇率下跌、国内流动性紧缩、金融市场波动和经济增速放缓等问题。不过，欧元区新量宽对全球经济的影响恐不及美国的量宽政策，原因之一是欧元区新量宽规模远不及美国量宽。美国实施量宽总规模超过 4 万亿美元，而欧洲央行新量宽规模仅为 1.1 万亿欧元。原因之二是欧央行新量宽实施时间较短。美国从 2008 年 9 月份开始实施量宽政策，时间跨度长达 7 年之久。而欧洲央行新量宽仅计划实施 18 个月，且若达成通胀目标则可能提前结束量宽。原因之三是欧元影响力远不及美元。其三，对中国经济影响亦喜亦忧。一方面，人民币较欧元更加坚挺，有利于中国企业对欧投资和中国企业“走出去”；另一方面，欧盟作为中国第一大贸易伙伴，欧元贬值将对中国出口和欧盟对华投资造成负面影响。同时，应关注欧洲央行新量宽可能造成热钱频繁进出中国及发展中国家，进而导致这些经济体金融市场出现波动。

（宋　馨　郭　昊）

欧盟构建能源联盟简析*

为降低对进口能源的依赖、推动能源供应多元化，欧盟委员会（下简称“欧委会”）于2015年2月份宣布正式启动欧洲能源联盟建设进程。该联盟旨在建立欧洲单一能源市场，改变欧洲长期以来能源对外依存度过高、进口渠道单一局面。现对欧洲能源联盟作简要分析，供参考。

一、欧盟构建能源联盟的背景和治理目标

（一）背景

长期以来，能源安全一直是制约欧盟经济发展的重要因素。欧盟早在1990年就提出建立单一能源市场，并在1992年出台指令性文件。经历了2009年俄罗斯与乌克兰的“断气”危机之后，欧盟对自身的能源供应安全问题更加重视。2014年的“俄乌冲突”更是加快建立能源联盟的主要推动力。在国际能源市场存在风险的同时，欧盟内部也面临诸多不可持续的能源问题，主要表现在以下几个方面：

一是欧盟能源对外依存度过高，且多从一些将能源供给作为政治交易筹码的国家进口。欧盟是世界上最大的能源进口地区，对外依存度高达53%，每年进口额约4000亿欧元。其中，仍有6个欧盟成员国依赖单一的海外天然气供应商。二是欧盟能源体系一体化程度较低，仍分散为28个部分且一些大陆地区仍不足以融入能源体系。同时成员国的能源政策缺乏透明度，且仍有15个欧盟成员国实施能源价格管制。三是能源价格过高，10%的欧洲居民面临取暖困难。欧盟企业电力批发价格高出美国企业30%，天然气批发价格至少为美国的三倍。四是能源浪费严重，未建立低碳经济社会。住宅方面，欧盟国家75%的住宅能源利用率低下；交通方面，94%的交通运输方式依赖石油产品，其中90%为进口。

* 本文写于2015年6月16日。

（二）治理目标

一是统筹欧盟能源、气候及其他相关政策，以确保政策长期一致性；二是确保内部能源市场有效运行以及欧盟《2030 能源与气候政策框架》达成；三是精简现存的能源和气候政策规划及报告机制，减少不必要的行政管理负担；四是与利益相关者展开对话，支持其积极参与欧盟能源结构转型；五是深化成员国与欧委会的监管合作；六是优化数据分析和情报共享系统，使投资者更易掌握相关信息；七是每年定期向欧洲议会和欧盟理事会汇报能源联盟建设相关进展情况。

二、欧盟构建能源联盟主要措施

欧洲能源联盟旨在为欧盟消费者提供安全、可持续、有竞争力和价廉的能源供给。为实现这一目标，欧盟重点采取以下五个方面措施，即：强化能源供给安全、建立单一能源市场、提高能源效率、发展低碳经济以及加强能源领域研究、创新和竞争力。

（一）强化能源供给安全

1. 加强天然气供应渠道多元化

一是加快发展南部天然气走廊项目，以确保中亚地区天然气顺利运达欧盟；二是建立液化天然气中心，连结欧洲中部、东部以及地中海地区众多液化天然气供应商；三是采取措施消除从美国以及其他供应商进口液化天然气的障碍；四是欧委会将在 2015 年和 2016 年提出一揽子多样化的天然气供给方案，并就液化天然气运输和储存制定综合战略。

2. 进一步评估集体采购天然气的可行性

欧委会将进一步评估在能源危机爆发以及成员国依赖单一供应商引发能源需求聚集时，自愿集体采购天然气的可行性，且采取的相关措施必须符合 WTO 及欧盟相关规定。

3. 强化欧盟能源对外合作关系

欧盟将以市场开放、公平竞争、环境保护以及双方互惠互利为基础，重新定位与俄罗斯的能源合作伙伴关系。同时，继续深化与第二大原油和天然气供应商挪威的合作，并发展与美国和加拿大的能源合作关系。此外，将重点关注与乌克兰能源战略合作关系升级。

4. 增加天然气供给透明度

欧委会将增加欧盟成员国与非成员国间能源购买协议的透明度。目前，关于能源谈判的政府间协议（IGAs）合规性检查主要在欧盟成员国与非成员国达成协议后进行。未来，欧委会将从初始阶段就介入政府间协议的谈判进程，以更好地利用内部市场规则对政府间协议的适用性进行前期评估。此外，为进一步加强天然气供应商业性合同的透明度，欧委会将在重新修订的《天然气供应安全监管条例》中就这一问题提出相关建议。

（二）建立单一能源市场

1. 加强内部能源市场互联互通

一是加快内部电网互联进程。欧盟计划在 2020 年前实现 10% 的电网互联，2030 年达到 15%。为此，欧委会将于 2015 年提交新的电力市场规划方案，并于 2016 年提交电力供给安全立法提案。二是加强能源基础设施建设，实现融资方式多元化，特别是积极发挥欧洲战略投资基金（EFSI）的作用。此外，欧委会将定期对大型在建的能源基础设施进行评估，尤其是公共利益项目（PCI）。三是将召开专门的能源基础设施论坛。

2. 加强能源市场制度建设

一是欧盟成员国应严格执行欧盟现有能源相关立法，并全面落实执行欧盟第三次能源改革方案[①]。二是进一步优化能源市场监管框架。提高欧盟能源监管合作署（ACER）的权力和独立性，从而有效地监督内部能源市场发展及相关规则，并能更好地处理建立无缝内部能源市场所需解决的跨国问题。三是增加能源成本及价格的透明度。欧委会将每两年发布一次能源价格报告，就能源税政策、价格机制影响等问题进行深入分析。四是敦促部分成员国逐步取消价格管制制度。五是在国家和地方层面制定社会机制以确保弱势群体能源需求，特别是公共福利手段。

3. 加强欧盟内部合作

为应对欧洲中部及东南部地区国家能源系统的脆弱性，欧委会将出台应对“供给冲击”的区域性行动计划，并确保此类计划符合欧盟统一能源市场进程要求；同时，继续推动如德国、法国、比利时、荷兰以及卢森堡等国组成的五国能源论坛以及波罗的海能源市场互联互通计划等区域性能源行动计划。

（三）提高能源效率

为实现在 2030 年前将欧盟能源效率提高至少 27% 的目标，欧委会将重点整改建筑和交通两大耗能部门。一方面，提高建筑部门能源效率。目前欧盟建筑部门能效改造远远不足，供热与制冷仍是主要能耗环节，因此欧委会将对建筑能源效

---

① 2009 年，欧洲理事会正式批准第三次能源改革方案，主要内容包括修正、补充现有的条例和指令，建立专门机构来加强欧盟各成员国能源管理机构的合作，进一步改革内部电力和天然气市场，排除目前存在的反竞争行为，为成员国提供更公平、更清洁、更安全的能源供给。

率以及能源性能指标进行评估。同时，继续推动发展可再生能源和促进低碳经济的《市长公约》以及“智能城市和社区”倡议，欧委会还将推出“全球卓越节能政策制定”倡议以支持 G20 节能行动计划。此外，还将简化现有融资方式，并为欧洲结构与投资基金和利益相关者提供现成的融资模板，推动新融资计划。另一方面，推动交通部门节能减排。欧洲交通部门能耗占总能耗比超过 30%，因此欧洲能源联盟将根据能耗和污染情况制定道路收费标准，并加快推进欧盟交通部门电气化，倡导替代燃料的研发和使用。

（四）发展低碳经济

欧盟《2030 能源与气候政策框架》明确要求到 2030 年欧盟内部温室气体排放量较 1990 年降低至少 40%，对构建欧洲能源联盟具有指导意义。为此，欧盟将通过碳排放交易体系（ETS）制定有效的碳排放价格。同时，将对非 ETS 部门减排目标进行评估，并将土地和林业等非 ETS 部门纳入“2030 框架”，以确保这些部门在激励减排机制下运行。此外，还将大力发展可再生能源技术。欧委会计划在 2020 年前将欧盟可再生能源占比提高至 20%，2030 年达到 27% 以上。为使欧盟成为可再生能源领域的领导者，欧委会将于 2016—2017 年提出一揽子新的可再生能源计划，包括生物燃料应用以及出台相关立法确保欧盟《2030 气候与能源政策框架》实施等。同时，整合可再生能源发电市场，提高可再生能源发电占市场比重，并采取措施降低可再生能源项目的整体融资成本。

（五）加强能源领域研发、创新和竞争力

为促进能源系统转型，欧盟将重点围绕四个方面加强技术革新：一是加强研发创新，使欧盟成为下一代可再生能源技术的全球领导者，特别环保产品开发、生物燃料推广与能源储备等领域；二是通过智能电网、智能家电、智能城市和家庭自动化系统推动消费者参与能源结构转型；三是通过高效能源系统和技术提高建筑储能水平；四是通过技术创新和服务提高能源效率、减少温室气体排放，促进运输系统可持续发展。同时，加大对核能技术开发应用，目前核能发电占欧盟电力市场份额的 30%。

三、几点看法

（一）能源联盟旨在强化欧洲能源安全并推进欧盟一体化进程

欧盟能源对外依存度较高，且一体化程度较低，很容易被能源供应国分而治之。能源联盟旨在强化欧盟作为一个整体与其他国家进行能源谈判，这种超越国

家层面的谈判模式将增加欧盟作为主体的谈判能力，以更大的谈判筹码获取更多权益。同时，它要求成员国与第三国签署能源供应协议必须符合欧盟相关法律和能源供应安全目标，进一步加强了成员国能源供给透明度、协调性和安全性。实施统一的能源政策能切实加强各成员国在能源领域的合作，并更加重视能源市场升级和转型，从而更好地提高内部市场的竞争性和开放性。这种大规模的、战略性的能源市场整合将为欧洲政治、经济一体化建设提供有力的能源支撑与保障，从而有利于推进欧盟一体化进程。

（二）欧盟能源联盟有利于加快欧盟绿色经济转型

近年来，欧盟一直努力通过“气候—能源”政策实现绿色经济转型，以达到气候变化、能源安全和经济竞争力三重目标之间的有效平衡。同时，欧盟能源对外依存度高，发展可再生能源和提高能源效率也是当前增加本土能源供应的重要手段。能源联盟将以欧盟《2030 能源与气候政策框架》为指导，把发展低碳经济和提高能源效率作为重要目标，具体措施包括：提高可再生能源发电占市场比重、加大对智能电网、清洁运输、清洁能源和安全核能等技术的研发、加速实现建筑和交通两大耗能部门“脱碳”等。这一系列具体措施将加快欧盟向低碳经济、绿色产业转型。

（三）欧盟能源联盟付诸实施将面临诸多挑战

一是由于各成员国能源市场情况和利益诉求不同，政策协调将面临巨大挑战，特别在建立集体采购天然气机制上困难重重。虽然共同购买天然气机制仅在特定情况下启用，但目前德国、奥地利等成员国已获得了俄罗斯更优惠的天然气价格，使他们放弃本国利益而服从欧盟整体利益恐难以实施。二是目前仍有 15 个成员国实施能源价格管制制度，不利于能源市场自由化进程。三是成员国在促进可再生能源发展方面存在分歧。波兰等中东欧国家主要依赖煤炭等传统能源，认为大幅提升可再生能源比例，可能损害经济增长。英国、捷克等国则反对欧盟针对成员国制定具有约束力的可再生能源指标，认为只需设定欧盟层面的整体减排目标。因此如何制定统一的新能源政策以强化内部能源市场并不是短期内能够解决的。四是从提出倡议到获得欧盟及成员国批准需经历复杂立法程序。为确保各成员国从能源联盟获益，欧委会副主席马洛斯已启动“能源联盟之旅”（Energy Union Tour），前往各成员国与公众、政策制定者、专家、企业家等利益相关者就工业、消费者和环境等核心问题展开讨论。

（四）欧盟对俄罗斯的能源依赖短期内不会发生实质性改变

由于长期受制于俄罗斯油气供应，在与俄罗斯进行能源谈判时，欧盟常处于被动地位。为此，欧盟建立能源联盟以降低欧盟对俄罗斯的能源依赖。但是，在欧盟能源联盟计划中，并未明确提出针对俄罗斯油气供应的具体措施，只是指出未来择机重新定位与俄罗斯的能源合作伙伴关系，这也表明欧盟意识到短期内难以找到替代俄罗斯的天然气供应市场。由于目前俄罗斯天然气在欧洲消费市场占比近三分之一，立陶宛、斯洛伐克和保加利亚等国进口的天然气几乎全部来自俄罗斯。尽管能源联盟有可能增加从利比亚、土库曼斯坦和伊朗进口管道天然气的数量，但由于管道等基础设施尚不完善，实施条件仍不成熟。因此短期内，欧盟对俄罗斯的能源依赖不会发生实质性改变，只能在博弈中慢慢寻找新的出路。

（五）欧洲能源联盟的建立将为中欧能源合作带来新的机遇和挑战

能源合作是中欧经贸合作的重点之一。欧洲能源联盟的建立将为中欧在节能减排和可再生能源等领域的合作提供新的契机。同时，能源联盟的建立将在一定程度上削弱俄罗斯对国际天然气市场的控制力，使其更加关注亚太市场，特别是加强与中国的合作。这种变化也将为中俄能源合作带来新契机，提升中国在对俄能源外交中的主动权。在为中欧能源合作带来机遇的同时，也存在一定挑战。近年来，中欧“光伏”贸易摩擦频发，中欧双方战略性地发展新能源，意味着摩擦在所难免。能源联盟的建立将使欧盟对外能源谈判中更加关注整体利益，对进口能源的标准更加严格，这在一定程度上可能增加中国对欧能源谈判的难度。

（于　晓　郭　昊）

IMF 评估德国 2015 年宏观经济*

近日，国际货币基金组织（IMF）发布了德国 2015 年度第四条款磋商成果。报告评估了德国宏观经济状况，并对德国经济面临的挑战提出相关政策建议。主要内容如下，供参考。

一、德国宏观经济情况及展望

（一）德国经济仍处于上升通道

1. 经济持续向好。得益于欧元贬值及能源价格下降，德国经济增长良好，2014 年年底至 2015 年第一季度，投资再次回升。受实际工资增长、劳动力市场强劲及养老保险改革的推动，居民可支配收入有所增长，促进了消费的提高。国内需求强劲促进了进口，同时下半年欧元疲弱也强化了出口部门表现。

2. 通胀率短期内趋近于零，实际工资增长创二十年新高。受油价下跌影响，2014 年，德国核心通胀率稳定在 1% 左右，而员工实际薪酬增长为 1.7%。由于移民大量涌现，德国就业增长强劲，失业率降至 4.7%，为两德统一后的历史新低。预计 2015 年，德国实际工资仍有大幅上涨。

3. 经常账户盈余持续增长。2014 年，由于石油和天然气贸易赤字收窄，德国经常账户盈余达历史新高，以美元计算，为全球最大顺差国，GDP 占比达 7.6%。

4. 财政政策 2014 年略微收紧，2015 年有望转为适度扩张。德国 2014 年财政总盈余增长至 GDP 的 0.6%。由于利率保持在低位，用于支付债务的利息低于预期，而经济增长率上升，使德国的负债率进一步减小，为 GDP 的 74.7%。预计 2015 年，德国的结构性财政状况将保持在法律规定的联邦政府结构性赤字为 GDP 的 0.35% 以及欧盟中期目标规定的政府总赤字为 GDP 的 0.5% 的范围内。

* 本文写于 2015 年 10 月 20 日。

5. 信贷增长依然迟滞。德国十年期国债利率近期大幅增长，但仍处于历史低位。受量化宽松政策预期影响，银行贷款利率进一步下降，股价攀升。然而，尽管信贷条件十分有利，但德国的信贷增长一直不温不火，尤其是留存收益和现金储备就能满足投资需求的企业部门更是如此。此外，尽管房地产市场充满活力，抵押贷款却增长低迷。

6. 银行业表现良好。单一监管机制（SSM）的综合评估显示，德国大型银行的贷款分类及供给方面的不合理之处甚少，但资本质量较低，而一些大型银行的杠杆比率接近或者低于4%。然而，在持续的低利率环境下，银行的盈利能力及寿险公司的偿付能力也面临压力。

（二）德国经济展望及风险

1. 更加有利的外部环境将继续提振德国经济。由于强劲的实际工资增长有助于提振私人消费，欧元贬值能够促进出口，德国目前温和的增长势头有望继续，这也为德国在机械和设备方面的投资复苏铺平了道路。预计德国 2015 年 GDP 增长将达1.6%，2016 年上升至1.7%。产出缺口2015 年预计将会缩小，中期内保持低位。在欧央行量化宽松政策预期及产出缺口缩小的作用下，德国核心及总体通胀水平预计将上升，但仍不会高于欧央行价格稳定目标。

2. 财政状况良好。据2015—2017 年财政规划，德国的财政目标为联邦政府财政收支平衡，政府总体财政收支小幅盈余。而 IMF 估算，由于利息支付减少，财政盈余规模将高于财政规划目标，使公共债务的 GDP 占比到2020 年时降至60%以下。

3. 经常账户盈余将持续增长。由于能源价格保持在低位以及实际汇率贬值，预计2015 年德国经常账户盈余将超过 GDP 的8%，创历史新高，中期内仅会温和下降。

4. 经济面临一系列风险。尽管德国经济表现良好，但仍面临一定的风险。上行风险主要为货币政策与油价的刺激强于预期，下行风险主要为外部风险，包括：(1) 主要发达及新兴经济体经济持续放缓，中国经济增长减速幅度大于预期；(2) 欧元区受政策不确定性、改革受挫及个别国家政治骚乱影响，经济增长面临新压力，可能会出现信心下降，导致德国投资复苏再次推迟；(3) 石油供给面临的冲击及潜在价格下降的不确定性可能会在一定程度上降低德国国内及主要贸易伙伴国的消费者和企业信心；(4) 由于德国高度依赖从俄罗斯进口石油及天然气，因而经济会因俄罗斯贸易制裁升级受损。

二、IMF 政策建议

得益于良好的资产负债状况及部分短期因素的提振，德国经济处于经济周期中的有利位置，现德国迫切需要改进政策，以强化中长期经济增长，同时制造外溢效应，减少巨额经常账户盈余。

1. 增强经济增长潜力，刺激内需，减少外部失衡

随着德国劳动力人口的逐步减少，老龄化加速，在全要素生产率和资本积累不变的情况下，潜在增长面临下行压力，从而抑制了本国投资。从需求方面看，鉴于全球需求疲软，复苏艰难，但德国的资产负债表稳健，刺激德国国内需求，有助于在稳定本国经济增长的同时产生积极的外溢效应，也将加快经常账户调整，减少外部失衡。因此，德国的政策措施应致力于促进潜在经济增长，产生积极的需求外溢效应。德国应增加基础设施公共投资支出，降低能源领域监管的不确定性，提高不可贸易服务部门的生产率。但直接定位于提高工资的政策并不可取，可能会造成德国就业下滑及经济活动疲弱，从而造成负的外溢效应。

2. 增加公共投资

最近，德国联邦政府宣布增加公共投资。2015 年德国稳定计划（2015 German Stability Program）预计，2015—2019 年间，德国政府公共资本总支出的年均增长率为 4.6%，高于 2011—2014 年间 1.7% 的平均增速，支出的 GDP 占比也将从 2014 年的 2.2% 提高至 2.3%。公共企业、公私合作（PPP）等其他领域的基础设施投资预计也将增加。但德国计划公共投资额仍低于 IMF 的建议额。为促进公共投资增长，应采取新举措，改善地方一级政府的计划审批程序，建立协调机构，促进 PPP 的发展。

3. 推动结构性改革

德国的结构性改革主要集中在服务业和能源领域。德国服务业部门，尤其是商业服务部门的劳动生产率增速很低，消除行业竞争障碍将有助于提高生产率及潜在增长率，德国在该领域的领导力有助于推动欧盟其他成员国改革。在能源方面，德国已制定了宏伟的能源改革计划，将逐步淘汰核能，使用可再生能源，但仍有许多问题有待解决，包括防止电力成本继续上升，消除私营部门投资决策中的不确定因素等。

4. 应对人口老龄化

为应对人口老龄化给劳动力供给带来的负面影响，德国应制定相应政策，提高女性劳动参与率。尽管德国的女性劳动参与率相对较高（超过 70%），但几乎一半的劳动女性是兼职。缩小这一缺口将有助于提高潜在产出，弥补未来几十年德国劳动力缺口。为此，德国应制定政策，增加高品质的育儿及课后服务供给，同

时，改革税收、福利体系，消除其对妇女工作的抑制作用，鼓励妇女全职工作。

5. 货币及金融部门政策

尽管量化宽松政策将有助于欧元区复苏，但德国公众对其的看法却是负面的。在长期低利率的情况下，德国正处于经济周期有利的阶段，因此，从德国的角度看，当前的货币条件过于宽松。此外，德国民众的财富多以银行存款、人寿保险等不可交易的固定收益资产形式存在，因而量化宽松政策带来的低利率及高资产价格并不能强化德国家庭资产负债表。目前，德国住房价格持续温和增长，但并没有过热的信号，应加强监管，收集抵押贷款的条款及条件等相关数据，准备好宏观审慎工具，例如限制抵押贷款资格等。

近来，德国的全球系统重要性银行将杠杆比率大幅提高到5%，其他大型银行也致力于建立资本缓冲，提高资本实力。IMF对德国在银行业部门的改革表示欢迎，但德国的净利息差远低于欧洲其他国家，应密切监测低利率环境对银行业部门的影响。德国银行业部门正在适应欧洲单一监管机制（SSM）及监管环境。在低利率环境下，德国的人寿保险公司中期内可能面临偿付问题，德国未来即将向偿付能力Ⅱ监管框架过渡，过渡后这一挑战将更加凸显。为此，应确保充足的资本缓冲。

（燕晓春　尹晓君）

英国财政部高官谈英国经济及G20*

12月1日，财政部亚太中心周强武副主任一行访问了英国财政部，与英国财政部部长助理里亚赫（Shona Riach）举行了会谈。双方就2016年G20财金议题、英国结构性改革、英国北方经济带建设、欧洲难民潮等问题深入交换了看法。现将主要观点整理如下，供参考。

一、2016年G20财金议题

周强武副主任首先向英方介绍了中国2016年G20财金议题筹备情况，并重点介绍了有关结构性改革和基础设施投资议题的设计内容，特别介绍了以劳动生产率、财政可持续性、收入分配和生态环境等核心要素为指标构建结构性改革综合指数的相关设想。

1. 英方赞同中方2016年G20的财金议题设定

英国财政部部长助理里亚赫表示，2015年对G20而言是困难的一年，土耳其政府受国内大选影响有所分心，议题设置也未达到预期效果。因此，英方对2016年中国作为主席国的G20会议高度期待。她认为中国2016年G20财金议题的设置富有雄心，是G20真正需要的，并有望引起广泛的关注和讨论。目前，英方尽管在一些方面可能持有一些不同观点，但就此提前展开交流和讨论是非常有帮助的。

里亚赫肯定了中国努力推动恢复国际金融架构工作组工作的积极性，认为2016年就完善国际金融架构进行讨论的时机非常正确。里亚赫感谢中国政府邀请英方共同主持反腐败工作组，她认为这是一个对中英双方都非常重要的议题，并表示非常期待2016年同中国的合作。

2. 英方认为结构改革综合指标体系设计具有吸引力，但存在挑战

里亚赫认同结构性改革的重要性，她表示对所有G20经济体而言，即便处于

* 本文写于2015年12月29日。

不同发展水平，这都是一个非常重要的内容。

在谈及中国正在设计的结构性改革综合指标体系中的四个指标时，她表示劳动生产率低下长期以来一直困扰着英国，目前英国政府已就此开展了多项研究，且采取了相关行动，英方非常乐意在明年 G20 会议期间就此问题继续展开讨论，并借机学习他国经验。财政可持续性是英国比较关注的方面。考虑到英国的财政状况愈加艰难，实现长期增长计划困难重重，再加上其他多国也面临同样的挑战，因此支持明年 G20 更多讨论有关内容。收入分配差距问题不仅是英国面临的问题，也是 G20 所有经济体面临的问题。尽管相较而言，英国情况稍好，但英国政府仍将乐于就此展开讨论。在生态环境问题上，英国之前更多的是在欧盟范围内展开讨论，目前已按照欧盟标准制定并实施了多项有关环保政策，英国非常乐于在 G20 范围内就此展开讨论。

里亚赫认为这四个指标都非常具有吸引力，但也将存在不少挑战。

二、英国经济

1. 提高英国劳动生产率是优先事项

对英国而言，劳动生产率疲弱是一个长期存在的问题，为了解决这个问题，英国政府已制定了提高劳动生产率的计划。根据二季度宏观经济数据及三季度市场就业增长数据，英国劳动生产率近期微幅上升。根据英国各大媒体及国际机构的最新预测，英国劳动生产率增速将进一步复苏至危机前增长趋势，预计 2018 年前后劳动生产率增长将重回 2%。尽管如此，现在说已经开始改善还为时尚早，毕竟劳动生产率低下是自金融危机之前英国就已长期存在的问题，金融危机只是加剧该问题的部分原因。因此，英国结构性改革最主要问题就是提高劳动生产率。

2. 英国结构性改革的主要挑战

制定结构性改革方案是英国目前的工作重点，面临的挑战包括三个方面：一是资金存在缺口，融资成本较高，尤其是商业融资；二是基础设施建设进展缓慢，严重拖缓英国经济。英国国内一些观点认为，应该建立基础设施建设框架性长远计划，通过降低私人企业税负，放宽私人企业资金准入机会，从而鼓励更多私人资金进行投资；三是加大技术培训，同一些培训机构加强合作。由于英国财政无法满足增加培训所需资金，因此正在制定相关改革方案，从而保证计划的实施。

3. 英国财政政策的优先事项

财政整顿依然是英国政府优先事项，目的是保证公共财政的可持续性，以应对未来风险的冲击。目前英国国债比例仍处于过去 50 年来的最高水平。如果不处理债务问题，英国的经济安全就会面临诸多风险。目前，英国财政部制定了一系列财政整顿计划，包括在 2018 年前削减财政赤字 370 亿英镑，其中 120 亿英镑来自福利支出削减，50 亿英镑来自打击偷税漏税，剩下 200 亿英镑来自政府削减支出（占目前政府支出规模的 25%—40%）。最终目的是争取到 2020 财年实现预算盈余 100 亿英镑，债务 GDP 占比由现在的 80.3% 降至 68.5%。

三、英国北方经济带

1. 英国东北部地区基础设施现状

目前，英国东北部地区基础设施建设严重滞后，举例说，高速公路在英国已经有半个多世纪的历史，但至今英国东北地区没有一条高速公路，而且东北地区也不处于已经通车的高铁 1 号线和将在 2032 年建成的高铁 2 号线上。振兴英国东北部经济将更加依赖交通基础设施的运输能力，而目前的道路情况很大程度抬高了企业的运输成本，机场和港口设施的规模也不能满足需求。

2. 英国北方经济带计划难题

现阶段北方经济带计划的重点有两个：第一是政府治理构架改革。由于英国政府治理框架历来中央集权味道浓重，一直以来，由政府投资的重大基础建设投资项目都由中央政府提出计划、投资和指导性意见，地方基础建设项目受中央政府基础建设计划约束太多。中央政府打算下放更多权力至地方政府尤其是东北部地区的地方政府，在基础设施建设政策、技能培训、投融资等领域给予地方政府更多权力，从而增加英国北部地区经济的活跃度；第二是税收调整。事实上，英国地方政府基础设施建设关键是资金问题，地方政府开展基础建设项目主要靠向中央伸手。为了扩大地方政府自主性，2015 年 9 月份，奥斯本宣布了一系列税收改革计划，包括到 2020 年，营业税将 100% 收归地方政府。

3. 北方经济带计划时间表

北方经济带计划没有明确的时间表。英国同中国的情况不同，英国由于执政更替，往往使得基础设施计划没有连续性，政党之间、中央政府和地方政府相互扯皮更是降低了基础设施建设计划推行的效率。因此，英国不可能像中国一样制定类似五年规划这样明确的短期发展计划。北方经济带计划将是一个 10 年以上的长期规划，目前还没有明确的时间表。

四、欧洲难民潮的影响

欧洲难民潮对欧盟经济而言是一项挑战，最大的困难在于如何协调欧盟各国立场。由于难民并非短期滞留在欧洲境内，因此未来更大的挑战在于如何使得这部分群体更好地融入社会，如何为其提供更好的教育等。当然，难民问题也具有两面性。以德国为例，尽管社会普遍认为目前德国收留难民将会增加政府开支，加大公共财政压力，但从长期来看，这部分群体将是潜在支出动力来源，将能有效提高社会支出水平。

另外一项挑战是欧盟同土耳其的关系，因为土耳其是挡在难民潮和欧盟之间的防线，因此如何处理好欧盟同土耳其的关系至关重要。总而言之，从短期看，欧洲难民潮对欧盟经济挑战很大，但从长期而言，也有其潜在积极因素。

关于英国接收难民问题。英国已经接收了部分难民，并将继续接受少量难民。尽管人数同德国相比要少的多，但这是由国家难民接受政策不同所决定的。

周强武副主任应邀介绍了中国“十三五”规划的主要内容和优先事项，客观分析了中国经济面临的机遇和挑战，指出“十三五”规划是中国迄今五年规划最重要的一个规划，若在未来五年如期实现 GDP 年均增长 6.5% 的既定目标，中国将成功迈入国际高收入国家行列，2020 年就将初步跨过中等收入陷阱，从而创造人类发展史的一个伟大奇迹。

此外，周强武还应约向英方介绍了亚投行治理结构和治理理念，表示亚投行将致力于建设一个“精简、廉洁、绿色”的高标准国际机构。

（董　杨）

英国央行高官谈英国及欧盟经济*

12 月 1 日，财政部亚太中心周强武副主任一行访问了英格兰银行，与其国际局局长菲利普·伊万斯（Philip Evans）和货币分析部主任加里斯·拉姆齐（Gareth Ramsay）举行了会谈。双方就英国经济面临的主要挑战、英国的量化宽松政策、欧盟经济、英国与欧盟关系、人民币加入 SDR 等问题深入交换了看法。现将英格兰银行高官的主要观点整理如下，供参考。

一、英国经济面临的主要挑战

（一）生产力水平较低

英格兰银行国际局局长菲利普·伊万斯表示，在金融危机后的很长一段时间里，英国的生产力表现一直不尽如人意。即使是在 2013 年和 2014 年英国总体经济形势向好的情况下，生产力水平仍然较低。危机后，英国主要是依靠劳动力人口的增加来实现经济复苏。政府延迟了退休年龄，并吸引了大量高技术移民，使得有更多人进入劳动力市场，促进了英国经济的复苏。但这种模式已难以为继。经济危机导致的大量失业人口已重返工作岗位。目前的工作时限和退休年龄已不可能再继续延长。因此，英国不会再像 2013 年、2014 年和 2015 年年初那样获得充裕的劳动人口。英国应转换经济增长模式，提高生产效率，以保持经济复苏的步伐。

在过去 9 个月里，各项指标显示，英国生产力水平稳步增长。但是，这种增长能否持续下去，生产力的增长能否进一步推动经济复苏都有待观察。值得一提的是，如果一国的金融体系存在问题，那么就会影响这个国家的生产力水平。央行的政策会直接影响到具有生产力的企业能否从银行获得贷款以继续进行生产经营

* 本文写于 2015 年 12 月 29 日。

活动。如果央行的政策倾向不明显，那么企业可能会延缓进行下一轮投资的决定。一般来说，银行贷款的期限较长，因此企业会担心出现严重的资金缺口，从而减少投资。这将会影响生产力水平。相比于其他欧洲国家，英国生产力水平较低，这可能会成为英国经济进一步增长的主要障碍。

（二）严控财政赤字

目前，英国的财政改革已经进行了一半。一般来说，改革初期都是较为容易的。而当改革步入中后期，就更加困难，而英国正处于这一阶段。对英国来说，目前最重要的任务是进行财政整顿（Fiscal Consolidation）。如果经济总体情况良好，那么实现政府制定的财政目标就会较为容易。但是如果全球经济再出现大的波动，实现政府制定的财政目标就会比较困难。本届政府制定的目标是实现财政零赤字。自经济危机以来，政府已经成功使财政赤字率从 11% 下降到了现在的 5%，未来还可能会继续下降，财政状况或将转好。

就政府债务而言，虽然目前英国政府债务占 GDP 的比重高达 80%，相比危机前 40% 的占比，的确有大幅上升。但与其他国家相比，英国的政府债务仍在可承受的范围之内。此外，市场也并未显现出对英国债务问题的焦虑情绪。但若英国的政府债务一直以 10% 的速度增长，那么市场就可能会产生严重的焦虑情绪。

（三）其他挑战

菲利普·伊万斯认为，英国经济还面临基础设施建设滞后以及防止通货紧缩的挑战。英国目前亟需加强基础设施建设，升级换代已经老旧的基础设施。此外，英国应密切关注通货膨胀率，防范通货紧缩的风险。他预计，通货膨胀率和总体的工资水平会在未来两个月有所上升。一年之后，各项经济指标也会趋于稳健。此外，英国应对美国即将开始的加息保持密切关注。

二、英国的量化宽松政策

货币分析部主任加里斯·拉姆齐表示，经济危机之后，英国通过量化宽松政策实现了对经济的刺激。该政策给英国增加了 3750 亿英镑的收入。但事实上，这一政策对经济的刺激是有限的。到目前为止，英国的平均工资增长仅为 3%，而政府期望能达到 4%—5%。

从很早开始英国就已经停止买入新的资产。当旧资产到期之后，政府会逐步加以替换，购入新的资产。除此之外，政府并未购入其他新的资产。当经济转好，央行会逐渐停止量化宽松政策，将利率提高到 2% 左右，逐渐卖出央行持有的公共资产，以免给市场带来震荡。

长期以来，英国央行都致力于清楚地界定财政政策和货币政策。央行将资产购买行为视为单纯货币政策的范畴。因此，量化宽松的目的并不是为解决赤字问题，而是为了应对货币问题。

美国曾担忧英国央行的独立性。加里斯·拉姆齐对此表示，英国央行是从货币角度出发，独立制定货币政策。政府并没有委派专人或机构对央行进行监管或干预。英国经济复苏向好的主要原因在于，政府有一个清晰的经济复苏计划，并在一开始，就将这一计划告知给公众。之后政府采取的每一项政策都是按照该计划进行的。因此，政府和央行所出台的一系列的财政政策、货币政策等都在民众可以接受的范围之内。政府通过前期制定的经济复苏计划重建市场信心，从而刺激企业进一步扩大生产和投资，促进了英国经济的复苏。

三、中小企业贷款难问题

加里斯·拉姆齐表示，英国一直以来就存在着中小企业贷款难的问题。与北欧国家不同，英国并没有在银行和企业之间建立紧密的联系。在挪威等国，大部分企业都是混合所有制。当地的银行会直接控股小企业，安排人员进入企业董事会，从而与企业建立起稳定的长期合作伙伴关系。反观英国，企业的借贷更加依靠市场，通过银行获取贷款并不是企业主要的融资方式。虽然英国一直以来都存在着中小企业难以获得贷款的问题，但在经济危机中，这种问题变得更加严峻。大企业由于信用良好，更容易直接从银行获得贷款。而中小企业，尤其是小企业，就很难获得银行的资金支持。

在资本市场上，由于给小企业提供贷款的投资回报比很低，因此投资者并不会主动给小企业提供贷款。再者投资者缺乏银行信贷系统中关于中小企业的交易信息，也不愿花时间对小企业进行调查评估，所以小企业很难从资本市场获得资金。目前出现了 P2P 信贷、众筹等新的贷款方式，但这些方式能否有效解决中小企业贷款难的问题仍需时间检验。

英国政府现在正在主推的一项扶持小企业贷款的政策是“商业成长基金”（Business Growth Fund）。这项政策主要包括两部分内容，一是银行和小企业保持既有的合作关系，银行继续向小企业提供资金支持；二是为小企业提供资金的银行可以获得企业的一部分股权，还可以向企业的董事会派驻董事，协助企业完善经营管理。该项政策中银行对于企业股权的控制比重较小，同时有助于改善企业治理结构，受到了小企业的欢迎。

四、欧盟经济

当前，欧盟经济面临的挑战主要包括如何进行财政整顿、如何实施恰当的货币政策、如何开展结构性改革等。此外，与英国一样，欧盟也面临着生产力低下的问题。其中希腊还面临着严峻的债务问题。为解决这一问题，欧盟其他国家要求希腊进行结构性改革，以此作为向希腊进一步提供贷款援助的附加条件。但是，目前希腊改革停滞不前，使得其未来发展的不确定性增加，削弱了其他国家对希腊进行援助的意愿。希腊能否打破既有的利益集团，引入新的竞争者，提高生产力水平，是影响希腊经济发展的关键因素。

对于欧盟经济而言，菲利普·伊万斯持乐观态度。他表示，欧盟今年 GDP 增长率达到了 1.5%，明年预计将会达到 1.6%，经济增长势头良好。对英国来说，其对于新兴经济体的出口占到了出口总额的 7%。对欧盟来说，这一比例达到了 14%。由于巴西、俄罗斯等新兴经济体经济增速放缓，出口减少有可能会给欧盟经济带来新的不确定性。

长期来看，英国与欧盟都需要做出更多的调整，建立新的机制以防范风险。欧洲各国不应单纯靠贬值来促进经济增长，而应加强合作，携手共度难关。当前，在欧洲内部对于一体化和改革的步伐存在着不同声音。比如，德国更加关注如何进行风险防范，而其他国家则更注重如何实现风险共担。目前欧洲一体化的主要挑战，就是要尽快实现资本市场的统一，通过建立跨国家的风险分担机制，确保英国和其他欧洲国家一起渡过危机。

五、英国脱欧的可能性

英本届政府将就欧盟改革等问题与主要欧盟国家进行进一步的磋商，目的是要确保英国的国家利益。在全民公投时，政府会将磋商结果公开，让全体公民来决定英国是否脱欧。之前的民调显示，英国总体的民意倾向于留在欧盟。但受难民危机和巴黎恐怖袭击等因素影响，目前的民调可能会向脱欧倾斜。

就难民问题而言，英国在这方面的政策比较严格，不轻易接受难民。但是，在过去 4 年的时间里，英国接受了大量希望到英国工作的欧洲人，尤其是波兰人。这主要是为了增加劳动人口，促进英国经济复苏。

六、人民币未来发展前景

加里斯·拉姆齐认为，IMF 将人民币纳入 SDR 货币篮子的决定相当正确。随着中国经济占世界经济的比重越来越大，经济开放程度越来越高，人民币也会逐步走向国际化。人民币加入 SDR 货币篮子有助于中国以一种更加积极健康的姿态实现经济对外开放。但由于中国经济体量很大，所以每一步都须谨慎。

IMF 一直致力于确保全球金融体系朝着稳健的方向发展，并促使资本自由流动。相比于成立之初，IMF 如今更清楚应如何管理全球资本市场。对于新兴经济体来说，IMF 主要关注其金融安全、经济开放和资本自由流动。IMF 将人民币纳入 SDR，给其他新兴经济体和发展中经济体也创造了一个很好的机遇，使 IMF 和其他国家都来讨论新兴和发展中经济体应如何更好管控风险，如何进一步实现经济开放。

周强武副主任应邀向英方介绍了中方主办 2016 年 G20 财金渠道会议的主要议题，介绍了中方将重点推动结构性改革的具体设想，包括考虑设立以劳动生产率、财政可持续性、收入分配差距、生态环境等主要因素为指标的结构改革指数，目标就是要使结构性改革可预测和可评估。

（陈　霞）

英国“北方经济增长战略”简析*

2014 年 6 月份，英国财政大臣奥斯本首次提出英国“北方经济增长战略”，此后该战略被英国政府确立为国家战略。该战略旨在通过加大对英国北部交通、科技和文化等方面投资，以提振北部经济，使英国经济增长更加平衡。该战略自实施以来取得一定进展，但后续效果仍有待观察。现对英国“北方经济增长战略”作简要分析，供参考。

一、英国“北方经济增长战略”主要内容

自 20 世纪 70 年代以来，由于投资大部分集中在伦敦及英国东南部地区，以曼彻斯特、利物浦、谢菲尔德、纽卡斯尔等为代表的北部工业城市出现工厂倒闭、高失业率等经济衰败景象：经济增速逐年下降，人均 GDP 远低于英国平均水平。英国财政部预计，若能平衡其北部经济发展，未来十年将为英国创造 370 亿英镑产值。鉴于英国北部经济增长潜力巨大，英国财政大臣奥斯本于 2014 年 6 月份提出“北方经济增长战略”，核心是通过改善曼彻斯特、利物浦、谢菲尔德、纽卡斯尔等英国北部城市交通基础设施、推动科技创新、繁荣艺术文化等措施提振北部经济。

（一）改善交通基础设施

英国政府多年来对英国北部交通基础设施投资不足，导致北部交通网络欠发达，高速道路等公共交通无法满足当前需求。如曼彻斯特至谢菲尔德 38 英里路程驾车往往耗时 1 小时 20 分钟，而从南安普顿至牛津路程约为 76 英里，耗时却基本相同。为此，英国政府计划投资 6 亿英镑建设北部交通枢纽，以缩短曼彻斯特、利兹、布拉德福德和谢菲尔德之间火车行驶时间；同时，英国政府启动大规模公路

* 本文写于 2015 年 10 月 26 日。

投资项目，对现有公路 M62、M1 和 A1 纽卡斯尔和盖茨黑德段改造升级，对北方铁路提供特许经营权以提升服务质量，并淘汰有轨电车等过时列车。当前，英国政府正在建设高铁 2 号线，2 号线将连接曼彻斯特、谢菲尔德等 8 座大城市，二期工程投资额为 210 亿英镑，并创造至少 6 万个工作岗位。为进一步建设英国北部由东至西交通网，英国政府计划基于现有铁路规划，在曼彻斯特和利兹之间建设高铁 3 号线。高铁 3 号线将使两座城市交通时间由 55 分钟缩短至 35 分钟，并连接高铁 2 号线，从而横贯英国北部地区。

（二）推动科技创新

目前，英国政府已在曼彻斯特建立新的石墨烯中心，并在北部其他地区分别建立了“新平方公里阵列计划（Square Kilometre Array）”总部，并建设世界最快、最大的超级电脑，以及国家生物产业创新中心、新材料研发工厂等。2014 年底，奥斯本宣布将投资 59 亿英镑投资科技研发，并通过此举创造就业和提振经济。一是投资 2.35 亿英镑建设亨利莱斯爵士学院，并与利兹、利物浦和谢菲尔德的卫星中心配套，研究先进材料。先进材料具备超轻、坚固和灵活等特点，并适用于医疗保健、能源和运输等多个领域。二是对达斯伯里认知计算中心投资 1.13 亿英镑。发展认知计算技术有利于各领域人员充分发挥数据价值，提高产品及服务质量、生产工艺等。三是对纽卡斯尔大学老龄化知识与研发中心投资 2000 万英镑。开发相应技术应对人口老龄化挑战，使老年人减轻对医疗保健服务的过度依赖，提高生活质量。四是对能源安全和研发系统投资 3100 万英镑。通过对地下能源实施可行性测试，开发家庭能源供给技术，如页岩气和地热能源。五是对英国国家核能用户设施投资 6000 万英镑。国家核能用户设施能为学术界和工业界提供全球领先实验设备用以研究放射性物质。

（三）打造国际都市

英国是世界级艺术和文化中心，如利兹歌剧院、利物浦泰特美术馆、约克郡雕塑公园等。为进一步推动艺术文化发展，英国政府出台剧院税收抵免政策，旨在支持伦敦以外地区发展剧院，让更多伦敦以外的人享受世界级艺术和文化。其中，拟将 BBC 总部移至索尔福德。索尔福德“媒体城”（Media City）是除伦敦外欧洲最大的数字媒体中心。将 BBC 总部设立于此将有助于进一步吸引媒体商务，推动创新。除文化与艺术外，英国还将致力于为居民打造舒适生活环境，如清理被污染的默西河和亨伯河等。英国政府将基于现有基础继续优化环境，使其更适宜休闲生活和旅游。

（四）加强各级政府间合作

英国各级政府之间将加强纵向和横向合作，努力提高公共服务水平和效率。

二、几点分析

（一）“北方经济增长战略”是进一步提升英国经济潜在增长力的重要战略

欧债危机后，英国经济靠改革和吸引外资等政策率先取得增长，在欧盟中与德国一道属于“风景独好”之列。但英经济仍面临通缩压力、生产力增长缓慢、政府公共服务效率低下等问题；同时，英国还面临南北经济发展失衡、住房市场供需失衡等更为严重的结构性问题。英国“北方经济增长战略”可谓恰逢其时，对进一步解决英国经济结构性问题，提高潜在经济增长率尤为关键；为此，英国政府采取大力吸引包括中国资金、技术和人才在内的措施，积极推进该战略的实施。

（二）交通基础设施建设是“北方经济增长战略”能否成功的关键

英国投资过于集中于伦敦和英国东南部，使英国北方经济发展增速逐年下滑，区域经济发展失衡。以曼彻斯特为例，2010—2015 年，财政收支减少导致曼彻斯特市政服务开支削减 58%，公共服务缺失导致劳动力素质下降，进而造成负面连锁反应。英国北部难以获得投资青睐的关键原因是交通基础设施建设较落后，主要表现为：一方面是北部东西向铁路运输时间为南部两倍；另一方面是北部人均 GDP 低于全国平均水平。欧洲其他国家城市经济发展经验表明，城市交通基础设施能提升互联互通水平，促进经济发展。因此，推动“北方经济增长战略”的关键是优先投资北部交通基础设施建设，特别是公路和铁路，以高速交通网为基础打造北部统一市场，进而弥补单一城市的不足，促进北方城市协同发展。

（三）“北方经济增长战略”实施前景有待观察

“北方经济增长区战略”旨在通过政策设计和资金投入，提升英国北方城市经济水平，逐步平衡英国南北发展失衡状况。一年多来，该战略取得了一些成果，比如，在习近平主席访英期间，英国与中国签订了包括核电、金融、科技等项目在内的数十项大单，这将对英国“北方经济增长战略”提供有力支持。但是，由于英国实行财政整顿，政府缺乏充足财政资金，该战略短期效果尚不太明显，长期前景仍有待观察。仅从第一个核心支柱改善交通基础设施来看，英国北部交通基础设施改造升级将给英国带来以下几方面经济利益：一是提高通勤能力以满足经济增长预期水平；二是吸引并留住新业务，平衡国家经济发展；三是通过多中心区域经济提高北部生产力和竞争力；四是打造现代物流网，通过高效可靠物流支持贸易和工业发展；五是提升高铁 2 号线的经济效益。但是，由于资金、技术和人才短缺，一些项目面临搁浅的尴尬境地。比如，铁路提速虽然是整个战略的核心和支柱，但进展并不顺利。北部铁路系统提速主要是电气化改造，建立时速 200 公里左右的高速铁路。然而，近期英国交通大臣麦克罗克林却不得不暂停某些线路改造。原因之一是负责上述路线改造的英国国家铁路网公司预算资金不足，既有路线改造项目工期持续延迟、成本严重超出预算，项目不得不暂停。由此可见，在财政资金短缺情况下，英国对生产性投资比较欠缺，亟待设计机制撬动社会资本投入基础设施建设。

（四）英国推行“北方经济增长战略”将有利于中英加强经贸合作

近年来，中英经贸关系不断加强，英国推行“北方经济增长战略”将进一步加深中英双方经贸合作。2015 年 10 月份，习近平主席访英期间，中英两国各部门和企业间签署了数十项合作协议，涉及核能、金融、新兴产业、医药等领域，同时双方同意提升两国贸易水平，力争早日实现双边贸易额 1000 亿美元的目标。截至目前，中国是英国的第四大贸易伙伴，英国为中国在欧盟的第二大贸易伙伴。同时，中英双方还签署地方贸易投资合作和发展合作两个谅解备忘录。奥斯本 2015 年 9 月访华期间，介绍了英国“北方经济增长战略”投资倡议书，希望中方充分利用倡议书提供的信息及其投资机会。2015 年 9 月份发布的《第七次中英经济财金对话政策成果》显示，英方承诺与中方共同推进“一带一路”建设，中方承诺支持英国“北方经济增长区”战略倡议。中英双方最近的一系列经贸合作意向表明，英国“北方经济增长战略”的不断推进以及中国参与度的不断加深，将更加有利于开启面向全球的中英全面战略伙伴关系黄金时代，并有利于两国在未来十年建立强劲的经贸关系。

（郭　昊　胡振虎）

《2015 年秋季欧洲经济展望报告》简析*

11 月 5 日，欧盟委员会发布《欧洲 2015 年秋季经济展望报告》指出，在国际油价大幅下跌、欧元贬值、中性财政政策和欧央行货币宽松政策作用下，欧元区和欧盟 2015 年经济将分别增长 1.6% 和 1.9%；同时，由于就业形势改善、私人消费提高和投资反弹，欧元区和欧盟经济 2016 年、2017 年将在“逆风”中复苏前行；但新兴市场需求下降、“难民”问题等负面影响将使欧洲经济面临新的挑战。《欧洲 2015 年秋季经济展望报告》主要内容和我们的分析如下，供参考。

一、主要内容

2015 年，国际油价大幅下跌、欧元贬值、中性财政政策和欧央行货币宽松政策等积极因素带动欧洲经济持续复苏，并显著带动私人消费和出口。但是，由于面临新兴市场经济减速、全球贸易增速急剧下降、外部下行风险加大等不确定性因素，欧元区经济增速将相对平缓，尤其是投资活动仍将滞缓；同时，部分成员国仍面临“去杠杆”压力。

（一）欧洲经济现状及展望

1. 多重因素利好

虽然油价大跌、欧元贬值等利好因素效果减弱，但仍有其他多重利好因素推动欧洲 2015 年经济复苏，并将继续对欧洲 2016 年、2017 年经济复苏发挥积极作用，表现为：一是全球贸易或复苏。虽然 2015 年中国、巴西、俄罗斯等新兴经济体进口需求萎缩导致全球贸易下降，但随着新兴经济体贸易反弹和发达经济体经济复苏，全球贸易 2016—2017 年将分别增长 3.7% 和 4.4%。全球贸易复苏将刺激欧洲出口。二是 2016 年全球经济活力增强将支持欧洲出口。三是大量难民涌入欧

* 本文写于 2015 年 11 月 11 日。

洲将导致成员国政府支出增加，也将增加欧洲总需求和劳动力供给。四是高度宽松货币政策和中性财政政策，尤其是“欧洲投资计划”将进一步促进欧洲经济复苏。五是信贷约束逐步减弱，市场资金将有力支持投资，成为推动经济复苏强大动力。六是欧元区失业率高企，部分成员国仍面临“去杠杆”和高比例不良贷款等问题。解决这些问题将有力支持欧元区经济复苏。七是成员国推动结构性改革效果将越发明显，将进一步刺激欧洲经济复苏。欧元区 2015—2017 年 GDP 增速将分别为 1.6%、1.8% 和 1.9%；欧盟将分别为 1.9%、2.0% 和 2.1%。其中，欧盟非欧元区成员国经济增速将强于欧元区成员国，如英国、波兰和瑞典。这些表明非欧元区国家或受金融危机影响较小，失业率、“去杠杆”压力相对较低。

2. 金融环境趋好

全球经济增长疲软和美联储加息预期导致近期全球市场波动，全球部分地区金融状况收紧。虽然欧洲金融市场受市场波动冲击较大，且面临希腊债务问题，但欧洲金融状况保持向好态势，主权债券发行顺利，欧央行资产购买计划也对欧洲金融市场产生积极影响，将增加银行放贷意愿，并进一步放宽贷款标准。同时，欧央行宽松货币和信贷政策使融资成本和收益率保持在相对低位，欧元区年度贷款增长有利于非金融企业。

3. 成员国复苏进程不一

成员国经济均有不同程度复苏，大部分欧元区成员国内需增加。各成员国 2016 年、2017 年经济活动将进一步加强。由于各成员国私营部门“去杠杆化”进程、经济结构等不同，复苏进程将有所差别。其中，德国经济保持稳定增长，2015—2017 年 GDP 增速将分别为 1.7%、1.9% 和 1.9%；法国经济复苏缓慢，2015—2017 年 GDP 增速将分别为 1.1%、1.4% 和 1.7%；英国经济增速放缓，2015—2017 年 GDP 增速将分别为 2.5%、2.4% 和 2.2%；西班牙经济增速放缓，2015—2017 年 GDP 增速将分别为 3.1%、2.7% 和 2.4%；希腊经济重返衰退期，2015 年、2016 年 GDP 增速分别为 -1.4% 和 -1.3%，但 2017 年 GDP 增速将恢复至 2.7%。

4. 投资和内需加强

受名义收入增加、低能源价格影响，私人消费将在短期内保持增长势头，并将有力刺激内需回升。2015 年，欧洲劳动力市场改革提升家庭消费能力，将使消费支出稳定增长。2016 年、2017 年，欧洲劳动力市场改善将持续支持私人消费增长。然而，由于通胀逐步逼近 2% 的目标，实际可支配收入增速将慢于 2015 年，私人消费将略微减少。由于地缘政治、外部环境等因素导致经济和政策存在不确定性，投资将以慢于过去增速温和增长。自 2008、2009 年经济衰退以来，建筑业投资一直处于调整期，将于 2015 年底结束，并将于 2016 年、2017 年快速增长。然而，部分成员国由于家庭负债水平高，非住宅类建筑部门低迷，建筑业投资或增长缓慢。同时，边际收益提高、融资成本低位徘徊和能源价格大幅下降将使设备投资增长，但外部需求疲软将对欧盟设备投资造成负面影响。

5. 经常账户盈余扩大

受石油贸易赤字减少、贸易改善、内需疲软影响，欧元区 2015 年经常账户盈余将进一步扩大。目前，经常账户盈余占 GDP 比接近 3%，为历史高位。出口方面，到目前为止，新兴市场疲软并未对欧元区出口造成明显影响。欧元贬值和劳动力成本下降将使欧元区出口进一步扩大。然而，新兴市场货币贬值、大宗商品价格下跌等因素提高了欧元和欧盟其他成员国的名义有效汇率。2016 年、2017 年，欧元区出口将温和增长，进口也将因内需增强而有所增长。

6. 通缩压力仍较大

欧元区通胀二季度短暂反弹，但由于能源和大宗商品价格下降、欧元走强，通胀率 9 月份再度降至零以下。不过，私人消费加强开始助力通胀上行；同时，当油价和大宗商品价格反弹时，通胀将进一步上行。此外，工资和内需强劲增长，产出缺口缩窄等因素也将有利于通胀上行。欧元区 2015—2017 年 HICP 通胀率将分别为 0.1%、1.0% 和 1.6%。

7. 财政状况趋好

欧央行非常规货币政策以及欧洲经济活动周期性加强将持续改善欧洲财政状况。2015 年，欧元区和欧盟赤字占 GDP 比将分别为 2.0% 和 2.5%；2016 年、2017 年，政府赤字占 GDP 比将分别降至 1.5% 和 1.6%。鉴于过去几年财政调整取得实质性进展，2015 年欧元和欧盟将保持中性财政政策。2016 年，欧盟或将实施财政巩固；2017 年，欧元区和欧盟将大体保持财政平衡。欧元区和欧盟 2017 年债务占 GDP 比将分别降至 91.3% 和 85.8%。

8. 失业率高企

欧元区劳动力市场维持缓慢、稳定改善势头。各成员国失业率逐步下降，但仍存在差距。随着经济复苏加强，商业信心改善和工资稳定增长，将创造更多就业机会。一些成员国实施了劳动力市场改革，其就业率将进一步提高。2015—2017 年，欧元区就业率将分别增长 0.9%、0.9% 和 1.0%；欧盟将分别增长 1.0%、0.9% 和 0.9%。然而，欧洲失业率并未降低至危机前水平，欧元区和欧盟 2017 年失业率将分别为 10.3% 和 8.9%。

（二）欧洲经济面临的挑战

1. 全球经济增速降至 2009 年来最低

受新兴市场经济下行和中国深化结构改革影响，全球经济和贸易前景不容乐观。一是中国经济由投资主导转向消费主导面临困难，宏观经济调整趋于复杂，经济增长低于预期。中国 GDP 增速将由 2015 年的 6.8% 降至 2017 年的 6.2%，实现经济“软着陆”。中国将继续保持改革方向，稳步推进经济再平衡。若中国经济增速低于预期，政府将出台政策刺激需求。然而，中国经济结构性调整意味着贸易将显著下降，已对新兴经济体造成影响。二是大宗商品价格和油价下跌将在2015年、2016年对大宗商品出口国造成负面影响。三是美国货币政策趋于正常化将导致资本撤离新兴市场并流入美国，将对新兴市场国家产生一定冲击。四是新兴市场国家地缘政治局势紧张，国内政局不稳，经济结构失衡。但是，随着大宗商品价格趋稳、经济进入周期性复苏和结构性改革取得进展，新兴市场国家经济将于2016年温和复苏。

2. 发达经济体复苏不足以抵消新兴经济体疲软

虽然发达国家经济正逐步复苏，但是受新兴经济体和石油出口国经济下行影响，全球经济2015—2017年增速将分别为3.3%、3.8%和4.0%。能源价格下降、财政阻力减弱、货币政策趋于正常化等因素将推动美国经济稳固复苏。然而，由于美国一季度经济增速低于预期及美元升值，美国2015年GDP增速将为2.6%—2.8%。同时，日本2015年私人消费进一步萎缩将对经济增长造成负面影响，由于投资条件良好和财政整顿，日本经济2016年将有所回升，但2017年可能再度回落。

3. 地缘政治等风险加大

欧洲经济面临地缘政治局势紧张和通胀低于预期等不确定性因素。从欧洲外部看，新兴市场国家经济疲软所造成影响或大于预期。若中国经济“硬着陆”，将对全球经济和贸易构成风险。美联储加息对新兴市场经济体的负面影响或超预期。这些风险对欧洲投资和经济活动影响或大于预期。从欧洲内部看，希腊与欧元区就援助计划达成一致降低了欧元区地缘政治风险，但其对未来投资方面影响或大于预期。

二、几点分析

（一）欧洲经济整体向好，但仍面临诸多挑战

《欧洲2015年秋季经济展望报告》对2015年欧元区和欧盟经济增速的预测，比春季展望报告分别高出0.1个百分点，显示欧洲经济复苏信心增强。多边开发机构也对欧洲经济复苏持乐观态度，世行10月26日发布《欧洲和中亚地区经济展望》报告指出，2015年欧盟和欧洲经济增速将分别增至1.9%和1.4%。但是，欧元区经济增长和通胀仍面临下行风险。为此，欧央行行长德拉吉表示，欧央行将于12月份重审货币宽松政策，若情况需要，将采取措施进一步放宽货币政策。同时，欧盟内部经济增长继续分化，德、英等核心国家继续保持较好增长势头，而

部分国家则不尽如意。从一定程度上讲，欧元区已走出谷底。但欧洲仍面临希腊债务危机、叙利亚问题、乌克兰问题、银行业联盟以及欧洲经济一体化进程迟缓等棘手问题；从国别看，德、英等核心国家虽然经济增长向好，但也面临经济结构性改革问题，南欧和中东欧则面临增长动力不足、增长滞后问题。总体来看，欧洲经济既面临复苏动力不足的短期问题，也面临区域发展不平衡和各国内部经济结构调整的长期问题，未来仍将在荆棘中缓慢复苏。

（二）欧元区超量宽货币政策短期有助于欧洲经济复苏，但长期负面影响不容忽视

欧央行于 2015 年 3 月起实施新一轮量宽，将持续至 2016 年 9 月或中期通胀率接近 2%，每月资产购买规模提升至 600 亿欧元，预计总资产购买规模达 1.1 万亿欧元。截至 2015 年 10 月份，购买总额达 5393.58 亿欧元。而且，欧央行将在 12 月议息会议上讨论降息问题，或将存款利率降低超过 10 个基点。长期看，欧央行将就进一步实施更大规模 QE 达成共识，欧央行将尽快增加资产购买，通过加速欧元贬值提高欧元区成员国出口。欧央行通过向市场投放大量货币，应对低通胀、低增长和高失业率，短期内取得了一定效果，但受欧洲经济一体化治理体系不平衡、欧元区成员国经济参差不齐、货币政策传导效率不高等结构性问题制约，政策效果大打则扣。与日本正在实施的 QE 和 QQE 一样，欧元区超量宽货币政策带来的长期负面效应不容忽视。一是超大规模量宽将干扰市场资源有效配置，助涨资产价格，加大泡沫风险；二是超大规模量宽降低市场利率作用有限，银行惜贷倾向仍未有效缓解；三是超大规模量宽将恶化欧央行资产负债表，并导致商业银行风险传导至欧央行；四是希腊债务问题仍没有得到根本解决，欧洲经济前景仍不明朗，市场融资条件还在进一步改善之中。因此，短期看，欧元区应通过提高透明度和实行问责制增强货币有效性；同时，与公众就通胀目标进行有效沟通，这将有助于稳定长期通胀预期，从而促进物价稳定，并保持温和的长期利率。长期看，只有进行切实有效的结构性改革，欧洲经济才能实现可持续的内生增长。

（三）“难民”问题短期将拖累欧洲经济复苏，长期或有利欧洲经济

近期，来自叙利亚和北非等大批难民和非法移民进入欧洲，已远超欧洲国家接纳能力。一方面，欧盟内部在“难民”问题上立场和行动不一致，加上难民规模大、涌入速度快，使欧盟及其成员国措手不及，助推了欧盟内部原有的不团结；另一方面，欧盟一直责备美国没有尽到大国责任、分担欧洲沉重负担，并要求美国承担更多责任、接纳更多难民。短期内，“难民”问题将拖累欧洲经济复苏，也

将给欧盟及其成员国带来非常大的财政负担。为此，欧盟正考虑在2016财年欧盟预算草案中大幅增加难民庇护和安全两类基金预算。因此，“难民”问题不仅影响欧盟经济复苏、社会稳定，也将给世界经济带来潜在隐患。从长期看，由于欧洲早已步入老龄化社会，劳动力市场缺乏弹性，大量“难民”涌入，如能加以有效引导，将为欧洲社会带来丰富的年轻劳动力，并给欧洲社会注入新鲜血液，这也是德国在“难民”问题上表现积极的重要原因之一。

（胡振虎　郭　昊）

德国政府及智库谈德国与欧盟经济*

10 月 13—14 日，财政部亚太中心副主任周强武一行在德国柏林分别拜会了德国财政部、德国经济与能源部以及德国科学与政治基金会，就德国宏观经济、欧盟经济及主要挑战、欧洲一体化进程和 TTIP 等问题进行了交流。各方主要观点如下，供参考。

一、关于德国经济

总体上看，德国经济稳中向好，在 2014 年经历了一段时期的失速和波动之后，于 2014 年底前重新企稳向好。德国经济与能源部预计，德国 2015 年经济增速约为 1.5%—1.6%，德国财政部则预计经济增速为 1.7%，2016 年将进一步提高。剔除能源价格因素，德国核心 CPI 今年预计为 1% 左右，虽低于欧央行设立的目标，但短期内无通缩风险。

（一）德国经济持续向好

1. 内需强劲。德国经济增长的主要动力来自国内需求。德国经济结构较为合理，制造业基础雄厚，中小企业发展良好，私人消费和公共支出长期稳定在较高水平。金融危机以来，稳定的国内需求对冲了外需疲软对经济增长造成的风险，使德国迅速成为欧洲经济复苏的火车头。此外，本届德国政府推行最低工资制度和提高部分退休群体养老金等政策，以及国际能源价格大幅下降等因素都对德国内消费提到了积极的提振作用。针对近期持续发酵的难民问题，德国政府认为从长期来看，难民也将为德国带来稳定的内需增长和更多的劳动力供给。

2. 劳动力市场稳固。20 世纪末，时任德国总理施罗德推行了积极的劳动力市场改革，改革效果在 2005 年前后开始显现，2006 年和 2007 年，德国经济增长强

* 本文写于 2015 年 11 月 20 日。

劲，增长的步伐虽被全球金融危机打断，但劳动力市场受危机影响不大，为德国经济重回增长轨道奠定了坚实基础。具体来看，德国劳动力市场健康发展的原因主要有以下三点：首先，工会与雇主建立了良好的合作机制。劳资双方可以根据经济形势和经营状况灵活地调整工资成本，在危机期间避免大规模的裁员与失业。其次，德国政府和公司高度重视教育和职业技能培训。一方面，各级政府对教育和职业培训的投入很大，确保新进入劳动力市场的就业者拥有一技之长；另一方面，德国公司有为员工提供深造和职业培训的良好传统。第三，西班牙、意大利、希腊、葡萄牙等国高素质年轻劳动力的涌入也为德国劳动力市场注入了新鲜血液。

目前，德国失业率已降至5%以下，远好于大多数欧盟国家，工资水平在2015年前两个季度分别增长2.6%和3.2%。稳定的就业和逐步提高的工资水平有效支撑了德国内需求增长。

3. 财政状况良好。德国政府高度重视财政整顿，即使在金融危机中最困难的时刻，德国也没有出台大规模的财政刺激措施，而是通过优化收支结构和推进改革来提振经济。目前，德联邦财政已连续三年实现盈余（2013年调整后实际上略有赤字），2014年财政盈余达到180亿欧元，占GDP比例为0.6%。良好的财政状况为德国经济持续健康发展提供了稳定保障。

（二）德国经济主要风险与挑战

尽管德国经济目前表现良好，但仍面临一些潜在风险与挑战。

1. 公共投资水平较低。德国财政收支情况良好，但支出结构有待进一步完善。联邦层面，财政支出的大部分用于社会领域，且受到财政整顿措施的影响，公共投资长期处于较低水平。即使在金融危机最严重的时期，联邦财政用于应对危机、扩大投资的资金也仅有200亿欧元，其中用于基础设施建设的投资只有75亿欧元。整个德国90%的投资来自私人部门，高于欧盟85%的平均水平。目前，德联邦政府已经开始意识到公共投资水平较低制约了德国劳动生产率和经济增速的提高。2014年底，德财政部宣布将在不新增债务的前提下在2016—2018年间向基础设施等领域追加公共投资100亿欧元，其效果有待进一步观察。

2. 主要贸易伙伴复苏乏力。出口是德经济增长的长期动力之一。从主要贸易伙伴上看，欧盟是德国最大的出口市场，德国前十大贸易伙伴中除美国和中国外均为欧盟国家，且新兴市场国家在德国贸易结构中占比日益提高。目前，欧洲经济复苏乏力，新兴经济体下行压力加大，德国经济外部风险不容忽视。尽管2014年德国实现了创历史记录的2170亿欧元贸易顺差，规模高居全球首位，但其高顺差很大程度上是由于能源进口成本下降和欧元贬值等暂时性因素，尚不足以为长期增长注入稳定动能。

二、关于欧盟经济

当前，欧盟经济形势总体向好，但复苏势头尚不稳固且缺乏均衡。继 2014 年实现 1.3% 的微弱增长后，2015 年欧盟经济继续保持增长势头，二季度 GDP 同比增速达到 1.9%。从主要经济体的表现看，英国表现强劲，德国增速回升，法国和意大利则仍不乐观。就业方面，8 月份欧元区和欧盟的失业率分别为 11% 和 9.5%，表现较好的德国和捷克失业率已降至 5% 以下，但希腊、西班牙等国的失业率仍高达 20% 以上。通胀方面，欧元区通涨率维持在 0.2% 左右，能源价格下降抵消了大部分物价涨幅，通缩风险犹存。

（一）欧盟经济向好的主要原因

1. 油价下跌

2014 年开始，国际油价进入下行通道，目前仍在 40 美元左右的低位徘徊。对于欧盟国家来说，油价下降一方面减轻了消费者的能源开支，间接增加了消费者的可支配收入，刺激国内消费。由于家庭消费占欧洲国家 GDP 比重约为 60%，低油价带来的消费能力提高直接拉动了欧洲经济复苏。

2. 欧央行 QE

为刺激经济增长，欧央行于 2015 年 3 月启动总额 1.1 万亿欧元的量化宽松（QE）计划，每月购买 600 亿欧元政府和私人债券，可能持续至 2016 年 9 月。按照欧央行的设想，QE 既能向市场注入流动性，降低了成员国融资成本和债务国债务压力，又能压低欧元汇率，促进欧元区出口。但从实际效果来看，QE 在法国、西班牙、意大利等国发挥的作用相对明显，而在德国发挥的作用则相对有限。

3. 容克计划

“容克计划”旨在振兴欧盟境内投资、促进经济增长和增加就业，该计划下设欧洲战略投资基金（EFSI），由欧洲投资银行（EIB）管理，欧盟预算和 EIB 分别出资 160 亿欧元和 50 亿欧元作为种子基金，欧盟成员国以自愿的原则出资，希望以 15 倍的杠杆率撬动私人部门和公共部门总额约 3150 亿欧元的投资，德国、法国、波兰和意大利已宣布为 EFSI 各出资 80 亿欧元。“容克计划”将专注于欧盟国家，现已要求所有欧盟国家提交项目清单，经 EIB 筛选后作出投资决策。目前，“容克计划”尚在施行初期，实际效果有待观察，但其在提振市场和投资者信心方面已经显现出积极作用。

（二）欧盟经济面临的主要问题

1. 难民问题持续发酵

无论是德国政府部门还是智库，在谈到德国和欧洲面临的挑战时首先提到的都是难民危机。今年以来，大批难民和非法移民经由地中海进入欧洲，已远超欧洲国家的接纳能力。随着难民问题持续发酵，欧元区内部的分歧开始加大，各成员国以保护本国利益为目标，政策立场很难协调。德国意图借难民问题树立正面形象，巩固领导力；英法也愿意参与推动但又受制于国内民意；东欧国家不愿自身发展节奏被难民打乱；南欧前线国家则根本无力承担；欧盟身居其中只能反复呼吁却难有实效，即使是近期出台的 17 点行动计划，也多是“避重就轻”，无法直面难民如何分配的本质问题。

德国是欧盟内部对难民态度最为开放的国家，但德国积极接纳难民的立场在欧盟中较为孤立，且大多数德国民众也不赞成政府的难民接纳政策，仅靠德国一己之力无法解决危机。这种难以弥合的政策鸿沟，从根本上反映出欧盟成员国之间价值观念和发展水平的巨大差异，各成员愿意通过一体化在经贸领域受益，却不愿在政治和社会问题上将本国利益服从欧盟整体利益，一有重大政治社会问题，欧盟机制就陷入事实瘫痪状态，各行其是与相互指责成为家常便饭。

目前，中东北非形势仍不稳定，难民仍在源源不断地被“制造”，欧盟长期以来在中东、北非紧跟美国的外交策略面临“自食其果”。而对欧盟来说，接收难民，不但内部难以协调，且缺少足够的经济实力，甚至经济复苏进程可能就此被打断；若不接收难民，不但将使自身动辄标榜人权、博爱的正面形象荡然无存，且内部民粹主义可能借此抬头，成为阻碍一体化进程更大的风险。目前看，这种两难境地短期内很难改变，欧盟也一时难以拿出有效措施应对危机，一旦难民继续涌入，反对接收难民的民意持续增强，欧洲社会稳定或将出现风险，难民危机的经济代价也将逐步显现。

2. 欧盟内部协调机制有效性欠缺

与经济代价相比，难民问题在政治和社会层面对欧盟的影响更大，令欧盟内部在协调机制上的缺陷暴露无遗。在欧盟 28 个国家中，各国经济实力、文化传统差异很大。特别是中东欧和南欧国家，在发展水平和社会福利上远不如西欧和北欧国家，因此在一些重大问题上，西欧、北欧、南欧、中东欧国家的立场往往大相径庭。除了难民问题外，在银行业联盟、财政整顿、结构性改革、能源安全甚至英国退欧等问题上，欧盟内部分歧很大，且缺少有效的协调机制管控分歧，统一各方立场。

3. 乌克兰问题困扰依旧

目前，乌克兰危机仍在持续，欧盟因乌克兰危机对俄罗斯实施制裁，俄也采取了诸如禁止欧盟进口农产品的反制措施。欧盟是俄最大贸易伙伴，俄是欧盟第三大贸易伙伴和重要能源供应国，从目前的态势看，欧盟和俄罗斯在能源问题上都较为谨慎，不轻易打能源牌，俄对德对欧能源供应并没有实质性减少。但在其他领域，俄欧相互制裁已经导致了双边贸易额和相互投资额的明显下降，对欧盟经济复苏明显不利。

三、关于欧洲一体化进程

（一）德国对欧洲一体化的立场

德国经济与能源部官员以及德智库在会谈中均表示，德国长期以来在积极推动欧洲一体化进程，是欧洲一体化的领头羊。这些年，欧盟在货币政策、金融监管、银行业联盟等方面取得重大进展，但在财政政策协调方面举步维艰，财政一体化进程任重道远。德国没有强推如财政一体化等有争议的措施。德国清楚地意识到，欧洲一体化应当是循序渐进的过程，面对各国差异化的历史文化传统和经济社会发展水平，强行推动全一体化，既不能赢得民众支持，又难以收到良好效果。目前欧洲更应尊重不同国家、不同民族的多样性，并利用好这种多样性促进欧洲发展。

（二）欧洲一体化前景

德国智库认为，目前仍在持续发酵的欧洲难民危机，不仅威胁着欧盟刚有起色的经济复苏，还暴露了欧盟在内部协调机制上缺陷和各成员国“貌合神离”的现状，各国的狭隘利益明显高于欧盟整体利益。若难民危机进一步恶化，欧盟内部的凝聚力必将受到削弱，并损害欧盟在推动经济复苏、解决乌克兰危机等其他问题上的能力。

同时，欧洲也在流行着一种观点，无论是乌克兰问题还是叙利亚问题，美国似乎并不愿意看到欧洲的团结和稳定，不愿意欧洲一体化进程过于顺利。无论是之前的制裁俄罗斯还是近期的难民危机，似乎总是欧洲在为美国的对外政策承受代价，而美国却在通过乱局受益。由此可见，不论是内部原因还是外部环境，欧盟一体化进程仍面临诸多挑战。

四、关于跨大西洋贸易与投资伙伴协议（TTIP）

德国智库认为，TTIP 不太可能在奥巴马任期内达成，即使在 2016 年达成协议，能否在大选年获得美国会批准也存在很大变数。从技术角度看，TTIP 谈判主要涉及三方面内容：关税减让、标准协调以及争端解决机制。目前，关税减让和标准协调取得了一定进展，但后续谈判仍有难度，而争端解决机制上美欧则分歧较大。从政治角度看，在TPP谈判中，大多数国家愿意接受美国的领导，政治因素对完成谈判有较强的促进作用。而TTIP谈判中，欧盟并不愿意被美国主导，更不愿做出过多让步，因此谈判难度很大。事实上，欧盟内部也面临压力，部分成员国和民众担心TTIP冲击本国经济，反TTIP声音时有出现。德国和英国对TTIP的态度较为积极，而意大利、法国和西班牙等国反应平平。但对欧盟国家来说，目前尚无法参与TPP、RCEP等亚太区域自贸协定安排，如果TTIP进展缓慢，多哈回合谈判也难以突破，将对欧洲经济增长造成巨大影响。

（王　虎　贾静航）

俄罗斯经济困局的思考与启示*

进入新年，俄罗斯经济形势并未有明显改善。国际油价延续 2014 年的下跌行情，卢布尚未止跌企稳，对美元汇率近期已跌破 60 大关。从 2014 年 7 月份以来，受自身经济结构单一、美欧经济制裁加码、大宗商品价格暴跌等因素影响，俄罗斯陷入十分困难的局面，甚至有爆发经济危机的风险；此外，俄经济目前的困局与地缘政治和大国博弈密切相关，其原因、走势值得研究。

一、俄经济陷入困境的原因简析

自 2014 年 3 月克里米亚公投入俄，美欧对俄罗斯实行经济制裁以来，卢布币值一路走跌，卢布兑美元汇率全年累计下跌超过 40%；俄国内通胀率高企，12 月份通胀率高达 11.4%，创 5 年新高；资本外逃加剧，全年资本流出超过 1200 亿美元；经济增长也在 11 月份出现 5 年来首次下滑，同比萎缩 0.5%。2014 年预计仍能保持微弱增长，但利好卢布和经济增长的因素十分有限，世行预计俄经济 2015 年将萎缩 2.9%。

（一）结构性问题困扰俄经济增长

虽然俄罗斯官方把本次危机的原因归结为西方制裁和油价下跌，但事实上，俄罗斯产业结构失衡，增长模式单一，缺少新增长点等问题近年来已逐步暴露。2010 年俄经济在全球金融危机后大幅回暖，增长率达到 4.5%，随后经济增长进入下行轨道，2011 年为 4.3%，2012 年降至 3.4%，2013 年仅为 1.3%，在本次危机之前预期 2014 年为 1.2%，经济增长已现疲态。

1. 产业结构失衡，能源经济难以为继。俄罗斯基本延续了前苏联畸形的产业格局，以军工和重工业、化工工业为代表的第二产业过于庞大，农业和服务业发

* 本文写于 2015 年 1 月 20 日。

展则相对滞后。1995 年，三次产业占比分别为 5.98%、33.33%、49.55%，而到 2010 年，三次产业占比分别为 3.68%、32.87%、49.20%，除第一产业占比下降外，第二产业与第三产业关系始终较为稳定，并未出现第二产业向第三产业转化的升级过程。1999 年开始，俄罗斯经济进入转轨后的增长期，但十多年的增长多是依靠国际能源价格的上涨而非产业结构的优化，反而，增长的现实让执政者失去了推进产业结构优化的动力，增长的红利也未被用于培育新的经济增长点，曾经雄心勃勃地发展私营部门、放松管制、提高劳动生产率并发展先进制造业、高科技产业为主导的新经济模式没有得到有效推进。2013 年，仍有一半以上的财政收入，三分之二的总出口和近三成的企业利润来自石油天然气行业。与 1998 年类似，由于俄不掌握石油定价权，无论何种原因出现油价暴跌，高度依赖能源出口收入的俄罗斯经济都难以独善其身。

2. 过度依赖能源出口。贸易结构是国内产业结构的反映，俄国内要素禀赋及产业结构的因素内生地限制了其外贸结构。2013 年，俄能源出口 3718 亿美元，占出口总额的 70.4%。其中，石油出口 2.35 亿吨，总额 1737 亿美元。据统计，国际油价每下降 10 美元，俄出口损失 324 亿美元，而 2014 年全年，油价下跌超过 60 美元。从贸易对象来看，欧盟是俄最为倚重的贸易伙伴，在其贸易总额中占比接近 50%。俄与荷兰、德国、意大利三国贸易总额累计超过 2000 亿美元，对上述三国的出口超过 1400 亿美元。欧洲市场对俄出口乃至整体经济增长有着举足轻重的作用，欧洲对俄实施的经济制裁虽尚未直接涉及俄欧能源贸易，但已对俄国际融资能力和能源出口产生了严重影响。

（二）美元进入加息周期，大宗商品和新兴市场货币承压

由于市场预期美元将进入加息周期，美元套利交易成本大幅上升，投资者纷纷从新兴市场撤资，美元加速回流。2014 年年中以来，石油、黄金、铁矿石、铜等大宗商品价格开始走跌，包括人民币在内的新兴市场货币普遍承压。摩根大通新兴市场货币指数去年第四季度下滑 8%，一度跌至该指数统计以来的最低水平，甚至欧元、澳元、英镑等传统强势货币也出现了明显下跌。今年，美元指数料将继续上扬，大宗商品和新兴市场货币继续承压，俄罗斯经济下行压力加大将是必然结果。

（三）美欧制裁不断升级，效果逐渐显现

2014 年 3 月以来，美欧共对俄进行了 7 轮制裁，前三轮制裁主要针对个人和个别与俄高层关系密切的企业，内容多为冻结个人财产，禁颁签证等，象征意义大于实质内容。7 月 16 日，从第四轮开始，制裁进入实质阶段，美欧开始对俄金融、能源、军工领域的主要企业实施制裁，并先后在 7 月 29 日和 9 月 12 日两次升

级制裁措施。自此，美欧对俄制裁开始对俄能源出口和国际融资能力产生实际影响。目前美国 Visa 和万事达国际支付系统已暂停了对俄部分银行提供美元服务，由于美国控制着全球货币结算网络和全球最主要的货币支付系统，若进一步封闭俄结算支付和融资通道，俄将被完全踢出美元体系，超 90% 的以欧元或美元计价结算的能源出口将完全停滞，生活必需品进口也会受到波及。更实质性的问题在于，俄高度依赖欧洲资本市场进行融资，欧盟禁止俄企业在欧盟市场融资的制裁措施将使俄石油和金融企业流动性短缺加剧，营运成本增加，生产能力受限，甚至出现债务违约。

与实质性影响相比，经济制裁另一个重要影响在于心理层面：一方面对俄政府和民众产生威慑作用，传播悲观情绪，削弱执政当局的民意基础，伺机制造政局动荡或社会混乱。另一方面影响国际市场对俄经济和商业前景的预期，使外国企业在俄开展业务更为谨慎，甚至撤出俄市场，进一步挤压俄发展空间。

（四）俄对制裁准备不足，未制订有效应对预案

事实上，对美欧经济制裁的力度和可能产生的影响，俄政府明显准备不足。2013 年底乌克兰局势出现动荡，俄基于美欧缺乏政治决断力实质性干预乌克兰的判断，迅速出手，基本实现了自身战略目标。但俄缺少对自身经济结构单一，高度依赖能源出口所产生的潜在风险和美欧金融实力及美元霸权的充分认识，对经济制裁的准备不足，更没有意识到制裁的力度和巨大影响。这导致了一方面俄政府在制订 2015—2017 财年预算草案时，仍将预算设定在油价平均每桶 100 美元的基础上，甚至预期西方国家将在 2015 年结束对俄制裁；另一方面，在制裁加码，卢布暴跌之后，俄央行对形势估计不足，前期抛售外储护盘，效果不佳又放弃汇率管制，后又抛售黄金储备并大幅加息，向市场传递紧张气氛，最终导致外储消耗、利率飙升，卢布一跌再跌。

二、2015 年后俄罗斯经济走势

（一）经济难言乐观

面对 2014 年俄罗斯经济的低迷态势，外界高度关注其 2015 年走势，各方预测仍很悲观。俄罗斯总统普京表示，目前形势仍不能称为危机，俄央行和政府总体上应对得当，俄经济终会摆脱“困难时期”。俄财长西卢安诺夫也认为 2015 年俄经济将持续放缓，通胀率上升。俄罗斯经济发展部长乌柳卡耶夫表示，如果油价继续维持在每桶 60 美元左右，且西方继续对俄罗斯实施制裁，俄经济在 2015 年将萎缩 3%，要到 2016 年才能恢复增长。而俄罗斯前财长库德林则认为 2015 年俄罗

斯将面临“全面经济危机”，与西方资本关系的正常化是化解这次危机的先决条件。

国际机构方面，IMF 预测俄 2015 年 GDP 将增长 0.5%。世行则认为，全球经济增长放缓与美联储加息政策或造成国际油价继续下跌，进一步降低俄财政收入；西方制裁导致俄企业国际融资渠道受限，并进一步降低俄国内投资和消费需求；综合上述因素，俄 2015 年经济难言乐观，不出现负增长就算是不幸中的万幸。世行还表示，2016 年，若地缘政治风险降低，外部环境得到改善，俄经济或将实现 0.5% 左右的微弱增长，且增长动力仍是能源出口。OECD 则认为，俄目前正处于危机与衰退的边缘，经济复苏将取决于经济的弹性以及与其他非制裁国间的贸易增长。考虑到调整贸易方向需要时间，OECD 预计 2015 年、2016 年俄 GDP 增长率分别为 0% 和 1.6%。

也有少数机构和经济学家认为，尽管俄经济 2015 年或出现负增长，但经济崩溃的可能性不大。俄政府已制定了一系列重振经济的计划以摆脱困境，一方面加强内部救助与整顿，完善“去离岸化”法律法规，制定经济与税收优惠政策吸引离岸业务回流；另一方面积极拓展国际市场，加强同亚洲国家和金砖国家的合作，包括 2015 年 1 月 1 日起正式开始运转的欧亚经济联盟，或将帮助俄经济从制裁中“突围”。

（二）大国博弈或扮演重要角色

持续下跌的油价、地缘政治局势紧张引发的西方制裁、一贯失衡的国内经济结构是桎梏俄罗斯经济的三重枷锁。短期内，高度依赖资源出口的经济结构很难改变，油价下跌的趋势也非俄一己之力所能改变。因此，西方国家对俄制裁的力度和持久度将成为未来影响其经济增长的重要因素。据俄政府测算，西方制裁已对其经济造成 25%—30% 的影响，也有学者认为影响程度可达 40%。从经济实力、军事实力、国际影响力等各方面看，美国具备将俄罗斯制裁到底的实力，但其决心大小与欧盟能否长期配合制裁尚不确定。若西方国家对俄罗斯的制裁程度和时长有限，俄经济仍存转机。若制裁力度只增不减，俄罗斯或陷入负增长危机。

（三）自身经济结构调整是俄摆脱困局的关键

西方制裁引发的物价飞涨使得俄货币政策全面转向应对通货膨胀和卢布贬值，而财政政策并没有更多的空间刺激经济增长。增长疲软、高通胀以及制裁带来的困境使得俄政府不得不思考制定结构性改革政策。唯有调整经济结构，解决长期存在的“顽疾”才能彻底根治“俄罗斯病”。如此，未来几年内的经济衰退或可视作俄重振经济的机会成本。

（四）总体判断及对我影响

总的来看，俄目前的困难主要表现在卢布大幅贬值，预算收支缺口扩大，国际市场融资困难，经济总量大幅缩水。虽伴有资本外流、通胀高企等现象，但金融领域的困难尚未完全传导至实体经济，俄国内并未出现工厂大量倒闭，生产大幅减少，失业人数剧增甚至社会动荡、政局混乱的情况。短期看，俄经济形势仍较为严峻，卢布贬值和通胀高企仍将延续，未来出口收入的骤减将制约俄进口能力，进而对投资、消费和总产出造成影响，但考虑到其丰富的资源禀赋、完整的工业体系以及集权体制的爆发力和长期斗争形成的民族韧性，出现经济崩盘或政治动荡的可能性不大，未来美欧制裁是否进一步升级，俄能否因势利导，推进经济结构调整值得进一步关注。

从战略角度看，中俄关系已提升至全面战略协作伙伴关系的新阶段，双方在重大问题上协调立场、相互支持是基本格局，特别是推动国际体系和全球治理改革、推进"一带一路"战略等重大问题，离不开俄对我的坚定支持。俄经济陷入困局、国力衰弱无疑将对我长期利益造成负面影响。具体地，目前大宗商品价格低位徘徊有利于我降低能源及原材料进口成本，带动相关产业发展、充实战略物资储备体系。而美欧对俄制裁或将迫使俄更多地"向东看"，俄与我拓展在经贸、能源、军事等领域的合作或将迎来新机遇。

三、启示与思考

（一）积极研判各方战略意图，保持清醒头脑和战略定力

总体来说，我应高度关注美欧对俄的进一步动向，分析制裁若进一步升级对我可能产生的政治和经济影响，同时谨防美欧借此分化中俄关系，并最终转而扼制我崛起的可能。

战略层面，应在维护主权、国家安全等涉及俄核心利益问题上继续给予俄坚定支持，珍视 20 年来健康发展、来之不易的中俄双边关系，将全面战略协作伙伴关系提升至更高水平。战术层面，我应保持足够定力，用好上合、金砖等机制，在现有的框架和平台下扩大务实合作领域，提高合作水平，但务必不给国际社会造成"选边站"或"强出头"的印象，避免在俄罗斯问题上与美欧形成直接对立。

（二）高度重视能源安全，全方位加强国际合作

俄罗斯高度依赖能源出口，国际能源价格变动对俄影响很大，而我高度依赖能源进口，面对的问题比价格波动复杂得多。作为卖方，制裁给俄罗斯带来的仅

是收益减少，财富缩水，对其工业体系的完整性和日常生产生活影响较小；而我作为买方，本身不具备维持自给自足的资源禀赋，一旦进口渠道受限，国民经济将面临巨大风险。鉴此，我应高度重视能源安全，抓紧制定2030年能源生产和消费革命战略，研究“十三五”能源规划。一方面扩大石油等战略物资储备规模，利用国际油价处在低位的机遇期，加快构建全方位的石油储备体系，加大官方储备与放开民间储备并举。另一方面，应加强国际合作，推进能源进口多元化战略，通过“一带一路”建设，减少对马六甲、霍尔木兹海峡等咽喉要道的依赖，实现开放条件下的能源安全。

（三）经济制裁仍是大国间博弈的有效手段

虽然多极化是长期趋势，但目前世界格局仍是一超多强。美经济总量仍保持领先；美元霸权依然稳固，国际储备货币的地位难以动摇；美元资产仍是最安全可靠的投资对象；美对世界经济格局和主要国家发展前景仍能发挥重大影响。本次美欧对俄罗斯实施经济制裁，短时间内就使经济总量世界第八，规模达2.1万亿美元的俄罗斯陷入困境，经济总量从2.1万亿美元缩水到1.1万亿美元，卢布贬值幅度超过100%，10年期国债收益率涨至15.4%，其影响力和控制力可见一斑，美欧经济制裁的大棒依然奏效。鉴此，我应清醒认识当前世界政治经济格局，重视和研究大国博弈中经济制裁手段的运用及其影响，牢牢抓住战略机遇期，不断提升综合国力，提高防范与应对能力。

（王　虎　贾静航）

■ 第四部分

美洲经济

美国基础设施投融资政策及启示*

2008年金融危机后，由于经济增长一直疲软，各国都在寻找新的增长动力，基础设施建设与投资备受重视。在美国，由于基础设施无法完全满足经济增长要求，且政府预算硬约束、政府部门作用不充分、融资手段创新不够等情况进一步加剧美国基础设施建设与经济增长的不协调。奥巴马自第一任期开始就将基础设施问题作为施政重点，并推出相关政策措施扩大对基础设施建设投资，但收效并不显著。现将美国基础设施建设投资现状、美国政府相关政策措施及我们的看法分析如下，供参考。

一、美国基础设施建设投资现状

（一）基础设施建设状况堪忧

虽然目前美国主要基础设施系统基本完备（例如，美国拥有超过400万公里道路、60万座桥梁和3000个运输中转站），但在过去20年内，基础设施建设投资额占美国GDP比逐年下降，基础设施维护与建设受到严重影响。美国道路质量全球排名在10年内由第7位跌至第18位，65%的美国主要道路质量评级为“差”级，45%的美国人没有被交通网覆盖，九分之一的桥梁被认为存在结构性缺陷，四分之一的桥梁因超负荷运输而需要进行重大维护，许多港口因深度不足而不适用于大型货轮。基础设施建设水平滞后，不仅提高美国企业运营成本和居民生活成本，更拖累美国经济增长。据统计，美国汽车驾驶员平均每年要在公路上花费55亿个小时，美国家庭因道路状况欠佳需承担额外支出约1200亿美元；美国企业将承担额外运输成本约270亿美元；每年因基础设施建设投资短缺造成的交通事故死亡人数为3.3万人。同时，由于基础电力设施抗压能力差，恶劣天气引起的断电

* 本文写于2015年1月16日。

事故每年给美国造成经济损失 330 亿美元；供水设施老化每年造成断水事故约 24 万起。

（二）基础设施建设资金缺口严重

由于成本高昂，美国各级政府大幅削减用于基础设施建设、运营和维护的公共支出，近年来下降尤为明显。2012 年全美公共基础设施建设投资占 GDP 比为 2.4%，仅为 50 年前的一半。2014 年用于道路设施建设与维护的公共支出由 2013 年的 960 亿美元下降至 850 亿美元，环比下降 11%。州政府基础设施预算在 2009 年和 2010 年分别削减了 3.8% 和 5.7%。美财政部长雅各布·卢称，至 2020 年美国基础设施建设资金缺口将达 1 万亿美元。美国土木工程师协会（ASCE）对主要基础设施融资情况的评估结果显示，美国地面交通网络、港口码头、电水力设施等面临巨大融资需求，而实际筹资额仅为需求的一半左右。至 2040 年，基础设施建设资金缺口将扩大至约 4.7 万亿美元（详见表 1）。

表 1　　未来美国基础设施融资情况　　单位：10 亿美元

	2020 年			2040 年		
	总需求	预计筹款	资金缺口	总需求	预计筹款	资金缺口
地面交通	1723	877	846	6751	3087	3664
供水系统	126	42	84	195	52	144
电力设施	736	629	107	2619	1887	732
航空港	134	95	39	404	309	95
水路及海运码头	30	14	16	92	46	46
总计	2749	1657	1092	10061	5381	4681

资料来源：美国土木工程师协会《当前基础设施投资对美国未来经济影响报告》。

（三）基础设施建设投资问题重重

美国政府在基础设施建设投资方面问题重重。首先，官僚主义横行，讨好或报答支持者的政治拨款现象频发。以美国最资深的两家基础设施承建机构——美国陆军工程兵团和美国垦务局为例，尽管曾承建过诸多重大项目，但由于目前这些机构过多承接私营部门工程，可显著提高外部经济效益的公共工程支出却很少。其次，联邦基础设施建设项目成本控制水平较低，以波士顿“Big Dig”公路项目为例，最终建设成本为预算的 5 倍之多。再次，联邦与地方政府权责不够明确，管理较为混乱，地方政府常不顾长期利益，不计代价地争取联邦财政资金。最后，当联邦政府出现决策失误时，地方政府的盲从将放大失误造成的后果。例如，联邦政府建设高层公租房项目的决定并不明智，但依然被地方政府推广；联邦政府对轻轨项目的补贴扭曲地方政府决策，使其放弃更高效、灵活的公共汽车系统，转而投资轻轨项目。

二、美国政府促进基础设施建设投融资政策措施

美国基础设施建设费用由税收收入及用户缴费构成，根据规模不同由联邦、州及地方政府共同承担。2008 年金融危机前，美国联邦政府基础设施建设政策主要有两项：一是在 50—60 年代的州际公路系统建设时期，联邦政府设立美国高速公路信托基金专门投资公路建设，资金主要来源是联邦政府征收的燃油税；二是 2005 年小布什总统推出的《高速公路法案》，在 2005—2009 年间向地面交通建设和维修投资了 2846 亿美元资金。金融危机后，美国各级政府积极削减赤字，不得不减少基础设施建设支出承诺。奥巴马从第一任期起就高度重视基础设施建设：继续执行 1998 年的《交通基础设施融资和创新法案》（TIFIA）；2009 年，通过《美国复苏与再投资法案（ARRA）》，为基础设施建设提供多种融资工具；2014 年，提出“21 世纪美国交通基础设施展望”，对交通基础设施建设进行四年（2015—2018 年）规划，并于同年提出“建设美国投资倡议”（Build America Investment Initiative），加强公私合作，促进私营部门参与基础设施建设投资。

（一）美国联邦政府相关投融资法案

1.《交通基础设施融资和创新法案》

TIFIA 项目由美交通部主导，为地面交通及枢纽项目提供长期的直接贷款、贷款担保等融资服务，贷款对象为州和地方政府、运输公司、铁路公司及私人企业。TIFIA 通过提供补充资本以吸引私人及其他非联邦投资，在交通“政府与社会资本合作（PPP）项目”中发挥很大作用。自 1999 年开展以来，该项目累计为 22 个交通项目提供 79 亿美元信贷援助，撬动总计 294 亿美元投资。2014 财年，TIFIA 贷款能力提高至 92 亿美元，可带动社会资本 200—300 亿美元的项目投资。

2.《美国复苏与再投资法案》

为应对经济危机，美国联邦政府于 2009 年推出 ARRA，通过减税、增加政府投资等方式刺激经济复苏。ARRA 包括资金总额为 1053 亿美元的投资计划，其中交通基础设施投资为 481 亿美元（275 亿美元用于高速公路和桥梁工程、80 亿美元用于高铁等城际铁路工程，69 亿美元用于交通枢纽工程）。这些投资中的一部分通过美交通部主导的“交通投资促进经济复苏项目（TIGER）”形式发放。2009 年以来，交通部已发起 6 轮 TIGER 项目，投入 41 亿美元，支持交通基础设施建设项目约 300 个。

3. 《投资移民 EB－5 条款》

美国《投资移民 EB－5 条款》是《美国移民法》中针对海外投资移民者所设立的移民签证类别，简称“EB－5”（Employment Based Fifth Preference）条款。该条款于 1990 年推出，目的是吸引移民赴美投资并创造就业机会，每年有 1 万个名额。移民申请人在美投资额不低于 100 万美元（在特定移民区不低于 50 万美元），并创造 10 个全职就业机会，即可获发移民签证。在该条款下的投资项目类型广泛，包括交通基础设施、住宅、商业区、经济开发区等，例如宾夕法尼亚州高速公路、华盛顿州 520 大桥。

（二）新型融资工具

19—20 世纪，美国州和地方政府都在运用市政债券为基础设施融资。美国市政债券市场是全球最发达市场，截至 2012 年末，美国有 4.4 万个州及地方政府发行了市政债券，未偿付债务高达 3.7 万亿美元。与全国基础设施建设支出额相同，近 10 年市政债券发行量呈下降趋势。此外，由于一般市政债券可享受税收豁免优惠，美国税法对该种债券投资基础设施没有完全放开，私人资本购买免税债券受限。为此，美国政府推出若干创新型基础设施融资工具以弥补资金缺口，包括进一步推动 PPP 模式、铁路重建和改善融资项目（RRIF，瑞福贷款）、应纳税债券及免税的私人活动债券（PABs）等。

PPP 模式在美国市场的作用有限但潜力巨大。在美国，2007—2013 年，用于交通 PPP 项目公共和私人资金为 227 亿美元，占当期全国高速公路投资比仅为 2%；但是，私人运营的基础设施大量存在，例如四分之三家庭用电由私营电厂供应，移动通讯网络、跨州石油和天然气管道、货运铁路等都由私营企业提供。

瑞福贷款为交通运输设施维持、升级和重建提供直接贷款或贷款担保，借款人可以是铁路的持有者或运营者，也可以是公共部门和私营部门。目前，该项目贷款能力为 350 亿美元。不同于 TIFIA 项目，瑞福贷款申请者需自行支付信用补贴费用，而不是由联邦财政提供补贴，降低了该项目的吸引力。

直接偿付债券是由州和地方政府发行的应纳税债券，利息支付由联邦政府补贴。债权人为不缴纳美国收入所得税且无权购买其他免税市政债的银行、保险公司、基金和外国投资者。2009—2010 年，州和地方政府总计发行超过 1850 亿美元的建设美国债券（BABs），比免税债券节约 200 亿美元的借贷成本。2015 财年，总统预算案将通过推出“美国快速前进债券”（AFFB），效仿 BABs 的运行模式，允许州和地方政府无限期发行此类直接偿付债券。

合规的私人活动债券是由州和地方政府代表私营部门发行的免税债券，债券净收益仅用于联邦投资或贷款下的公共基础设施及服务项目。2015 财年总统预算案计划将全国交通 PABs 项目限额由 150 亿美元提高至 190 亿美元。

（三）“建设美国投资倡议”

2014 年 2 月份，奥巴马政府提出“21 世纪交通基础设施展望”，倡议在未来 4 年，遵循“先修为主”（Fix - it - First）原则，向高速公路、桥梁、铁路等地面交通系统投资 3020 亿美元，并提出建立“国家基础设施银行”构想。6 月份，奥巴马通过总统行政令推出“建设美国投资倡议”，旨在联合各级政府促进全美基础设施投资，重点是创新融资模式，并传达联邦政府希望与私营部门及州和地方政府合作以发展 PPP 模式的倡议。

该倡议包括系列活动：一是在美国交通部设立“建设美国交通投资中心”，通过提供咨询和技术援助等方式，为私营部门和地方政府更好地利用联邦援助贷款项目助力。二是成立由财政部长和交通部长组成的“建设美国跨机构工作组”，会同利益相关者协商划清阻碍私人资本进入基础设施领域的因素。三是召开“美国基础设施投资峰会”。2014 年 9 月份，美国财政部和交通部在华盛顿共同举办首届“美国基础设施投资峰会”。峰会上，来自全球及美国境内的投资者承诺未来 5 年对美国基础设施建设投资超过 500 亿美元资金。除私人资本外，联邦、州、地方政府以及慈善组织也承诺继续投资美国基础设施。美国农业部宣布为全美 22 个电力工程提供总计 5.18 亿美元贷款。交通部宣布以竞争性基金（competitive funds）形式为交通枢纽工程综合设计提供 2000 万美元资金。美国 30 多个城市的公共水利部门宣布未来 10 年向市政水利系统运营和升级投资 2330 亿美元。

三、几点思考

（一）奥巴马大规模改善基础设施计划恐将落空

从林肯总统推动联邦政府投资完成巨大的铁路和电报网，到艾森豪威尔总统授权联邦政府在 35 年间投入约 4250 亿美元建设州级公路体系，美国经济发展一直与基础设施建设密不可分。虽然增加基础设施建设投资将有益经济和民生，然而美国现政府却无力满足基础设施建设投资需求，主要原因如下：一方面，美国的两党政治斗争是拖累美国基础设施建设投资的主要原因。2011 年 9 月份，奥巴马向国会提出《美国就业法》修改案，试图投资 500 亿美元用于基础设施建设并创造就业机会，但无法在两党间达成共识。2014 年初，奥巴马提出的 3020 亿美元基础设施建设设施投资计划也没有得到国会支持。美国中期选举后，共和党取得参议院控制权，并进一步扩大在众议院的优势地位。可以预见，未来两年，共和党将继续掣肘奥巴马的基础设施建设投资计划，美国基础设施投资不会取得突破性进展。另一方面，在全球危机大背景下，作为公共投资主体的各州政府和地方政府仍面临财政困境。在财政收入下降的情况下，地方政府只有通过推迟或取消基础设施建设项目、削减开支以保持预算平衡。若联邦政府不做出表率，地方政府将很难打开政府投资基础设施建设的“钱袋”。

（二）应积极推动与美国开展基础设施合作

由于财政预算及国内投资无法满足基础设施建设需求，美国联邦政府正努力通过多种法案及“建设美国”倡议等措施吸引包括中国在内的海外投资者。中美两国在基础设施领域合作空间巨大，美国桥梁、水道、公路、航空和电力基础设施都需更新、扩容和改造，而中国在高铁、桥梁、机场、电力等方面拥有世界先进的技术与设备、较强的建设能力和价格优势，双方具备进行深度合作的条件。在第六轮中美战略与经济对话中，中美双方认识到各自企业在两国基础设施领域发挥积极作用的潜在价值，并承诺共同探讨加深该领域合作，包括通过允许国内外投资者参与政府与社会资本合作模式（PPP），增加基础设施领域的商业投资。然而，目前美国在基础设施投资领域对外国投资者设置种种限制。为此，中国应继续依托中美战略与经济对话及其他相关平台进一步增进互信与合作，争取尽早达成中美双边投资协定谈判，为中美基础设施合作创造良好制度环境，鼓励中国企业“走出去”参与美国基础设施投资建设，实现互利共赢。

（三）应加强区域基础设施投资合作

作为世界第二大经济体，中国既面临国内基础设施投资缺口问题，也期待为亚洲区域内基础设施投资不足问题做出贡献。在国内金融市场尚不发达、PPP 模式方兴未艾的背景下，为促进区域共同繁荣，中国政府正通过多种途径大力增强基础设施投资合作、促进互联互通，包括提出亚洲基础设施投资银行和“一带一路”战略规划等方案。为此，一方面中国应深化国际合作，推动现有多边开发机构提高杠杆率，增加对跨国、跨区域基础设施项目的投入；另一方面，中国应加快推进亚洲基础设施投资银行、金砖国家开发银行等新开发机构建设，以补充区域基础设施发展资金缺口，并充分利用“丝路基金”为“一带一路”沿线国基础设施建设、资源开发、产业合作等有关项目提供投融资支持。

（四）可借鉴美国经验，利用创新型金融手段推广 PPP 模式

在政府面临预算约束的情况下，美联邦政府推出的 TIFIA、TIGER 等贷款项目一定程度上起到了撬动私人资本、促进基础设施发展的积极作用。在进一步推广 PPP 模式的大背景下，中国可借鉴美国经验，针对私营部门投资基础设施推出相应

的竞争性贷款项目，为基础设施建设项目提供补充资本，充分发挥公共部门引导私人投资的作用。同时，还可针对不同类型基础设施建设项目自身特点，在贷款对象、还款周期等方面采取灵活政策，并通过税收优惠、费用减免等激励机制提高贷款的吸引力。此外，在企业债市场不发达的背景下，中国可推出试点项目，由政府引导私营部门发行债券，用于基础设施建设及公共服务供给。

（李明慧　叶申南）

美国经济温和扩张*

2015 年 1 月 14 日，美联储发布了 2014 年 11 月中至 12 月末的美国经济现状报告①（褐皮书）。

一、整体情况

褐皮书认为，在本次报告期内，全美经济活动继续扩张，除堪萨斯城辖区②增长幅度较小外，大多数辖区呈“适度”或“温和”的增长态势。包括堪萨斯城联储在内，大多数联储预计未来几个月扩张势头将有所加强。而达拉斯联储则基于国际油价下跌的影响，预期未来本辖区经济扩张势头将有所放缓。居民消费支出在大多数辖区内有所增加，零售销售额同比有所增长，汽车销售出现强劲增长势头，旅游与观光活动有所好转。对非金融服务的需求在不同辖区差异较大，但总体上适度增长。工业生产在大多数辖区呈扩张态势。住宅营建基本持平，商业地产活动有所扩张。商业和消费者信贷需求有所增长，且质量略有提升。农业的状况在不同辖区参差不齐，能源相关产品和服务的总需求有所减弱，但能源相关产品产出增加。

各辖区就业温和增长，薪资上涨压力仅限于专业技术工人，物价总水平在大多数辖区小幅增长。

* 本文写于 2015 年 1 月 16 日。

① 美国经济现状报告，俗称" 褐皮书"，包含由 12 个地方联储上报的各联储辖区经济情况汇总而成的全国经济情况摘要，是联邦公开市场委员会会议决策的重要参考。

② 美联储由设在华盛顿的联邦储备局和分布在美国各地区的 12 个地方联储组成，每个地方联储管理一个辖区。12 个地方联储分别是：波士顿、纽约、费城、克利夫兰、里士满、亚特兰大、芝加哥、圣路易斯、明尼阿波利斯、堪萨斯城、达拉斯和旧金山。

二、行业情况

（一）消费支出和旅游业

消费支出在大多数辖区有所增加，零售销售额同比小幅增长。波士顿、达拉斯、费城和克利夫兰辖区适度增长；亚特兰大辖区增长态势稳固；芝加哥辖区假日消费支出超预期增长；旧金山辖区基本符合预期；纽约辖区零售业较为疲软，节假日销售额低于预期；堪萨斯城辖区零售销售额与去年同期相比也有所下降，部分高端消费品销售明显下滑，而费城和旧金山辖区高端消费品销售状况良好。

汽车销量同比增长较为强劲。费城、克利夫兰、达拉斯辖区增长相对有限；亚特兰大和芝加哥辖区增长较快；由于油价下跌，亚特兰大辖区大型车辆销售得到提振；圣路易斯辖区豪华车型出现库存积压；堪萨斯城辖区汽车销售在报告期内有所下降，但同比仍有所增加；旧金山辖区内各城市销售情况出现明显分化。

旅游和观光活动有所好转。波士顿、纽约、亚特兰大和旧金山辖区旅游和观光活动强劲增长，百老汇剧院的上座率和票房收入同比增长10%以上；里士满和堪萨斯城辖区则基本处于正常水平；受暖冬气候影响，费城和明尼阿波利斯辖区冬季旅游收入减少。

（二）非金融服务业

非金融服务业的需求增长在不同辖区和不同行业间差别明显，在本次报告期内总体保持适度增长。具体来看，非金融服务业在费城和旧金山辖区继续温和增长；达拉斯辖区非金融服务需求有所增加；明尼阿波利斯和堪萨斯城辖区专业的商业服务活动有所扩张；堪萨斯城辖区预计未来几个月需求增长将有所放缓；波士顿辖区咨询和广告业增速较快；达拉斯辖区人事服务业喜忧参半；克利夫兰辖区货物运输量有所增长，但仍受到运载能力不足的制约；亚特兰大、堪萨斯城、达拉斯辖区货运量同比基本稳定或略有增长。

（三）制造业

制造业在大多数辖区均呈扩张态势。费城辖区制造业温和增长，增速略低于上一报告期，新增订单和装船量也预示着本辖区制造业增长或进一步放缓；里士满、波士顿、纽约、芝加哥和旧金山辖区制造业活动均有所扩张，但波士顿辖区的出口增长受到了西海岸港口拥挤的制约，汽车工业仍是芝加哥辖区的龙头产业；亚特兰大辖区制造业总体有所增长；明尼阿波利斯和堪萨斯城辖区增长相对微弱。

（四）房地产

各辖区住宅营建大体上与前期持平。克利夫兰、亚特兰大、芝加哥、明尼阿波利斯和堪萨斯城辖区住宅营建均略有下降；旧金山辖区 12 月份房屋销量有所增加，部分城市住宅营建增长；里士满辖区房产市场活跃度温和上升；在费城辖区，成屋销量 11 月份同比下降，预期 12 月将有所增长，但新屋销售疲弱；波士顿、克利夫兰、亚特兰大、明尼阿波利斯、堪萨斯城和达拉斯辖区住宅销量同比略有下降；波士顿、费城、克利夫兰、亚特兰大、芝加哥和达拉斯辖区的房屋价格温和上升。

大多数辖区商业地产活动有所扩张。在销售和租赁方面，费城辖区的商业地产租赁较为活跃；波士顿商业地产活动整体上有所改观；芝加哥和堪萨斯城辖区温和增长；达拉斯辖区对于公寓的需求持续旺盛，写字楼租赁活动仍较强势，但油气公司对商业地产的需求有所下降；纽约辖区的合作公寓和共管公寓市场延续着 2014 年四季度以来的增长，公寓销量依然可观，并有量价齐升之势。在营建方面，在大多数辖区都有所增长。费城辖区增速温和；亚特兰大和芝加哥辖区则增速较快，其中普通住宅是亚特兰大辖区的主要增长源，芝加哥辖区的主要驱动力是工业地产和写字楼；克利夫兰辖区待建项目强劲增长；达拉斯辖区建造活动总体强势；旧金山辖区零售业、写字楼、工业地产和基础设施项目多点开花。

（五）金融与银行业

商业和消费者信贷需求在报告期内有所增长。里士满、堪萨斯城和达拉斯辖区的贷款总需求略有上升；费城辖区总贷款量小幅上涨，克利夫兰辖区的商业信贷需求、芝加哥辖区的汽车贷款需求均有温和增长；此外，芝加哥辖区信用卡申请数量大幅增加。

信贷质量总体良好，贷款拖欠量有所下降。除新泽西和宾夕法尼亚地区的不良贷款率依旧较高外，费城辖区消费者信贷整体质量持续提升。部分辖区的金融机构存在降低承销标准来争夺高质量借款人的现象。

（六）农业与能源

农业状况喜忧参半。里士满辖区比去年同期有所好转；由于天气原因，圣路易斯辖区冬收产量略低于平均水平，其红肉产出量同比略有下降；芝加哥辖区猪肉和牛奶产量高于预期；明尼阿波利斯辖区部分农产品价格下降，预计 2014 年四季度农业收入同比有所下降；基于俄罗斯谷物的出口限制和澳大利亚农产品产量下降的预期，堪萨斯城辖区的农业增长势头良好，农产品价格特别是小麦价格温和增长；尽管遭遇干旱，但达拉斯和亚特兰大辖区农业产出仍有不同程度的提升；

2014 年，旧金山辖区乳制品收益大幅增加，但近期牛奶期货价格下降带来了一定的不确定因素，未来加州水资源供给的不确定性也降低了新增永久农作物的数量。

能源类产品与服务的总需求有所放缓，但总产量增加。堪萨斯城和达拉斯辖区的油田服务需求和原油钻探活动均有所下降，当地联储预期受油价下跌的影响，石油开采将进一步放缓；亚特兰大联储预计该辖区原油和天然气供给的增长速度将继续超过需求增速；里士满辖区的天然气产量温和增长，但煤炭产量小幅下降；圣路易斯和克利夫兰辖区的煤炭产量较去年同期有所增长。

（七）就业、薪资和价格

就业市场温和扩张，部分行业的薪资水平呈温和上升趋势。芝加哥辖区、费城辖区的招聘活动均有所增加；里士满辖区劳动力需求增长，亚特兰大辖区的工作岗位有所增加；克利夫兰辖区、里士满辖区、圣路易斯辖区制造业岗位薪资水平上升；波士顿辖区、达拉斯辖区的招聘岗位数量稍有下降；费城、克利夫兰、芝加哥、里士满、达拉斯等辖区薪资水平温和增长。总体来看，薪资面临大幅上升压力的仅限于拥有特殊技术专长的劳工，只有堪萨斯城辖区由于劳动力短缺，薪资增长速度加快。

多数辖区价格水平出现小幅增长。克利夫兰、芝加哥、达拉斯辖区的价格总水平基本稳定；堪萨斯城、旧金山等辖区温和增长；费城辖区小幅上涨、里士满辖区零售业价格增长较上一报告期有所放缓，但非零售业价格水平微增；克利夫兰辖区石油相关产品和部分金属价格下降；亚特兰大辖区企业仍面临投入成本上升和定价权有限的压力；波士顿辖区或将面临成本压力变化，另外几个辖区建筑材料成本也有所上升。

（王　虎　贾静航）

奥巴马新税改方案简析*

2015 年 1 月 18 日，美国白宫公布了总统奥巴马即将推出的税改方案主要内容，主要包括：向最富有阶层和大型金融企业增税，提高资本利得税上限，给予中产阶级在抚养子女、教育、养老方面更多税收优惠等。奥巴马此次税改方案能否获得国会批准，其政治动机又是怎样，值得认真观察。现将奥巴马此次税改方案主要内容及我们的分析简介如下，供参考。

一、内容简介

奥巴马此次税改方案主要针对个人所得税制，内容涉及消除税收漏洞、提高资本利得税上限、向金融机构收费、为双薪家庭提供新税收抵免、完善儿童保健税收抵免、扩大教育税收优惠和鼓励企业改进养老金计划共 7 个方面。

（一）向富裕阶层和大型金融机构增税

1. 消除资本利得漏洞，防止最富有阶层逃税

奥巴马认为，美国现存个人所得税体系中存在明显的税收漏洞，集中体现在“基数递增”①（stepped - up basis）条款上。这一条款造成了大量最富有阶层生前不处置其财产，而利用该条款让继承人在财产继承环节获利。据统计，每年数千亿美元的资本利得借“递增基数”条款逃税。

---

* 本文写于 2015 年 1 月 21 日。

① 纳税人若持有某项资产直至死亡，因不产生资本利得，无需缴纳收入所得税。依据“基数递增”条款，若继承人在继承该资产后出售，该资产的计价基础将“递增”至继承时的市场价，即导致资本利得部分无需纳税。举例来说，纳税人留下现市值 5000 万美元的股票给继承人，继承人继承后即出售，假定当初买入股票时花费 1000 万美元，资本利得应为 4000 万美元。但根据“基数递增”条款，继承人继承的股票资产的计价基础为继承时的市场价，即 5000 万美元，而以 5000 万美元出售后，资本利得为零，无需纳税。每年，“基数递增”条款均导致数千亿资本利得无需纳税。

为此，奥巴马建议取消“递增基数”条款，将除捐献给慈善组织之外的遗赠和赠予等同于实现资产所有权的转移。为确保中产阶级不会因此增加税收负担，奥巴马还提出了针对中产阶级的保护措施。例如，每对夫妻不超过20万美元的遗赠无需纳税；继承时市场价低于50万美元的个人住宅可以获得额外免税；有形的个人财产、普通艺术品和收藏品的遗赠或赠予免税等。

2. 提高资本利得税率上限

奥巴马认为，美国现行税制使富人有机会避税，却没有帮助中产阶级减轻收支压力。特别是针对收入的不同来源，资本收入适用的税率要比工薪收入低得多。尽管个人所得税的最高边际税率为35%，但2012年对收入最高的400名纳税人（68%的收入来自资本利得）适用的有效税率仅为17%。鉴此，奥巴马提议将针对年收入超过50万美元的家庭的资本利得税率上限提高至28%，与里根总统执政时期一致。奥巴马认为，上述改革措施99%的影响仅针对1%的富裕阶层，80%的影响仅针对0.1%的最富裕阶层（年收入超过200万美元）。该提议下，富人投资所得仍可以获得一定的税收优惠，但将无法通过低税率和税收漏洞积累额外财富。

3. 向大型金融机构收费，限制大型金融机构过度举债

奥巴马提议向大型金融机构的负债总额征收万分之七的附加费用，范围为国内最大的100家资产超过500亿美元的金融机构。奥巴马认为，这一举措既能限制金融机构大量举债，降低出现违约和巨额损失的可能，又能引导金融机构在决策过程中充分考虑其活动的经济影响。该措施与前众议院筹款委员会主席坎普提出的金融行业税改措施近似。

（二）为中产阶级减负，增加抵免和税收优惠

1. 为双薪家庭提供500美元的额外税收抵免，并为无子女家庭扩大劳动所得税抵免（EITC）。当夫妻双方都有工作时，家庭将增加额外的交通费、育儿和养老支出等。费用的增加会降低可支配收入，影响其工作意愿，甚至导致女性劳动者放弃工作。为此，奥巴马提议为双薪家庭提供500美元的额外税收抵免（Second Earner Credit），预计2400万对夫妻将从中受益。进一步推动EITC现有优惠条款和原定于2017年到期的部分儿童税收抵免（CTC）优惠条款的长期化，预计将惠及1600万家庭及2900万儿童。奥巴马认为，完善EITC和CTC不仅有助于促进就业、减少贫困，还将为儿童健康成长带来积极影响。同时，奥巴马提议更多关注无子女家庭，将无子女家庭的所得税抵免额提高1倍，并扩大EITC的适用范围，预计该提议将惠及1320万工薪阶层。

2. 提高儿童保健税收抵免额（CDCTC）。考虑到儿童保育费用日益提高，奥巴马提议简化儿童保育方面的税收优惠，将中产家庭5岁以下儿童的CDCTC额度提高2倍，即每年3000美元，并确保大多数家庭能享受到最大额度的抵免，淘汰复

杂的儿童保健弹性支出账户并利用节约的资金进一步完善 CDCTC，促使中产家庭在可负担的范围内提高儿童保育质量。预计这一提议将惠及 510 万家庭及 670 万儿童。

3. 简化教育税制，进一步扩大税收优惠。尽管 2009 年出台的“美国机会税收抵免”（AOTC）政策使得数以百万计的学生和家庭能够负担昂贵的大学费用，但现行税制对高等教育的优惠和鼓励措施十分复杂，仍难以被有需要的学生和家庭充分利用。基于此，奥巴马提议改革教育领域的税收体系，进一步优化 AOTC 政策，合并重复低效的优惠措施，提高税款返还额至 1500 美元并扩大适用范围和年限，简化繁琐复杂的审核流程，为学生债务和学校储蓄提供更多税收优惠。这些减税措施将惠及 850 万家庭和学生，为超过 2500 万申请税收优惠和抵免的家庭和学生提供更便捷的审批服务。

4. 鼓励企业改进养老金计划。奥巴马提议建立简便、无风险、低成本的“我的养老金账户”（MyRA），以改进企业的养老金计划。预计该提议将惠及 3000 万劳动者。在该倡议下，拥有 10 名以上雇员的雇主均须为雇员自动注册个人养老金账户；对自愿加入自动个人养老金账户（auto－IRA）的个人，以及提供个人养老金计划的雇主提供 1500、3000 和 4500 美元三档数额不等的税收抵免；确保长期兼职劳动者可以加入个人养老金账户，当前只有 37% 的兼职劳动者拥有个人养老金账户，奥巴马提议三年及以上的兼职劳动者，若每年工作量在 500 工时以上，也应纳入个人养老金账户；防止富裕阶层利用税收漏洞，在享受税收优惠的养老金账户积累巨额财富。

二、几点看法

（一）税改的初衷基本符合美经济发展的现实需要

从主要经济数据上看，美国国债总额已超过 18 万亿美元，达到 GDP 的 103%；美国国会预测，2015 财年财政赤字占 GDP 的比重有望降至 2.6%。但根本上，债务和赤字的下降需要依靠增收节支。据测算，取消资本利得漏洞、提高资本利得税率上限和向大型金融机构收费这三项措施将在 10 年内带来 3200 亿美元的税收增长。此外，美国社会贫富差距不断扩大，2013 年全国高收入家庭的财富中位数已是低收入家庭的近 70 倍，创下 30 年以来的新高，中产阶级趋于空心化。虽然经济稳固复苏，但实体经济的复苏远不及资本市场，劳动者生活水平的改善十分有限。鉴于此，税改“劫富济贫”、振兴中产的初衷有助于进一步发挥税收调节收入分配的作用，巩固中产阶级对经济增长和社会稳定的基础性作用，客观上符合美经济发展的现实需要。

（二）税改方案难以在国会获得通过

目前国会参、众两院已被共和党控制，共和党又长期反对对富裕阶层和金融机构增税，单从政见上看，税改方案就很难获得国会多数支持。事实上，共和党长期服务于华尔街和富裕阶层，民主党则自称中产阶级代言人，本次奥巴马的方案直接向富裕阶层和金融机构开刀，掏最富裕阶层和金融机构的腰包支持中产阶级，华尔街和为其代言的共和党不可能同意，税改方案可能被国会驳回，也有可能经两党博弈后被大幅弱化或调整。

（三）奥巴马税改方案更多地是在为民主党 2016 年大选铺路

事实上奥巴马对税改方案的命运心知肚明，也大可寻求与共和党人“妥协”，渐进地推进税改。况且，考虑到中产阶级实际工资水平几无增长，即使国会能够批准，单靠调整税法也很达到其所宣扬的政策效果。奥巴马高调宣布这一雄心勃勃的税改方案，主要是基于以下两点考虑：一是树立自己不畏政治困局，不受共和党制约，仍致力于推进改革，仍可大有作为的正面形象，同时向共和党传递强硬信号，以期在白宫和国会的权力博弈中占得先机；二是为 2016 年大选铺路，进一步宣扬民主党为中产阶级代言的政治主张，既提前争取了选民，又为大选设定了税收和经济议题，使民主党在大选中能够借美国经济稳固复苏的东风而占得先机。从这层意义上讲，奥巴马此次税改方案政治动机更为明显，未来两年能否取得进展值得观察。

（王　虎）

奥巴马国情咨文力推“中产阶级经济学”*

2015 年 1 月 20 日，美国总统奥巴马在国会发表其任内第六份国情咨文，强调未来会继续推行“中产阶级经济学”政策，以便使美国经济增长成果更好惠及美国中产阶级，使美国经济增长成果更多惠及美国民众。具体内容及我们的分析如下，供参考。

一、主要内容

奥巴马表示，美国经济正处于“经济增长、赤字减少、产业繁荣、能源生产蓬勃发展”的新阶段。2014 年，美国实现了 1999 年以来最快的经济增长；过去五年，新增就业机会 1100 万个，失业率降至比 2008 年金融危机之前更低的水平；赤字减少三分之二，股市实现双倍增长，工资实现金融危机后首次上升；油、气和风能产量都居世界第一，成功减少了对进口石油的依赖；同时有约 1000 万美国人在 2014 年首次获得医疗保障。

（一）经济政策

继续推行“中产阶级经济学”。2015 年美国将继续致力于提高中产阶级生活水平，为每个公民提供公平机会、公平收益和公平规则，以使美国经济增长成果更好惠及美国中产阶级。

奥巴马的“中产阶级经济学”包括以下三方面内容：

一是提升工薪家庭的安全感，减轻其在养育子女、上大学、医疗、住房和养老方面的负担。将为中产阶级和低收入家庭的每个儿童，提供总额不超过 3000 美元的减税优惠；推动各州通过立法，给予劳动者 7 天带薪病假，并推动国会通过男女同工同酬及提高最低工资的法案，确保员工超时工作能获得合理报酬。

* 本文写于 2015 年 1 月 22 日。

二是帮助中产阶级提高劳动技能，帮助其提高收入水平。联邦政府将向国会提案，减轻学生偿还助学贷款的压力，并提供两年免费的社区大学教育。奥巴马呼吁企业提供更多教育补助和带薪学徒机会，使没有接受过高等教育的劳动者也能获得高薪职位，同时尽可能地雇用老兵为企业服务。

三是提升美国的全球竞争力，以吸引投资，为美国劳动者创造高收入的就业机会。美国将以基础设施建设、贸易规则主导权、税制改革、创新与研发、网络平台建设为抓手，提升美国的全球竞争力。

基础设施建设。共和、民主两党已在建设现代化港口、桥梁、铁路和网络等基础设施方面达成共识。政府将对在美投资的企业给予奖励，鼓励企业将境外的就业机会带回国内。贸易规则主导权。21 世纪，美国需要增加出口。中国也谋求在全球经济增长最快的地区制定贸易规则，这将使美国的劳动者和企业处于劣势。美国决不能允许这种情况发生，亚太地区的贸易规则应由美国制定。贸易使美国人民受益，国会应授予总统"贸易促进授权"（TPA），以推进 TPP 和 TTIP 两大协议的谈判进程。税制改革。简化税收申报程序，帮助小型企业主报税更加简单便捷。弥补造成美国 1% 的富人避税的税制漏洞，改善不平等现象。给予中产阶级在抚养子女、教育、养老方面更多税收优惠等。鼓励创新与研发。科技水平和研发能力的高低对 21 世纪美国的竞争力至关重要。奥巴马提议发起一项新的医学倡议，用于癌症和糖尿病的治疗，以及为美国公民提供个性化的健康医疗信息。创新和研发领域的新发现也将为美国创造更多就业岗位，提升美国的竞争力和美国人的生活水平。免费、开放的网络平台。构建免费、开放的网络平台，提高网速，使其覆盖所有教室和社区。新一代数字创新者和企业家将拥有更好的平台来重塑世界。应对气候变化。气候变化将成为未来世界的最大挑战。气候变化已对美国国家安全造成直接威胁。美国承诺将碳减排的速度提高一倍，中国也首次承诺将限制碳排放。在中美的引领下，其他各国共同努力，今年有望在应对气候变化方面取得重大突破性进展。

（二）网络安全与外交政策

网络安全。敦促国会通过相关法案，以更好应对网络攻击威胁、身份信息泄露，更好保护儿童的信息安全。

抗击埃博拉病毒。世界需要建立一个更有效的防止大型流行病蔓延的预防机制。

合作与争端解决机制。一是确保亚太地区各国在贸易、解决海洋争端等国际争端时遵循国际规则；二是与盟国建立更加现代化的同盟关系。

打击伊斯兰国等恐怖组织。继续与南亚、北非国家合作，拒绝向威胁美国国家安全的恐怖分子提供避风港。阻止伊斯兰国扩张，领导包括阿拉伯地区国家在内的联盟，削弱并最终摧毁该恐怖组织。

俄罗斯问题。美国仍然保持强大，与欧洲盟国的团结得到加强。而俄罗斯被孤立，经济陷入困局。美国将继续同盟国一道，对俄罗斯实施经济制裁。

美古关系正常化。美国已与古巴开启外交关系正常化进程。今年，国会将开始解除对古巴贸易禁运的工作。

伊核问题。将否决任何妨碍伊朗核谈判进程的新制裁法案，对伊朗开战是最后手段。

二、几点看法

（一）经济议题是今年国情咨文主题

经济议题成为奥巴马国情咨文的重中之重。奥巴马表示，目前美国已摆脱全球金融危机造成的衰退，到了需要选择未来几十年如何发展的时刻。奥巴马称，2015 年，美国将继续推进“中产阶级经济学”，以使其经济增长的成果更多惠及美国民众。

奥巴马称，事实证明，“中产阶级经济学”行之有效，并第一次系统阐述了“中产阶级经济学”的三大支柱：提升工薪家庭的安全感、帮助中产阶级提高收入水平，以及提升美国的全球竞争力；奥巴马表示，美国将从基础设施建设、贸易规则主导权、税制改革、创新与研发、网络平台建设入手，全面提升其全球竞争力。

（二）三提中国意在掌控亚太经贸规则制定权

本次国情咨文三次提及中国，高于去年的两次。一是应对气候变化。奥巴马称《中美气候变化联合声明》是应对气候变化的重要进展。另有两次是在自贸协议部分，分别是“推动美国制造业从中国回流”和“中国正在寻求为亚太区域经贸合作制定规则”。奥巴马表示，中国为亚太区域制定经贸规则将使美国的企业和劳动者处于被动，美国不能坐视规则制定权旁落。这进一步验证了奥巴马政府力图通过 TPP，主导亚太经贸规则制定权的决心。2014 年，TPP 谈判进展缓慢，而中国力推的 RCEP 却有望在 2015 年结束谈判。可以预见，奥巴马政府将在 2015 年力推国会授予其贸易促进授权（TPA），从而争取年内完成 TPP 谈判。

（三）国情咨文展现奥巴马为留政治遗产的决心

中期选举后，国会参众两院被共和党控制，奥巴马面临“跛脚”困境。面对困境，奥巴马一改优柔寡断的行事风格，反而开始树立雷厉风行、积极有为的政治形象，明显提高了各项政策的推出频率，包括国情咨文中提到的宣布与古巴开启外交关系正常化进程、签署有关移民法案的行政命令等。奥巴马以更坚决和强硬的姿态示人，未来两年任期内，仍将积极寻求作为，以期青史留名。

（四）国情咨文有为 2016 年民主党大选铺路之意

事实上，国情咨文中的诸多提议都离不开国会的支持和批准。奥巴马一方面呼吁两党加强合作，“从老套而疲惫的争斗中解脱出来”，另一方面却反复宣扬其政府和民主党致力于为美国人民谋福利，为中产阶级谋福利的政治形象，并称将不惜在医疗保险、金融监管、移民政策和伊核问题上动用否决权，刻意凸显政府和国会之间、民主党与共和党之间政治主张的区别与对立，借此打压共和党，帮助民主党扭转中期选举失利的颓势，重振选民基础，为民主党 2016 年大选铺路。

（亚太中心外联处）

美国联邦政府 2016 财年预算案简析*

2015 年 2 月，美国总统奥巴马向国会提交了 2016 财年预算案，从支持中产阶级发展、税制改革、提升美国竞争力等方面践行奥巴马“中产阶级经济学”的执政理念。现对该预算案简析如下，供参考。

一、2016 财年预算案总体情况

2016 财年，美国联邦政府预算支出 3.999 万亿美元，预算收入 3.525 万亿美元，预算赤字 4740 亿元，赤字率 2.5%。为使联邦财政状况更加可持续，预算案提出，通过医疗改革、税制改革和移民改革，实现未来十年减赤 1.8 万亿美元的目标。预算案还预测了 2015—2025 财年联邦政府财政状况。据测，2015—2025 年，美联邦政府债务率将在 73%—75% 区间波动；赤字率方面，除 2015 年冲高至 3.2% 外，其余年份均在 2.3%—2.6% 区间波动。

（一）预算支出情况

2016 财年，联邦政府预算支出 3.999 万亿美元。其中 63.6%（约 2.5 万亿美元）为强制性支出，包括社会保障、医疗保险和医疗补助、移民改革津贴等；国债利息支出 2830 亿美元；其中 29.2%（约 1.17 万亿美元）为自主性支出，由奥巴马总统和国会协商确定，主要由政府开支构成，其中超过一半（约 6050 亿美元）为军费支出。

按事权划分，社会保障支出、国防和非国防拨款、其他强制性支出、医保支出占美国联邦政府预算支出的 83.8%，反映出其支出集中度仍较高（见图 1）。其中，社保支出 9380 亿美元，占支出总额的 23.46%，GDP 的 5.0%，与 2015 财年占比持平；国防支出 6050 亿美元，占支出总额的 15.13%，占 GDP 的 3.2%，较 2015 财年下降 1 个百分点；非国防拨款 5630 亿美元，占支出总额的 14.08%，占

* 本文写于 2015 年 2 月 17 日。

GDP的3.0%，较2015财年下降1个百分点；医保支出5830亿美元，占支出总额的14.58%，占GDP的3.1%，较2015财年上升2个百分点。

从部门预算看，国防部、卫生部、教育部、退伍军人事务部、国务院等位居前列，合计占总支出的74.43%（见图2）。与2014财年相比，2016财年预算案除大幅削减了海外战事预算外，其他部门预算都有不同程度调增。

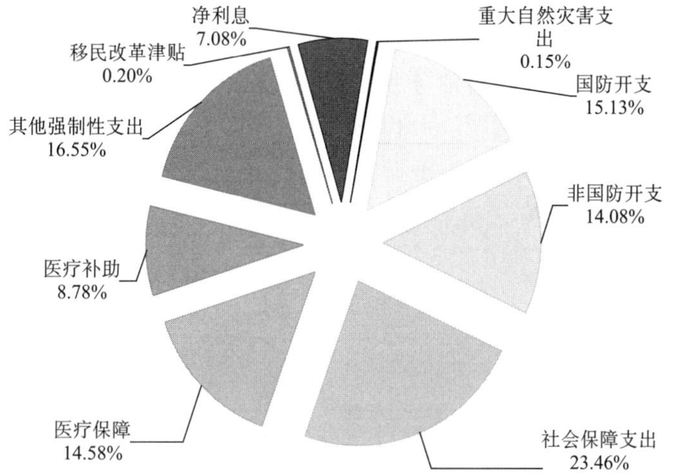

图1　2016财年美国联邦政府预算支出结构

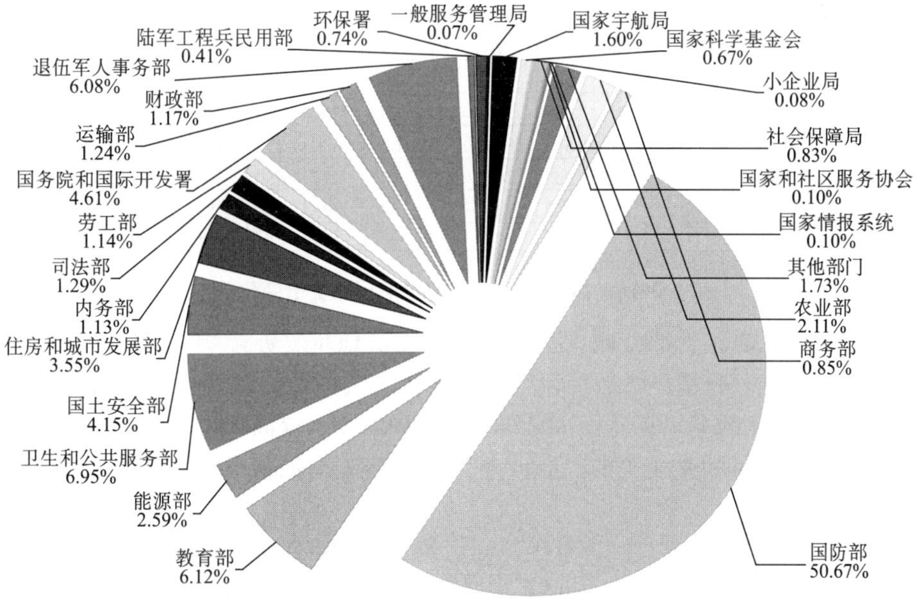

图2　2016财年美国联邦政府部门预算支出结构

（二）2015—2025 财年美国联邦政府预算收支变化趋势

从预算支出看，2015—2025 年，美国联邦政府预算支出占 GDP 比例将从 2015 财年的 20.3% 逐年增长至 2025 财年的 22.2%，提高 1.9 个百分点，反映出政府公共消费和公共投资对经济的影响力日益增强。从支出结构看，2015—2025 财年，社保支出、净利息支出、医保支出和医疗补助支出增幅居于前列（见图 3）。其主要原因：一是婴儿潮一代退休；二是联邦医疗保险补贴扩张；三是每个受益人的医疗支出增加；四是联邦政府债务利率提高。从总额看，强制性支出项目有一定的支出刚性，短期内难以调减。但长期来看，若医保制度改革、移民改革能顺利推行，或将帮助美联邦政府降低强制性支出项目占预算支出的比例，从而进一步改善美联邦政府财政状况。

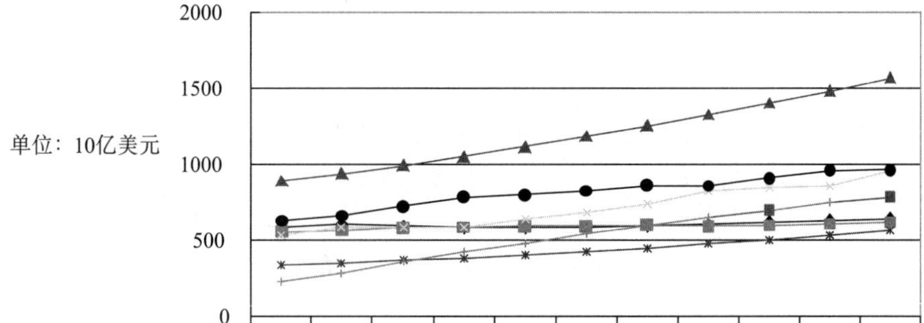

	2015	2016	2017	2018	2019	2020	2021	2022	2023	2024	2025
国防拨款	589	605	594	582	581	588	595	608	621	633	646
非国防拨款	559	563	581	586	592	594	599	594	597	608	619
社会保障支出	891	938	992	1051	1115	1182	1251	1323	1400	1481	1566
医疗保险	530	583	584	585	645	689	735	820	842	857	954
医疗补助	333	351	364	382	404	427	450	476	504	534	567
其他强制性项目支出	628	662	723	785	800	825	860	858	907	959	962
净利息支出	229	283	361	424	483	544	597	649	700	744	785

图 3　2016—2025 财年美联邦政府预算支出变化趋势

从预算收入看，受部分减税法规到期和经济稳步复苏影响，2015—2016 年美联邦政府预算收入将稳步增加。2015—2025 年，美国联邦政府预算收入占 GDP 比例将从 2015 财年的 17.7% 增至 2025 财年的 19.7%，提高 2 个百分点。奥巴马政府力推个人所得税和企业税的税制改革，若相关改革顺利推行，将增加联邦政府的财政收入。

目前美国公共债务超过 13 万亿美元，约占美国 GDP 的 75%，为 1950 年以来最高水平。据该预算案测算，2015—2025 年，美国公共债务的规模仍将持续增长，2025 年或超过 20 万亿美元，但债务率将围绕 73%—75% 区间波动；赤字率方面，

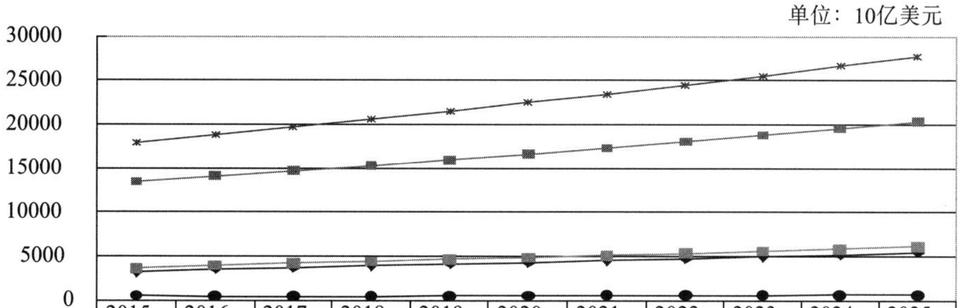

	2015	2016	2017	2018	2019	2020	2021	2022	2023	2024	2025
预算收入	3176	3525	3755	3944	4135	4332	4525	4746	4986	5236	5478
预算支出	3656	3999	4218	4423	4653	4886	5126	5372	5621	5875	6165
赤字	583	474	463	479	518	554	600	626	635	639	687
公共债务	13509	14108	14705	15315	15959	16635	17349	18085	18830	19577	20371
GDP	17985	18819	19709	20617	21540	22476	23454	24474	25539	26649	27808

图4　2015—2025财年美联邦政府预算收入、支出、赤字、债务变化趋势图

除2015年冲高至3.2%外，其余年份均围绕2.3%—2.6%区间波动。债务率和赤字率均保持相对稳定（见图4）。

二、预算案剖析：力推中产阶级经济学

美国财政部长雅各布·卢表示，奥巴马总统意在通过出台更合理的财政预算支持中产阶级发展，为美国企业创造更加公平的竞争环境，改革税收制度使其更具公平性，为经济的长期发展奠定基础并使更多人从经济发展中受益。

（一）支持中产阶级发展

一是提升工薪家庭的安全感，减轻其在养育子女、上大学、医疗、住房和养老方面的负担。例如，预算案拿出5850亿美元用以继续支持《平价医保法案》（ACA），惠及更多居民；为学前教育发展基金提供7.5亿美元，较2015年追加预算5亿美元；为“开端计划”（Head Start）增加15亿美元预算；为K－12[①]项目追加预算10亿美元；鼓励设立联邦带薪假期制度；追加650万美元预算以鼓励州政府设立劳动者退休账户。

二是帮助中产阶级提高劳动技能，帮助其提高收入水平。如提供两年免费的社区大学教育、降低学生偿还助学贷款的压力、继续为中低收入家庭的大学生提供与通货膨胀相适应的佩尔助学金（Pell Grant）等。

① 指美国基础教育体系。“K12”中的“K”代表幼儿园（Kindergarten），“12”代表12年级（相当于我国的高三）。“K－12”是指从幼儿园到12年级的教育，因此也被国际上用作对基础教育阶段的通称。

三是增加对基础设施建设、教育等领域的投资，鼓励创新与研发，以增强美国的国际竞争力。例如，为推进基础设施发展，列支预算 4780 亿美元用于为期六年的地面交通再授权项目（surface transportation reauthorization proposal），该支出来源于企业所得税改革带来的收入增加；提议发行“美国快步前进债券”（AFFB）和“合格公共基础设施债券”（QPIBs）；为突出 2016 财年美国预算支出的重点向基础设施建设倾斜，今年的预算案将纽约塔潘泽大桥（Tappan Zee Bridge）设计为封面；2.39 亿美元用以应对气候变化与节能减排；投资 8 亿美元发展清洁能源，其中向联合国“绿色气候基金”捐资 5 亿美元，为发展中国家减少碳排放提供支持；列支 1460 亿美元用于创新与研发，较 2015 财年提高 5.5 个百分点。

（二）力推有利于中产阶级的税制改革

个所税改革方面：一是给予中产阶级在抚养子女、教育、养老方面更多税收优惠。为双薪家庭提供 500 美元的额外税收抵免，并为无子女家庭扩大劳动所得税抵免（EITC）；提高儿童保健税收抵免额（CDCTC）；简化教育税制，进一步扩大税收优惠；鼓励企业改进养老金计划。二是对富人增税。提高资本利得税率上限，如提议将年收入超过 50 万美元的家庭的资本利得税率上限提高至 28%；消除资本利得漏洞，防止最富有阶层逃税施行新的公平税制。预计仅资本利得税改革一项，即可在未来十年至少增加税收 2080 亿美元。三是简化和改进税收管理制度。如创建“完整计划案”为国税局执法提供资金支持；改进举报程序；打击涉税身份盗用；加强监管，确保纳税申报人尽职尽责。

企业税改革方面，一是严格海外企业纳税征管。如对企业境外收入拟征不低于 19% 的税率；对之前未交税的企业境外收入一次性征收 14% 的企业税；限制本国企业移居外国，制定更为严格的规则防止企业通过转移利润等会计操作避税；建立促进当地就业和海外企业回流的机制；取消外迁企业所享受的税收优惠，向迁回美国本土的企业提供税收优惠等。二是对资产总额 500 亿美元以上的前 100 大金融机构的债务收费。预计该项改革将在未来十年增加财政收入 1120 亿美元。三是扩大对小微企业的税收减免优惠。如拟对小微企业提供税收减免；允许小微企业增加通过税前费用进行税收抵免；简化小微企业的会计核算制度并建立统一的会计核算方法；不再对小微企业股票融资的资本利得进行征税；对积极缴纳员工健康险、信誉良好的小微企业雇主提供简化税收征管的便利等。

（三）确保国际事务开支

为保障美国在国际事务中的话语权，更好保障其在海外的国家利益，预算案为国际事务安排预算 503 亿美元，约占 2016 财年预算支出总额的 1.3%。2015—2016 年，计划投资拉美地区 10 亿美元，用于解决青年移民中潜在的社会、政治、经济问题，特别是与墨西哥加强合作；向阿富汗提供 15 亿美元援助，支持阿富汗政府推进改革、发展经济；为美国驻外使馆安排预算 24 亿美元；为打击伊斯兰国（ISIL）安排 35 亿美元预算；为反恐合作基金（CTPF）安排 3.9 亿美元预算，用于打击暴力极端主义和恐怖主义；为解决叙利亚、南苏丹、中非共和国和伊拉克危机提供 56 亿美元资金援助；若乌克兰继续从 IMF 贷款，提供 2.75 亿美元的贷款担保，并提供至多 10 亿美元的授信额度；2015 年财年预算中曾安排预算 25 亿美元应对埃博拉，在 2016 财年中为国际医疗卫生提供 82 亿美元预算支持，用于防治艾滋病、疟疾及应对埃博拉等流行病；向非洲投资 1.34 亿美元，帮助非洲改善电力设施，使 6000 万家庭和企业用上清洁、可再生的能源。

三、几点看法

（一）全面落实“中产阶级经济学”的执政理念

2016 财年预算案全面体现了奥巴马“中产阶级经济学”的执政理念。除了法定的预算支出外，预算案特别注重提高中产阶级生活水平，为每个公民提供公平机会、公平收益和公平规则，以使美国经济增长成果更好惠及美国中产阶级。预算支出方面，增加基础设施建设、税制改革、国际事务和应对气候变化是本次预算案的重点。2016 财年预算更是首次用一整章内容阐述如何支持应对气候变化。

客观上，2016 财年预算案振兴中产的举措有助于进一步发挥税收调节收入分配的作用，巩固中产阶级对经济增长和社会稳定的基础性作用。但由于奥巴马力推的税制改革有鲜明的“劫富济贫”的特征，能否在共和党控制的参众两院顺利通过，有很大的不确定性。

（二）增强了预算的透明度和交互性

美国 2016 财年预算案文件全文和所有数据都在网站公布，便于公众查询和反馈意见。今年，美国政府以更具交互式的方式公布预算，便于公众了解税收用途与受益群体。无论是受益于精密医学而获得针对性治疗的病人，还是获得职业培训的熟练工，都能够在白宫网站[①]获取相关的预算信息。第三方评估机构评估的预算资金使用情况，可以方便地在手机应用上查询。

（三）注重采取 PPP 模式，提高预算的使用绩效

近年来，美国政府越发重视 PPP 模式，结合美国的科技和创新优势，提高预

① www. whitehouse. gov/interactive – budget.

算的使用绩效。2010 年，在美国国际开发署全球投资项目中，采取 PPP 模式的仅占 8%，2015 年采取 PPP 模式投资的项目约占 40%，2016 年财年预算案将该比例进一步提至 46%。例如，奥巴马政府承诺向非洲投资 1.34 亿美元，以改善非洲的电力设施。该项目拟采取 PPP 模式，以更好撬动私人投资。

（贾静航　周　波　刘　婷）

奥巴马公司税税制改革方案简析*

近期，白宫经济顾问委员会发布了《2015年总统经济报告》，全面阐述了奥巴马政府关于美国公司税税制改革的具体方案。一方面，由于现行税法存在漏洞，美国大量公司将巨额利润留存海外，税基侵蚀和利润转移问题加剧；另一方面，税制设计不合理、税率偏高等问题已一定程度上影响了生产率提高和美国的竞争力。2015年以来，奥巴马在不同场合表示，将在最后两年任期内积极推进美国公司税税制改革。共和、民主两党对税制改革有一定共识，但仍存在不少分歧，税改能否在奥巴马任内完成有待进一步观察。现将奥巴马税改方案简析如下，供参考。

一、改革的背景

（一）公司所得税税率偏高

1. 名义税率明显高于OECD国家平均水平。1986年以前，美国公司所得税名义税率在OECD国家中处于平均水平。在1986年税改中，美国下调该税率至OECD国家平均水平以下。此后近三十年间，随着经济增长和国际环境变化，绝大多数OECD国家大幅下调了公司所得税税率，但美国没有做出大规模调整。以2014年为例，OECD国家公司所得税平均名义税率平均为29.7%，美国已高出平均水平近10个百分点。

2. 抵扣条款多且复杂，存在大量税收漏洞。尽管名义税率偏高，但由于大量抵扣条款的存在，美国公司负担的实际税率和边际税率分别为27.7%和23.9%，在G7国家中处于中游水平。但税前抵扣条款的大量存在，一方面损害了税法的公平性，导致实际税负水平在不同行业、不同类型的公司间差别明显；另一方面对

* 本文写于2015年3月16日。

中小企业而言，按如此复杂的条款和流程照章纳税需要花费大量的人力物力。

3. 税制设计影响了生产效率提高。税制设计是否合理直接影响公司新增投资的规模、投向、融资方式及资产和利润分配，进而影响产出、效率和工资水平。现行税制下，由于有漏洞可钻，很多本该以生产率和增长率为主要参考因素的投资决策受到了税收因素的显著影响，并在客观上助长了游说政府和会计造假，使得本该用于促进经济增长和就业的资源没有得到充分利用。

（二）税基侵蚀和利润转移情况严重，税收倒置盛行

1. 税收倒置。按美国现行税法规定，美国公司需要就来源于全世界范围内的利润纳税，但来源于美国本土以外的利润仅在其汇回美国本土时才产生纳税义务。为避免纳税义务，美国公司在海外累积了近两万亿美元的巨额利润，随着利润总额持续膨胀，且美国公司所得税率明显偏高，美国公司开始寻求通过并购交易，收购位于低税率地区的公司并将总部转移至该地，放弃美国税籍，通过"跳房子贷款"（Hopscotch Loans）、税收倒置等方式规避纳税义务或减少应纳税额。

2014 年 9 月，美国财政部推出了一系列打击税收倒置的新措施，包括防止公司通过"跳房子贷款"获取海外收益，严格执行海外并购的"80% 标准"，提高对外国公司控股美国公司所需股权比例的要求，控制美国公司通过海外并购由美国本土向低税率地区迁移等。上述措施自出台以来对税收倒置现象形成了一定程度的遏制，但要从根本上解决问题，仅靠行政手段还远远不够，只有通过立法措施，对公司所得税制进行改革，降低公司所得税率和海外利润汇回的税率，使美国公司所承担的税负在国际比较中不再处于劣势，才能根本解决税收倒置问题。

2. 税基侵蚀和利润转移。税基侵蚀和利润转移（BEPS）是指跨国公司利用国际税收规则存在的不足，以及各国税制差异和征管漏洞，通过税收筹划最大限度地减少其全球总体税负，甚至达到双重不征税的效果，从而造成了对各国税基的侵蚀，影响了各国税收收入和税负公平，损害了全球经济发展。事实上，利润转移是侵蚀税基的形式之一。

近年来，随着税基侵蚀和利润转移问题加剧，国际社会积极探索应对措施。在多边领域，G20 委托 OECD 推进的税基侵蚀和利润转移项目，是 G20 框架下各国携手打击国际逃避税，建立有利于全球经济增长的国际税收规则体系和行政合作机制的重要举措，并将在 2015 年年底前形成 15 项具体行动计划和一系列研究成果。而在双边领域，国际税收协定谈判的主旨正在从避免"双重征税"向避免"双重不征税"转变，通过对混合错配、无形资产认定、滥用税收协定等问题加以明确规制，协调各国公司所得税税制，完善现行国际税收体系。

美国政府积极支持 BEPS 项目，2016 财年总统预算案明确提出了避免造成无国籍收入和双重不征税的具体措施。这既是弥补税法漏洞，保证税收收入的要求，

也是维护税制公平，构建透明有序市场环境的现实需要。

二、税改的目标和原则

总体来说，奥巴马税改方案旨在通过降低税率、简化税制等措施提高生产效率与民众生活水平，税改遵循促进经济增长、实现公平公正、操作简单便利、体现税收中性、保持收入稳定、提振储蓄与投资等七大原则。基于这些原则，奥巴马税改方案提出了四个具体目标。

一是提振国内投资。一般来说，降低边际有效税率与平均有效税率都能够鼓励公司扩大投资，达到提振国内投资的目的。相比于边际有效税率，平均有效税率对于投资决策的影响更大，能够鼓励公司更多地投资国内项目。因此，降低最高法定税率以降低平均有效税率，鼓励更多境内投资成为奥巴马此次税改的主要措施之一。

二是提高投资质量。投资的数量与质量对经济增长有重要的推动作用，投资质量高意味着资本得到了有效利用，资源配置更有效率。而提高投资质量要求税制保持中性，不扭曲商业行为，维护各行业和各公司间的公平竞争，减少公司行为负的外部性。

三是提高国际税收规则效率。不同国家税收体制的差异显著影响公司生产过程、内部架构、财务管理等方面。从全球各国的实践上看，完全实现税收中性非常困难。奥巴马税改方案中涉及国际税则的部分致力于体现税收中性原则、改善税基侵蚀与利润转移，并通过确定最低纳税额、取消外迁公司税收优惠等措施构建更合理、更有效率的国际税收体系。

四是扩大基础设施投资。发展基础设施能有效拉动投资，提高生产率、增加就业、改善居民生活水平。根据税改方案的设想，一系列改革措施将使美国现行税制向国际通行税制标准靠拢，并为美国政府带来一笔可观的一次性财政收入，奥巴马政府将在保证赤字水平稳定的前提下把增加的一次性财政收入用于为期六年的基础设施项目投资。

三、奥巴马公司税税制改革的主要内容

（一）将公司所得税税率由35%降至28%

将公司所得税税率下调至28%，与OECD国家现在平均水平基本一致，并通过规范税收优惠、填补税收漏洞等措施弥补税率下调带来的收入损失。同时，推进配套改革措施，包括提出加速折旧，鼓励公司增加投资；减少对债务融资的税

收优惠，使不同类型的投融资活动在税负上更为公平。

（二）完善税收激励机制

能否激励公司行为产生正的外部性是衡量税收激励是否有效的重要标准。奥巴马税改方案提出了完善研发抵免和可再生能源发电抵免并将其永久化，将清洁能源投资抵免永久化，新出台鼓励碳捕获与封存的投资抵免等措施。同时，税改方案还包括向大型金融机构征收一项新的费用，以限制其大量举债和高杠杆运营，引导金融机构在决策过程中充分考虑其活动的经济影响。

（三）为中小企业减税并简化税制

很多中小企业在公司组织形式上属于有限责任公司，有限责任公司在税法中被认定为“传递实体”（pass - through entity），即收入和损失直接传递给公司所有者，由所有者在个人层面纳税，而公司层面不纳税，降低公司所得税对“传递实体”来说效果有限。为此，税改方案提出简化中小企业纳税的核算规则，为中小企业固定资产投资提供更高额度的抵扣，降低中小企业税负。

（四）完善国际税收管理体制

现行美国税制规定，海外利润须按法定税率全额征税，但纳税义务仅发生在利润汇回美国本土时。税改方案提议将现行税制改为对新增的海外利润在其取得时按 19% 的税率一次性征税，而在汇回美国本土时不纳税，已向国外司法主体缴纳的部分税款可以在国内抵免，符合条件的股权投资也可以得到一定的税收优惠。与改为纯属地原则或给予海外利润汇回税收豁免期等改革方案相比，这一方案更有助于减少税基侵蚀和税收倒置行为，提高现行税制的效率，维护公平的竞争环境。

同时，对美国公司目前现存于海外的利润一次性征收 14% 费用，收费后该利润汇回时将不再产生纳税义务，以此作为现有税制向新税制的过渡，并将这笔收入投入到基础设施领域。

（五）保持财政收入稳定，不增加新的赤字

税改方案认为，税改将产生一笔一次性收入，若使用不当将对未来财政收支增加新的负担。从长期角度看，将税改产生的一次性收入用于基础设施建设，既能弥补长期存在于交通、水利、电力领域的基础设施资金缺口，拉动经济增长，促进就业，又不会为未来财政收支增加新的赤字。

四、几点看法

（一）奥巴马税改方案覆盖面较广，操作性较强

除了奥巴马税改方案，美国政、商、学各界还提出了诸如同时调降公司所得税和个人所得税最高税率、所得税制度改为属地原则、允许公司将新投资费用化处理等方案，甚至有呼声呼吁彻底取消公司所得税这一税种。但这些方案普遍较为单一，各有其明显的局限性，不仅不足以解决现行税制中存在的问题，还将导致联邦税收收入产生缺口。

与其他税改方案相比，奥巴马税改方案既涵盖了降低税率、为中小企业减税等内容，也有将税收激励永久化，鼓励清洁能源等特定产业发展的内容。特别是对美国公司留存海外的巨额利润，按现有利润和未来新利润作出区别对待，设置14%和19%的区别税（费）率，更有利于被大公司所接受，操作性更强。此外，若最终将税改产生的一次性收入投入基础设施领域，不增加新的赤字，既符合美国近年来积极减赤的既定政策，又保证了基础设施领域的资金需求。

（二）奥巴马税改的经济收益十分可观

税改方案中对美国公司海外留存利润征税的条款，有助于跨国公司根据商业因素而不是税收因素决定经营行为，预期将使一部分公司将海外利润带回美国本土，用于扩大生产、技术改造、支付红利等。布鲁金斯学会预计，对新增海外利润在其产生时按19%征税，将在未来10年为联邦政府增加2060亿美元的税收收入；而对现存海外利润按14%的费率一次性收费，也将在未来10年为联邦政府增收2680亿美元。

奥巴马税改方案以维护“税收中性”为宗旨，预计税改方案将一定程度缓解现行税法对公司行为和宏观经济的扭曲，有利于提升跨国公司的全球竞争力，基础设施投资也将受益于税改产生的一次性收入。

（三）税改在奥巴马任内完成的可能性较小

此次税改是美国近30年来最全面、涉及面最广、改革力度最大的一次，与1986年税改在改革背景、具体方案和潜在挑战等方面有诸多相似之处，是对美国税制体系的又一次“大修”。由于两党执政理念和所代表的利益集团不同，税改又深入触及两党利益，双方必然就税改方案的具体内容展开激烈交锋。参照1986年税改耗时，奥巴马税改方案从提出到最终签署或将超过两年，在奥巴马任内完成的可能性不大。而根据未来两年政治议程，不排除两党从大选角度出发，将税改

进程拖延并使其成为2016 年大选两党交锋的重要国内议题。

(四) 税改方案的命运最终取决于两党博弈的结果

对于公司所得税税制改革的必要性两党已形成共识，但如何推进改革、具体政策如何设定，两党仍存在明显分歧。两党都希望在最终方案中多反映各自党派的立场，借税改寻求公司与民众更大的支持。目前奥巴马税改方案中的内容，除了对美国公司海外利润征税外，将税改产生的收入投入基础设施领域最有可能获得共和党的支持。

目前，尽管共和党已控制参众两院，但民主党仍有机会与共和党展开合作。参议院金融委员会新任主席奥林·哈奇（Orrin Hatch）是最资深的共和党参议员，有过多次同民主党合作推动法案在国会通过的经历；众议院国会赋税委员会税改法案负责人保罗·瑞恩（Paul Ryan）也表示，对奥巴马税改方案持开放态度。30 年前，政府与国会间的妥协与合作是里根税改得以推动的重要原因，此次奥巴马税改方案的命运同样取决于两党博弈的结果。

（王　虎　贾静航）

奥巴马政府力推“美国乡村制造”倡议*

2014年2月，美国总统奥巴马提出“美国乡村制造”（Made in Rural America）行动倡议，旨在充分调动政府资源帮助美国乡村企业和农场吸引投资、创造就业并扩大农产品出口。“美国乡村制造”倡议提出一年来，在政府各部门的共同努力下，取得了积极成果。2015年2月27日，奥巴马宣布了一系列新的行政措施，继续力推“美国乡村制造”，为美国乡村农产品出口和乡村企业发展提供政策支持。

一、2014年“美国乡村制造”的主要内容及进展

奥巴马政府自2014年提出“美国乡村制造”倡议以来，积极推动了以下几项政策措施的实施，并取得了一定进展。

（一）签署新的农业法案。法案明确提出提高美国“乡村制造”的质量，赋予乡村企业更多参与国际竞争、开拓海外市场的权利和机会。

（二）为乡村企业主和利益相关者举办了六场以“乡村制造”为主题的地区性论坛，为乡村企业拓展出口提供信息和指导。

（三）通过阿巴拉契亚地区委员会的“阿巴拉契亚全球倡议”（Global Appalachia Initiative），为阿巴拉契亚地区乡村企业筹款150万美元，用于人员培训、技术和资金支持，帮助阿巴拉契亚地区的中小型乡村企业拓展海外市场。

（四）举办了第一届由政、商、产、学、研各界共同参加的“乡村机遇”投资大会，讨论如何促进乡村企业发展，创造就业岗位，改善乡村地区基础设施。

（五）设立1.5亿美元专项投资基金，供农业部用于支持乡村中小企业发展。

（六）通过美国农场主联合会和乔治城大学的“全球社会企业”项目，为中小企业发展提供战略规划和智力支持。

（七）通过“建设美国投资计划”（Build America Investment Initiative）和其他

* 本文写于2015年3月18日。

行政措施吸引更多私人资本投入乡村基础设施项目。

（八）协调各联邦机构支持“食物本地化”项目。

二、2015 年“美国乡村制造”新举措

（一）吸引海外贸易代表团访美，为“乡村制造”拓展商机

美国农业部、商务部等多个行政部门将共同致力于为乡村企业拓展外联渠道，在美国境内举办多种展览与交流活动，推介“美国乡村制造”，将伙伴国的贸易代表团“请进来”，让乡村企业能够直接同海外买家和贸易伙伴见面，更充分地了解市场需求，拓展出口商机。

（二）组织乡村企业走出去，参与国际贸易交流活动

除了将国外贸易代表团“请进来”，联邦政府还将组织乡村企业“走出去”，积极组团开展形式多样的经贸交流活动，进一步拓展市场。在阿巴拉契亚地区委员会和三角洲地区管委会（Delta Regional Authority）等赞助机构的支持下，美国政府将力争使今年参加海外展览会和经贸代表团的乡村企业数量翻番，并在 2016 年超过 100 家。美国农业部也将给予乡村企业更多参加经贸交流活动的机会。

（三）成立国家创新团队支持美国“乡村制造”出口

美国商务部将牵头成立支持“乡村制造”出口的国家创新团队。该团队既能为乡村企业和社区提供知识培训和技能指导，解决乡村企业面临的知识和技术难题；又能通过研讨和交流活动，帮助乡村企业对接海外市场的潜在贸易伙伴，更充分地占有市场信息。同时，这个国家创新团队也将成为研究出口导向型乡村经济和乡村企业发展的核心力量。

（四）构建社区银行和乡村企业新型伙伴关系

美国联邦政府将为乡村企业和社区银行构建新型伙伴关系，鼓励社区银行创造条件，创新形式，为乡村企业提供更完善的金融服务。为更好地沟通金融服务的供需双方，联邦政府还设立了专门的门户网站，为社区银行和乡村企业搭建业务交流平台。此外，美国小企业管理局、进出口银行、商务部和农业部等部门也将联合开展一系列针对社区银行的能力建设活动，帮助社区银行更好地调动金融资源为出口型乡村企业服务。

（五）为“乡村制造”走出国门提供物流保障

美国邮政服务公司将利用其在美国乡村的75个服务点，为“乡村制造”走出国门提供便捷的物流服务，并通过开展“企业成长日”等培训活动，让更多乡村企业学习在线估算出口运费、办理海关手续等技能，为其拓展出口业务节省人力物力。

（六）引导更多资金投入乡村基础设施项目

美国农业部将牵头制定新的乡村基础设施项目投资评价指标，并逐步公开对乡村地区贷款的数据和绩效，为私人部门投资乡村基础设施创造便利条件，引导更多资金投入到乡村道路、桥梁及水务等领域。

（七）推广“师徒式”合作计划，培养更多乡村企业家

美国将推广一种近似于“姐妹城市计划”的乡村社区“师徒式合作计划”（mentor－protégé program），通过经验交流和知识分享，在广大乡村社区和企业间形成鼓励创新思维和进取精神的文化氛围，帮助乡村企业主学会如何挖掘和利用资源，培养更多有所作为的乡村企业家。

（八）设立“i6乡村挑战”，提高乡村企业创新能力

“i6挑战”（i6 Challenge）由美国商务部设立，用于资助能有效实现商业化应用的技术和项目，旨在促进技术创新成果转化，其25%的基金用于支持社区提高技术创新成果转化能力。考虑到乡村社区本就缺少研发投入和研发成果转化能力，美国商务部经济发展管理局将设立“i6乡村挑战”，资助从挑战中脱颖而出的创新项目，帮助更多乡村企业有能力将创新成果转化成有价值的商业化项目。

三、看法和启示

1. 美国政府高度重视农业发展，补贴政策长期存在

美国不仅是高科技产品和工业制成品出口大国，也是农产品出口大国。农产品出口之所以成为美国经济的亮点，一方面是由于美国农业实行规模化、产业化和区域化的经营模式，现代化、机械化程度高，技术水平长期处于世界领先地位；另一方面则得益于美国政府长期对农业发展给予大量的物质补贴和政策支持。2014年，新的5年期农业法案获得国会通过，法案规定2014—2018财年联邦政府农业支出每年将达到1000亿美元。而诸如“美国乡村制造”这类行政措施，对农业的支持则涵盖了农业市场、农产品贸易、农业信贷、农村发展、技术培训等方方面

面。本次力推“美国乡村制造”，再次凸显出支持农业发展是美国政府的长期政策目标。

2. 借鉴经验，进一步完善强农惠农富农政策

农业是我国国民经济的基础，尽管近年来我国农业农村经济发展取得了显著成效，但“三农”弱势状况还没有根本改变。美国作为一个农业基础好、粮食生产充裕的国家，对农业支持力度尚且如此，对中国而言，更需要继续坚持加大强农惠农富农政策力度，不断健全完善农业支持保护体系，进一步完善支农机制。应注重学习美国支农政策的创新之处，协调各职能部门，综合调动政府资源，一方面从耕地保护、基本农田建设和更新农业生产技术等领域着手，另一方面加大对技术研发、装备制造、信息管理、物流保障、农村信贷、农业保险等领域的支持，着力实现上中下游联动，全面促进农业发展。

3. 奥巴马力推“美国乡村制造”，有其特殊的政治内涵

“美国乡村制造”倡议在出台伊始，就被奥巴马赋予了绕过国会直接行动的特殊意义。特别是在中期选举失利，参众两院被共和党控制以来，奥巴马更是一改优柔寡断的行事风格，明显提高了各项行政措施的推出频率，继续力推“美国乡村制造”也是意图向外界表明自己不畏政治困境，即使不通过国会也能有所作为的决心。“美国乡村制造”倡议意在通过扶持乡村企业特别是乡村中小企业和家庭农场的发展，改善美国大型农场和小型农场“苦乐不均”、家庭农场和小型企业生存艰难的现状，为其本人和民主党争取更多的民意支持。

（王　虎）

美国财长：不批准 IMF 改革方案将损害美国利益*

2015 年 3 月 17 日，美国财政部长雅各布·卢就“国际金融体系现状年度报告”在国会作证。卢表示，国际货币基金组织（IMF）、多边开发银行（MDB）等国际金融机构有利于促进美国国家安全、实现长期繁荣，对这些机构的投入和支持有利于保证美国的战略利益和维护世界稳定，对促进美国经济增长、应对国际挑战具有重要作用，不批准 IMF 和其他国际金融机构改革方案将威胁美国的可信度与影响力。主要内容如下，供参考。

一、美国会未批准 IMF 配额和投票权改革方案降低了美国的国际影响力

美国是 IMF 最大的股东，是唯一对 IMF 重大事项拥有否决权的国家。IMF 配额和投票权改革方案将有利于促进其治理结构现代化，巩固美国在 IMF 的领导地位。美国政府已经在预算中考虑，增加美国在 IMF 中的配额，同时等量减少在“新借款安排”（New Arrangements to Borrow，NAB）中的占比。配额改革并不意味着美国对 IMF 承担更多的资金义务，而仅改变其构成：增加美国在 IMF 中的配额，同时等量减少在 NAB 中的占比。

美国会迟迟未能批准 IMF 配额和投票权改革方案，将有损美国的国际影响力和塑造国际规则的能力。随着新兴经济体在全球经济决策中话语权与日俱增，美国应意识到它们在多边机构中发挥的重要作用。

二、美国应继续对 IMF 和多边开发银行提供支持

当世界面临诸如环境、食品安全等问题时，仍需要以美国为核心的多边机构

* 本文写于 2015 年 3 月 23 日。

为发展中国家提供援助。美国的支持能够带动其他捐资国和私人部门对多边机构加大投资。

（一）IMF 为有需要的国家提供必要支持，美国也从中受益

当其他经济体陷入危机时，美国的出口和投资遭受冲击，IMF 的介入能够降低其负面影响，为美国就业、出口与金融市场稳定提供支持。

IMF 为东欧国家提供关键技术和资金支持，对解决欧元区危机发挥重要作用。此外，IMF 在欧洲地区的投资产生积极效果，如 IMF 对希腊的支持避免了希腊债务危机在欧元区以及全球范围扩散，从而也减轻了对美国经济的不利影响。同时，IMF 也对中东和非洲一些遭受极端主义和政治风波影响的国家提供帮助。

更重要的是，IMF 为乌克兰提供资金和技术支持维持其经济稳定，这有利于美国的国家安全与经济利益。IMF 是乌克兰获得国际社会支持的基础。另外，IMF 显著增加了对低收入国家的支持，包括降低贷款利率、提供医疗和教育援助等。

另外，美国对 IMF 的投资既明智又安全。目前，美国在 IMF 作为国际储备账户的资产已经少于 IMF 和 NAB 配额的 20%。该投资既不会对美产生任何额外预算支出，又能够增加美国在 IMF 的储备，是能够随时被美国使用的付息的流动资产。美国在 IMF 投资的杠杆率较高，每投资 1 美元能撬动其他成员国投资 4 美元。除此之外，IMF 自成立以来对美国债务从未违约。

（二）多边开发银行对发展中国家的支持也为美国培育了私人部门，打开出口市场，同时创造了更多就业

当前，美国在多边体系中的可信度和领导力正在受到威胁。未能履行承诺将导致美国在多边开发银行中损失股权。

多边开发银行在发展中国家的投资主要包括基础设施、医疗卫生、教育、政府治理、商业环境等方面。

首先，多边开发银行为国家安全受到威胁的成员国提供紧急经济援助，帮助成员国减贫并促进以私人部门为主导的经济增长。在战争、极端贫困、传染病肆虐等困难环境中，多边开发银行能够利用资源和专业化的服务帮助当地人民安居乐业。同时，美国也将从中受益。多边开发银行帮助萨尔瓦多、危地马拉、洪都拉斯等国家实现经济增长有助于降低移民美国的人数；援助感染埃博拉病毒地区有助于全球传染病防治等。

其次，多边开发银行能够补充和扩大美国对其他国家的双边援助。目前，美

国已经获得了世界银行和非洲开发银行对奥巴马“电力非洲倡议”① (Power Africa Initiative) 的支持。这些多边机构在鼓励私营部门投资非洲能源、为非洲电力基础设施项目融资等方面发挥了不可或缺的作用。

最后，多边开发银行的资金与技术援助促进了美国贸易伙伴的经济增长，包括印度、巴西和土耳其等国家；也为下一代出口市场的强劲发展奠定基础，包括印度尼西亚、越南和哥伦比亚。多边机构使得发展中国家的经济增长更加透明，更具持续性和包容性，这主要得益于多边开发银行的安保政策、项目设计、采购标准等政策。

因此，美国对多边开发银行提供资金支持，表明美国愿意通过多边体系继续支持发展中国家经济增长。美国也应持续关注并参与对世界银行安保政策的审议 (safeguard review)。当新成立的多边机构出现并在社会与环境方面采用较低标准，世行在基础设施等高风险行业增加贷款，以及世行在某些领域的现行政策未得到有效实施时，重新审定安保政策显得愈发重要。

三、IMF 配额和投票权改革能否通过取决于两党合作

美国在国际金融机构的领导力使得美国能够在全球配置资源，其效果是一些双边合作项目难以达到的。因此，两党的支持，即美国会能否批准 IMF 配额和投票权改革方案对继续保持美国在这些关键多边机构的领导力至关重要。自从 IMF 成立以来，历届美国政府和国会都支持美国参与这些国际机构。事实上，IMF 历史上 8 次增资中有 5 次发生在共和党总统执政时期。

四、关于英、法、德、意申请加入亚投行

听证会上，卢还应询就英国、法国、意大利、德国相继申请加入亚投行一事表态：美国会迟迟不批准 IMF 配额和投票权改革方案是发展中国家推进成立新多边开发机构的重要原因。美认识到亚洲地区对基础设施建设投资的需求巨大，但亚投行能否在劳工标准、环保、反腐败等方面达到现有国际机构的“高标准”仍存在不确定性。那些正在申请加入亚投行的国家须三思后行，须确信该机构的治理结构和政策标准是合适的。

（贾静航　唐鸿儒　于　露）

① 该计划将为非洲提供 30000 兆瓦的发电能力，使撒哈拉以南非洲地区至少 6000 万个家庭和企业通电。

美国供应链创新计划及配套措施简析*

2015 年 3 月 19 日，美国总统办公室和美国商务部联合发布了一项总额超过 5 亿美元（包括公共支出和私人投资）的“供应链创新计划”（Supply Chain Innovation），旨在提高美国中小型制造业企业的研发能力和技术水平，促进新技术在供应链中的全面应用，提升美国制造业的创新能力和国际竞争力。本次提出的供应链创新计划，聚焦供应链中的中小型制造业企业，是奥巴马 2009 年提出的“重振制造业”计划的补充和完善，体现了奥巴马政府力推创新，欲借制造业提升美全球竞争力的既定政策主张。

一、美供应链创新计划出台的背景

（一）制造业回暖，但仍面临挑战

金融危机以来，美国政府采取了一系列措施“重振制造业”，取得积极进展。自 2010 年 2 月以来，制造业已创造了 87 万个新增就业岗位，对经济增长的贡献率明显上升。特别是中小型制造业企业在重振制造业的进程中发挥了关键作用，不但创造了超过 44 万个的新增就业岗位，雇员总数占制造业雇员总数的比例也升至 42%，已逐步成为制造业供应链的主体。为了继续保持全球领先水平，美国制造业高度重视增加研发支出。2013 年，制造业研发支出达到创纪录的 2000 亿美元，制造业研发占私人部门全部研发活动的比例达到 75%，中小型企业协作网络的建设也对科研成果转化和新技术扩散起到了重要作用。但是，美国制造业发展也面临巨大压力。2000—2010 年，随着美国公司海外生产规模逐步超过国内生产规模，美国本土制造业的投资规模和总产出增长开始陷入停滞，制造业的基础和对创新与增长的贡献被削弱。

财政部亚太中心

* 本文写于 2015 年 4 月 1 日。

（二）中小型企业研发能力不足，研发成果转化困难

近年来，美中小企业创新意识和研发能力不足的问题逐步显露。数据显示，超过三分之二的制造业研发活动是2%的大企业完成的，前20家规模最大的企业包办了制造业39%的研发活动。在雇员人数超过500人的大型企业中，约有14%的企业开展研发活动，而在中小企业中，开展研发活动的比例仅为2%。受此影响，中小企业的生产效率不足大型企业的60%。

对中小企业来说，即使投入人力物力进行研发并取得了一定成果，也往往无法负担一项新技术从发明到完全商业化所需的试验成本和风险。尽管帮助供应链上的中小企业进行研发成果转化也将使自身受益，但大企业出于成本控制和市场竞争的考虑，往往缺乏动力参与中小企业研发成果转化。

（三）先进技术能否扩散至中小企业决定着供应链的效率

据统计，美国的制造业企业用于购买原材料等投入品的支出能达到其最终产品价格的60%，以汽车工业为例，一辆新车60%的价值来源于不同组件的供应商，这意味着供应链的质量将显著影响企业的竞争力。由于研发活动主要在大企业进行，中小企业只能被动引入，引入新技术所需的人力物力往往将中小企业排除在技术扩散范围之外。但长期来看，只有先进技术能扩散至中小企业，提高其应用新技术的能力，供应链整体效率才能提升，美国制造业的整体竞争力和对长期经济增长的贡献才能进一步增强。

二、供应链创新计划及配套措施的主要内容

供应链创新计划及其配套措施旨在鼓励私人部门和公共部门加大投入，帮助中小型制造业企业提高技术水平，构建更紧密高效的协作网络，提高中小企业的生产能力和整个供应链的运行效率。

（一）供应链创新计划

1. 确保中小企业用于研发和技术升级的投资能够得到回报

对于利润率相对较低且经济实力有限的中小企业，投资新技术研发需要承担很大风险。大企业应当通过不同方式来确保供应链上的中小企业能因研发活动而有所收益，并通过稳定持续的业务往来帮助中小企业降低投资风险。此外，大企业对中小型企业进行技术指导和良性互动，帮助中小企业识别哪些技术革新能够实现最大的价值，以更好地开展研发活动。

2. 重视同中小企业沟通，经营决策充分考虑供应商的建议

作为供应链中的优势一方，大企业往往可以通过更改日程、延迟付款等方式打压中小企业，这对中小企业带来的损失甚至超过了大企业所获得的收益。在经营中，应考虑供应商的建议并与其保持良好沟通，避免同一供应链中大企业和中小企业的“零和博弈”。

3. 在采购中使用“所有权总成本法”

大企业在选择供应商时不仅仅以价格高低为依据，而且应使用“所有权总成本法”（Total Cost of Ownership），即除了净购买价格外，充分考虑与采购活动相关的其他作业成本，如接收、查验、搬运、仓储等成本。采用“所有权总成本法”有助于企业在决策过程中形成与供应商的良性互动关系，使供应链整体实现效率最大化。

（二）配套措施

1. 继续推进“霍林斯制造业扩展伙伴关系”（MEP）

霍林斯制造业扩展伙伴关系由美国国家标准与技术研究院（NIST）于 1988 年发起，在全美设立近 60 家中心，专门为中小型制造业企业提供管理和技术方面的服务，迄今已使超过 3 万家中小企业获益。基于供应链和网络协作对提高美国中小型制造业竞争力的重要性，MEP 将为中小企业提供一系列关于促进技术应用与供应链扩张的知识与服务，主要包括：（1）供应商能力培训与供应链优化；（2）供应商网络拓展与 B2B 网络构建；（3）新技术的加速应用等。

2. 出台国防产业调节项目（DIA），以扶持国防项目所在社区的建设

美国防部经济调节办公室（OEA）将出台国防产业调节项目，该项目一方面帮助地方政府平衡国防工业基地建设为当地经济带来的影响，帮助下岗工人和供应链上的相关企业适应国防开支变化带来的冲击；另一方面帮助所处社区更好地了解国防工业基地带来的经济集聚效应。

3. 充分发挥国家级实验室的引领作用

美国能源部下设 17 个国家级实验室，从事基础与应用技术研发，并为产学研各界搭建知识和技术交流的平台。各州政府将充分发挥国家级实验室对技术创新的引领作用。例如，新墨西哥“中小企业扶持计划”（NMSBA）为当地中小企业积极争取洛斯阿拉莫斯国家实验室和桑迪亚国家实验室的技术支持，并出台了“国家实验室使用权计划”帮助中小企业获得相关技术，使该地区超过 1000 家中小企业获益。

4. 继续实施“采购方付款”（The SupplierPay Initiative）倡议

“采购方付款倡议”是联邦政府与私人部门间的一项合作机制，机制要求作为采购方的大企业在中小型供应商完成供货后尽快支付货款，以保证中小型供应商

有充足的运营资本用于员工培训或技术创新等领域。该倡议已获得包括苹果、可口可乐在内的近50家大企业的支持。

三、几点看法

（一）创新是美国制造业长期保持世界领先水平的关键

创新是美国经济长期处于世界领先水平的重要支撑，也是美国制造业繁荣的关键。通过多年实践，美国已经形成了以企业为主体的技术创新体制，政府则主要通过制度建设，以及教育、科研和基础设施等领域的投入为创新构建良好的外部环境。

金融危机后，美国认识到，制造业空心化，过度依赖华尔街金融资本带来的繁荣并不牢靠，奥巴马政府因而力推“重振制造业”计划以提升美全球竞争力。对制造业企业来说，未来的国际竞争将不仅是企业间的竞争，更是供应链之间的竞争。企业只有将技术创新拓展至整个供应链，才能进一步拓展海外市场，保持国际竞争优势地位。

此番推出“供应链创新计划”，一方面体现了奥巴马政府意欲“重振制造业”的雄心；另一方面，该计划聚焦中小企业，有利于提升制造业整体的供应链绩效[①]，并提高制造业对国民经济的贡献率。

（二）多措并举，提升我制造业供应链绩效

整体来看，我国制造业“大而不强”，亟需实现由低成本的要素优势向技术与品牌优势的转型升级。2014年亚太经合组织（APEC）贸易部长级会议批准了《促进亚太地区全球价值链发展战略蓝图》和《全球价值链中的APEC贸易增加值核算战略框架》，继续致力于打通阻碍区域供应链联接的阻塞点。

供应链发展已经成为世界各国的共识。我国作为制造业大国，随着制造业“走出去”步伐加快，企业须建立全球化的供应链体系，与全球利益各方构建协作共赢的战略合作关系，掌控供应链的主导权。

制造业在我国民经济中占据重要地位。宏观调控部门需充分认识中小企业对提升制造业供应链绩效的重要作用[②]。一是从国家层面制订制造业发展战略规划

① 2011年美国设立了供应链竞争力委员会，每年发布总统的美国供应链年度报告。2012年，美国提出了《全球供应链安全国家战略》，以保障美国人民的福利和国家的经济繁荣。

② 根据世界银行2012年供应链绩效指数排名，中国大陆排名26位，处于第二梯队，既反映了进入新世纪以来中国物流业取得的巨大进步，又反映了中国物流业与发达国家的巨大差距。

时，需明确和亟需解决的重大问题，将提高我制造业供应链绩效列入发展目标；二是综合运用财税政策，支持企业特别是中小企业，以提高制造业整体的供应链绩效；三是注重把握制造业发展新趋势，着眼于高起点，落实“互联网+”计划，推动移动互联网、云计算、大数据、物联网等与现代制造业结合，促进制造业提质增效。

（王 虎 贾静航 周 波）

美联储褐皮书：美国经济持续温和扩张*

2015 年 4 月 15 日，美联储发布了 2015 年 2 月中至 3 月底的美国经济现状报告（褐皮书）。现将报告内容摘译如下，供参考。

一、整体情况

褐皮书认为，在本次报告期内，全美经济活动继续温和扩张。除亚特兰大和堪萨斯辖区扩张速度与上一报告期持平外，其他 10 个辖区持续呈现温和扩张态势。

由于美元走强、油价下跌和恶劣天气，制造业出现疲软；非金融服务业需求增长；大部分辖区零售业、汽车业增长；旅游和观光活动回暖并预计会持续增长；房屋营建在大多数辖区内持续增长；各辖区农业状况略有恶化，油气投资有所下滑；银行业情况平稳，贷款需求有所增长。

劳动力市场基本稳定，在部分辖区内持续温和增长。各辖区面临温和的工资和整体物价上行压力。

二、行业情况

（一）制造业

各辖区制造业呈不同态势。波士顿、费城、亚特兰大、芝加哥、达拉斯以及旧金山等辖区制造业扩张，而纽约、里士满、圣路易斯和堪萨斯城辖区制造业疲软。克利夫兰、芝加哥和旧金山辖区的航天业发展强劲。金属制品行业在费城、圣路易斯和堪萨斯城辖区呈收缩态势，而在达拉斯辖区呈增长态势。圣路易斯和堪萨斯城辖区的化学工业增速放缓，而达拉斯辖区的化学工业由于美元坚挺，生

* 本文写于 2015 年 4 月 22 日。

产成本和利润降低，出口减少。克利夫兰、芝加哥和旧金山辖区的钢铁工业呈现疲态。汽车行业仍然是克利夫兰和芝加哥辖区的龙头产业。恶劣天气对波士顿、费城、里士满和达拉斯辖区的制造业产生不利影响。石油价格下跌使得克利夫兰、芝加哥、堪萨斯城、达拉斯和旧金山辖区的能源供应商新增订单减少。预计克利夫兰和费城辖区能源工业前景不明朗，而达拉斯辖区能源工业将在第二季度扩张。资本支出在波士顿和克利夫兰辖区变化较小，而在费城和堪萨斯城辖区呈下降趋势。波士顿、费城和达拉斯辖区的制造业前景良好，而克利夫兰和亚特兰大辖区的乐观情绪在过去的六周内正逐渐消失。堪萨斯城辖区的生产者对未来生产活动持积极态度。

（二）非金融服务业

各辖区非金融服务业需求均有所增长。里士满、明尼阿波里斯、堪萨斯城、达拉斯和旧金山辖区对高科技服务需求上升。波士顿和里士满辖区的医疗保障服务迅猛发展。达拉斯辖区的律师事务所在合并、收购、破产和诉讼方面出现了更多业务。里士满和达拉斯辖区的会计服务需求巨大。明尼阿波里斯和旧金山辖区的建筑服务需求增多。波士顿辖区的私营咨询公司业务增多。预计波士顿、费城、堪萨斯城和达拉斯辖区服务业持续增长。

交通和货运的需求呈不同态势。克利夫兰辖区货运量由于寒冬和加利福尼亚港口的劳资纠纷较去年有所下降，而里士满辖区货运量增加。煤炭出口持续下降，而汽车进出口仍保持强劲态势。亚特兰大辖区的交通运输状况呈不同态势。劳资纠纷使西海岸货运量降低，而东海岸货运量明显增加；铁路货运量较去年同期有小幅上升。亚特兰大辖区预计后勤服务本年将有较快的发展。达拉斯辖区的海运、空运和快递货运量在报告期内有所上升，而铁路运输则有所下降。国际市场的空运量增速高于国内市场。

（三）消费支出和旅游业

消费支出在各辖区呈分化态势。在波士顿、费城、圣路易斯、明尼阿波里斯和旧金山辖区，零售业销量增长。纽约、里士满、亚特兰大、芝加哥、堪萨斯城和达拉斯辖区零售业由于冬季寒冷的气候有小幅下跌。克利夫兰辖区零售业销量与去年持平。波士顿、费城、亚特兰大、圣路易斯、堪萨斯城和达拉斯辖区对零售业保持乐观预期。在许多辖区，由于能源价格下跌加之天气转好，人们的积蓄将有利于推动零售业的发展。纽约辖区的消费者信心虽略有下降但仍保持高位。

大多数辖区的汽车销售有所增加。在克利夫兰、亚特兰大和芝加哥辖区，由于汽油价格下跌，消费者更偏向于轻型卡车或越野车。3 月份，纽约和费城辖区的汽车销量大幅反弹，而堪萨斯城辖区汽车销量放缓，与去年同期持平。达拉斯辖区汽车销量继续增加，但需求增速可能放缓。

旅游和观光活动有所反弹。波士顿和纽约辖区旅游业和观光活动有所下降，而亚特兰大、圣路易斯和堪萨斯城辖区的旅游业则持续增长。部分辖区的商旅和会展中心的预定量上升。在亚特兰大辖区，低油价推动游客量上涨。明尼阿波里斯辖区旅游业表现平平，但酒店夏季预定量有所上升。纽约辖区的旅游业在近几周有些下降，剧场收入减少，上座率也较去年有所下降。全部辖区的商务旅行和休闲旅行预计今年都将有所上升。

（四）房地产

大部分辖区的成屋销量增加，营建情况喜忧参半。克利夫兰、里士满、芝加哥、明尼阿波利斯、堪萨斯城、达拉斯、旧金山辖区住宅营建有所上升，除纽约辖区有所下降外，其他辖区与前期持平。受恶劣天气影响，费城、克利夫兰、亚特兰大和达拉斯辖区住宅建筑活动疲软。波士顿、费城、克利夫兰、亚特兰大、芝加哥和旧金山的房屋存量大幅下降。芝加哥辖区的房地产存量接近历史最低点。费城、克利夫兰辖区的中高价房产销量较高，而芝加哥、堪萨斯城和达拉斯辖区的中低房产销量较高。大部分辖区的集合住宅市场表现强劲，房屋空置率持续下降。所有辖区对房地产业表示乐观，预计春季销量有所上升。

大多数辖区商业地产活动稳定，或有所扩张。波士顿、纽约、费城、芝加哥、明尼阿波利斯、达拉斯和旧金山辖区工业和办公大楼建造活动明显上升。波士顿辖区对商业地产的需求持续被海外投资者推高。波士顿、里士满、亚特兰大、明尼阿波利斯和达拉斯辖区的集合住宅建设活动强劲。芝加哥辖区的工业大楼、办公大楼和零售店面租金上涨。克利夫兰辖区的房地产贷款变得更加容易。波士顿辖区的投机建设活动略有上升。

（五）金融和银行业

各辖区银行业状况总体向好。费城、克利夫兰、里士满、圣路易斯、堪萨斯城、达拉斯和旧金山辖区的信贷需求有所增长。商业地产信贷需求方面，亚特兰大和达拉斯辖区需求强劲，而费城和堪萨斯城辖区保持稳定。工商贷款需求方面，圣路易斯和堪萨斯城辖区增长缓慢，而纽约、费城、克利夫兰和芝加哥辖区增长强劲。亚特兰大辖区能源行业的工商贷款由于油价下跌增长放缓。旧金山辖区的一些银行有一定规模的未发放贷款，并已上调利率。消费贷款需求在纽约、亚特兰大和芝加哥辖区持续增长，而在克利夫兰和旧金山辖区增长放缓。亚特兰大、芝加哥和旧金山辖区的汽车贷款需求强劲。克利夫兰辖区银行提供的汽车贷款有部分被厂商自有融资渠道取代。住房抵押贷款需求在里士满、芝加哥和达拉斯辖区增长而在纽约辖区保持稳定。费城和克利夫兰辖区的房屋净值贷款需求下降。费城和堪萨斯城辖区对其贷款组合拥有信心，纽约和克利夫兰辖区的违约情况处于低水平。里士满辖区的信贷标准有所下降。

（六）农业与能源

与上一报告期相比，受恶劣天气影响，农业状况略有下降。亚特兰大、芝加哥和堪萨斯城辖区的大豆和玉米价格下跌。堪萨斯辖区的养牛成本上升。芝加哥辖区的春耕投入价格上涨。干旱情况有所改善，但亚特兰大、达拉斯和旧金山辖区的部分地区仍在持续，降雨过多减缓了里士满、芝加哥、圣路易斯和达拉斯辖区部分地区的种植进度。出口需求下降导致国内供给增多，猪肉价格下跌。芝加哥辖区的牛肉价格上涨。

能源类产品与服务的总需求有所放缓，但总产量增加。亚特兰大、圣路易斯、堪萨斯城和达拉斯辖区的能源市场状况略有恶化。克利夫兰、明尼阿波利斯、堪萨斯城和达拉斯辖区的原油、天然气钻探活动均有所下降，北达科他州和蒙大拿州的原油、天然气钻探活动达近5年来最低水平。石油和天然气总产出保持强劲增长。克利夫兰、亚特兰大和堪萨斯城辖区的石油天然气开采者预计，2015年将缩减资本支出。里士满和圣路易斯辖区的煤炭产量同比有所下降，价格基本持平；而克利夫兰辖区的产量基本持平，价格则有所下降。

（七）就业、薪资和价格

大多数辖区的就业市场稳定或持续扩张。纽约、里士满、亚特兰大、芝加哥、圣路易斯和达拉斯辖区的就业状况得到改善。在波士顿辖区，业绩较好的公司能够提供更多的就业机会。克利夫兰辖区的薪资水平企稳。明尼阿波利斯辖区出现裁员，总体就业市场喜忧参半。由于天然气和石油价格下跌以及由此引发的上流产品需求下降，克利夫兰、亚特兰大、明尼阿波利斯和达拉斯辖区出现制造业和能源产业的裁员。芝加哥辖区的技术工人需求较大。许多辖区的公司很难找到熟练工人，特别是在商业服务和信息技术领域。里士满、亚特兰大和圣路易斯辖区自愿失业人口增多。

部分辖区薪资上涨压力适度。亚特兰大辖区的薪资上涨压力较小，而芝加哥和克利夫兰辖区的技术工人薪资上涨压力增大。芝加哥辖区非技术工人工资薪资上涨压力较上一报告期有所加大。旧金山辖区薪资上涨压力已从城市高新技术工作扩散到了小城镇普通工作。明尼阿波利斯辖区能源行业的薪资上涨压力减弱，个别地区工资下调。堪萨斯辖区的零售业薪资水平有所减少，但预计未来会上涨。

多数辖区价格水平保持稳定或小幅上涨。纽约、克利夫兰、明尼阿波利斯和达拉斯城区价格水平保持不变，费城、里士满、堪萨斯城和旧金山辖区价格水平小幅增长。芝加哥辖区由于投入成本减少导致制造业价格有下行压力，但是零售业价格基本保持不变。波士顿辖区的能源价格持续增长，而非劳动成本和价格保持不变。达拉斯辖区交通成本因西海岸港口工人罢工而上涨，而一些辖区的交通成本因能源价格下跌而下降。

（唐鸿儒）

美国 2015 年一季度 GDP 数据五大看点及简析*

美国 2015 年一季度 GDP 同比增速仅为 0.2%，较 2014 年四季度 2.2% 的增速明显放缓，且大幅低于市场预期。对此，白宫经济顾问委员会主席弗曼（Jason Furman）撰文从五个方面分析了美国一季度 GDP 数据。其主要内容及我们的简要分析如下，供参考。

一、美国一季度 GDP 数据的五大看点

1. 一季度 GDP 同比增长仅为 0.2%

一季度，受海外需求低迷和冬季严寒气候的影响，美国出口、非住宅固定投资和地方政府支出数据出现下滑，部分抵消了个人消费支出和私人库存投资对一季度经济增长的贡献。据统计，出口下降使 GDP 增速至少下降了 1 个百分点，油气行业投资减少至少拖累了 GDP 增长 0.5 个百分点。同 2014 年类似，一季度 GDP 增长几乎陷入停滞，远低于四个季度的平均值。

2. 经济活动受到了史上最寒冷天气的显著影响

根据美国国家气候数据中心的数据，2015 年一季度是美国近 60 年来第 4 个受到 3 次或 3 次以上严重雪灾影响的季度，采暖数据也显示一季度是近二十年中第三寒冷的季度。受此影响，消费和投资活动增长放缓，虽然气候原因对出口等经济活动的直接影响难以衡量，但气候和经济增长的历史数据表明，一季度的寒冷天气对 GDP 增长的拖累或将达到 1 个百分点。即使通过季节性调整，近年来一季度经济增长率仍普遍较低。

* 本文写于 2015 年 5 月 6 日。

3. 个人消费支出增长仍有较大空间

自 2014 年 6 月以来，全美平均汽油价格每加仑下降了约 1.10 美元，相当于为每个家庭提供了约 700 美元的税收减免，为增加消费支出创造了条件。但到目前为止，实际收入的增长尚未传导到消费领域，大部分家庭更倾向于将增加的收入存入银行，个人储蓄率在一季度由 4.6% 增至 5.5%，增幅达到 0.9%，而个人消费支出则从去年四季度的 4.4% 回落至 1.9%。从积极的方面看，持续增长的个人储蓄将使个人和家庭的财务状况得到改善，为未来消费支出的增长创造条件。考虑到目前消费者信心处于金融危机之后的最高位，一季度消费疲软的情况预计将很快改善，个人消费支出的稳定增长将支撑未来几个季度美国经济的反弹。

4. 出口疲软明显拖累了 GDP 增长

GDP 数据对出口情况的变化十分敏感。在全球经济持续放缓的情况下，疲软的海外需求严重拖累了美国的出口增长。一季度 7.2% 的出口跌幅将 GDP 数据至少拉低了 1 个百分点。此外，同海外需求一同陷入停滞的还有 TTP 和 TTIP 的谈判进程，以及国会迟迟不能授予总统贸易促进授权（TPA），都直接影响着海外市场的拓展和出口数据的反弹。

5. 实际私人购买同比增长 1.1%，高于 GDP 增速

实际私人最终购买可以剔除例如存货投资、政府支出、净出口等波动性较大的因素，是一个比实际 GDP 更稳定，更具有前瞻性的指标，并能更准确地反映下一季度的 GDP 变化趋势。尽管和 GDP 数据一样，实际私人最终购买也受到寒冷气候的影响，但一季度该数据同比增长达到 1.1%，明显高于 GDP 增速。

二、几点看法

1. 白宫经济顾问委员会惯于解读经济数据

作为美国总统主要经济智囊，白宫经济顾问委员会侧重于宏观经济分析、研究和预测，并为总统提出经济政策建议，其主席属于内阁成员。按惯例，在美商务部经济分析局公布美 GDP、就业、贸易等主要经济数据后，白宫经济顾问委员会都会撰文进行解读，并对数据反映的经济形势作出判断。今年一季度 GDP 数据公布后，作为奥巴马经济班底核心成员的弗曼第一时间撰文，指出海外需求疲软和严寒气候是影响美一季度经济表现的主要原因，并借此呼吁国会尽快授予奥巴马贸易促进授权，以推动 TPP、TTIP 等相关谈判进程。

2. 一季度 GDP 数据大幅走低已成为美经济“新常态”

事实上，一季度经济增速明显低于其他三个季度已经成为近年来美国经济增长的“新常态”。过去五年中，美国一季度平均经济增长率仅为 0.3%，而二季度到四季度平均增长率则为 2.9%。

导致今年一季度增长疲软的因素主要包括恶劣气候、港口工人劳资纠纷、国际油价下跌和美元走强等。其中恶劣气候和港口工人劳资纠纷属于典型的暂时性因素，大宗商品价格变化属于周期性因素，而美元走强态势延续也是原因之一。在这些因素中，恶劣气候拖累 GDP 增长至少 1%，出口下降拖累 GDP 增长 1%，油气行业投资下降拖累 GDP 增长 0.5%。随着暂时性因素的影响逐步消退，预计二季度到四季度 GDP 增速将出现反弹。

3. 一季度数据影响有限，全年增长态势仍较乐观

美国经济在经历了过去几年的持续增长后，稳固的复苏基础已经形成，如剔除极寒气候对个人消费支出和非住宅固定投资的影响，并综合劳动力市场持续向好，家庭实际收入明显增长，消费着信心维持高位等因素，经济增长的主要动能并无明显改变，一季度增长疲软对全年经济走势的影响有限，美国经济或将复制 2014 年低开高走的增长轨迹。值得关注的是，强势美元的负面影响在一季度开始显现，并与疲软的海外需求叠加，导致出口承压，贸易赤字扩大，或成为制约美经济增长的主要因素。

（王　虎）

美国经济何以“一枝独秀”？*

2008年9月15日，雷曼兄弟申请破产保护，金融危机开始席卷全球。七年至今，全球经济复苏步伐艰难，分化加剧，仍未完全走出危机阴影。欧元区经济复苏疲弱，日本复苏后续乏力，新兴经济体增长失速，反倒是金融危机的发源地美国复苏势头相对稳固。特别是近三年来，美国GDP增速平均超过2%，2014年三季度甚至高达5%，失业率也从最高点10.2%一路直降至5.4%。在全球经济复苏疲软的大环境下，美国一跃成为拉动全球经济增长的一个主要引擎。本文将简析美国经济化危为机，“一枝独秀”的原因并分析其潜在风险和未来走势。

一、美国经济“一枝独秀”的原因简析

1. 经济增长内生动力强劲，外部干扰有限

GDP主要组成部分包括消费、投资、政府支出和净出口。美国经济高度依赖消费支出，以2013年为例，消费支出占GDP的比重接近68.4%；而投资对GDP的贡献约为15.9%；政府支出相对稳定，为18.6%；净出口则为-2.9%。消费支出毫无疑问是美国经济增长的最主要动力。

金融危机以来，美国消费支出总体保持稳中有升的态势，2014年3月甚至出现了2009年以来最高的1%的环比增幅。而消费者信心指数也在2009年以来呈明显增长态势，特别是受楼市情况好转、股市连创新高等因素提振，今年美国谘商会消费者信心指数已突破100大关，是2009年初的4倍。稳固增长的个人消费支出为美国经济复苏提供了强大的内生动力，虽然全球经济复苏不平衡，外部需求疲软对美国出口产生一定影响，但对GDP增长的干扰相对有限。

2. 宏观经济政策把握了市场和政府、自由与监管的“度”

回顾美国的经济思想史，自由主义思想曾长期占主导地位。但随着历次经济

* 本文写于2015年6月9日。

危机的出现与应对危机的需要，政府干预、财政政策与货币政策协调配合的重要性开始逐渐显现。政府和市场的博弈得出了一个可靠的结论：危机是市场失灵的结果，危机爆发后，单纯依靠市场机制的自我修复是远不够的，必须通过适当的宏观经济政策来弥补漏洞，控制风险，为市场机制发挥自我修复功能争取时间，创造条件。面对来势汹汹的金融危机，奥巴马政府基本做到了临危不乱，出台了规模空前、覆盖全面的刺激措施。

财税方面，美国在 2008—2012 年间先后出台了规模达 8080 亿美元的《经济复苏与再投资法案》、规模 1890 亿美元的《税收减免、失业保险重新授权和就业机会创造法案》和规模 1250 亿美元的《中产阶级税收减免和就业创造法案》，还出台了“旧车换现金”、《临时工资免税延长法案》等中小规模刺激措施。货币和金融方面，从 2007 年 8 月开始，美联储连续 10 次降息，将联邦基金利率由 5. 25% 降至 0—0. 25% 之间；从 2008 年 11 月开始，先后实施了三轮量化宽松；出台全面金融改革方案—《多德弗兰克法案》，强化金融监管。社会政策方面，奥巴马政府推行了医疗保险体制改革、移民政策改革和住房改革。产业政策方面，先后推出了“重振制造业”、“选择美国”以及“出口倍增”等计划，并给予新能源、大数据和基础设施等领域大量政策支持。

整体上看，除了对一些大型金融机构采取了较为严格的监管措施外，奥巴马政府的宏观经济政策基本做到了不缺位也不越位，既保证了宏观政策能为微观行为提供积极的引导和良好的环境，又通过延续性的政策安排和有效的沟通机制为市场创造了稳定的政策预期。即使是面对“二次探底”、“政府关门”等挑战，也基本延续了宏观政策的适度性和稳定性。

3. 就业市场稳步复苏，长期增长的基础得以巩固

在经济危机伊始，美国宏观经济政策就牢牢盯住就业这一核心目标，并围绕这一目标先后在 2010 年 12 月和 2012 年 6 月出台了《税收减免、失业保险重新授权和就业机会创造法案》和《中产阶级税收减免和就业创造法案》，总支出超过 3000 亿美元。事实证明，近 3 年美国劳动力市场的复苏始终好于预期，虽然经济增长在不同季度略有反复，但失业率自 2012 年以来始终呈稳定下降趋势，2015 年 4 月份失业率已降至 5. 4%，创 2008 年 5 月以来新低。而持续降低的劳动参与率也在 2015 年出现回升迹象，表明越来越多的美国人开始看好经济形势，愿意加入就业大军。就业数据向好，既标志着美宏观经济目标的实现，又为中长期更坚实的经济增长打下了良好基础。

4. 科技创新为增长注入了强劲动力

美国经济内生动力强劲，除了结构上高度依赖消费支出外，也离不开科技引领增长的创新驱动模式。从宏观层面，创新是提高全要素生产率、保持国家竞争力的需要；而从微观层面，创新特别是中小企业和初创企业的创新能有效促进就

业，创造新的工作岗位。美国创新体系的独到之处在于，政府始终坚持在市场框架下“有所为，有所不为”，即通过提供法律保障、知识产权保护、财政资助、税收优惠等方式构建有利创新的外部环境，鼓励企业特别是中小企业参与技术创新，塑造以企业为主体的国家创新体系。

自2009年奥巴马提出“重振制造业”以来，美国政府先后发布了《美国创新战略：促进可持续增长和提供优良工作机会》、《美国创新新战略：保护我们的经济增长和繁荣》等多个纲领性文件，研发支出也在减赤和支出缩减的大背景下始终保持在1300亿美元以上，大数据、页岩油、生物技术等领域先后取得重大技术突破。此外，联邦政府还通过出台小企业创新研究计划（SBIR）、小企业技术转让计划（STTR），建立小企业发展中心（SBDC）等方式有效推动了高新技术的扩散和中小企业的发展。

5. 金融霸权与贸易主导权带来的优势地位

美国是本次金融危机的发源地，非但没有成为危机的“重灾区”，反而在复苏进程中一枝独秀，这离不开美国在国际经济治理体系中的制度性优势地位。美国牢牢掌握着国际金融霸权，并意图通过规则设计，借TTP、TTIP等抓手抓牢国际贸易主导权。

客观来说，危机可能从声势上打压了美国，但并没有从根本上威胁其霸权地位。反倒是美国的潜在挑战者们，在危机中普遍遭到了反噬。从金融地位看，美元的最大挑战者是欧元，但经济危机让欧元区陷入长期挣扎，危机下欧元区各国貌合神离的软肋被无限放大，欧元在国际货币体系中的地位也大不如前。而从经济地位看，作为美国的潜在挑战者的新兴经济体更无力抵抗美国的金融霸权。无论是过去几年的数轮量化宽松还是即将出现的加息，新兴市场国家要么直接扮演危机接盘者的角色，要么饱受美货币政策外溢性的干扰。从2008年11月开始，美联储实施了三轮量化宽松，向市场注入了高达4万亿美元的流动性，凭借其金融霸权和国际治理体系中的优势地位通过量宽成功地将危机的影响向外转移，并在全球复苏利益分配过程中占据了主动。

二、未来走势预测

1. 短期走势

2015年一季度，受海外需求低迷和冬季严寒气候的影响，美国出口、非住宅固定投资和地方政府支出数据出现下滑，GDP同比增长仅为0.2%。一季度GDP走低主要是受严寒天气、出口萎缩、油气投资减少等因素影响，对美国全年经济走势影响有限。综合美劳动力市场持续向好，家庭实际收入明显增长，消费着信心维持高位等因素，美经济增长的主要动能并无明显改变，预计美国经济将在二季度出现反弹，延续近几年“低开高走”的惯例，全年增长率或仍将超过 2%。

2. 中长期走势

美国经济经过近几年的调整和复苏，业已具备了稳定增长的基础，但中长期仍须特别关注以下两个问题：

一是政治周期的临近。2015 年将奥巴马总统任期的最后一个完整年度，而 2016 年美国政治将进入总统选举季，在危机后首次进行最高权力更迭。考虑到近一两年内，全球经济包括美国经济将进入复苏和增长的关键期，国际经济格局和全球治理体系也将进入深度调整，且地缘政治风险不断加大，2016 年大选对两党来说均不容有失，今明两年美国政坛必将充满激烈的党派博弈和深层的力量对抗。

对民主党来说，经济增长、就业改善无疑是争取选民的王牌，今明两年奥巴马政府的主要经济政策仍将以促进增长和就业为主，一些有助于结构性改革和长期增长的措施或将因“激励不足”而滞后，而甚至不排除奥巴马政府为追求短期经济效益而透支长期增长或美联储出现“政治化”的可能。而对共和党来说，参众两院已在掌握，有能力对奥巴马政府形成更有力的制约，并力推共和党的竞选理念。未来政府和国会博弈加剧或将导致经济政策的延续性和稳定性大打折扣，潜在的经济风险得不到及时应对，威胁中长期增长。

二是货币政策正常化的影响。2014 年 10 月，美联储如期结束第三轮量宽，货币政策正常化进程的重点转向加息和缩减资产负债表规模。得益于美国经济稳固复苏和劳动力市场的明显改善，市场普遍预期美联储将在 2015 年内加息，美元也在近一年来明显走强。

短期看，货币政策正常化已形成稳定预期，加息对美国增长、就业和通胀指标的短期影响总体可控。但中长期看，加息将使美国经济增长失去货币政策支撑，带动美元进一步升值，为中长期走势带来不确定性。可能的负面影响包括：进一步恶化美国贸易和增长状况，今年一季度，强势美元的影响已开始显现，萎缩的出口已将 GDP 数据至少拉低了 1 个百分点；影响美国企业特别是中小型出口企业的利润和生产积极性，进而影响增长和就业；压低能源和进口商品价格，加剧通缩风险，使通胀率难以在中长期达到 2% 的既定目标。

三、几点思考

1. 美国经济稳定增长对中国和世界经济是利好

危机后，不同经济体均采取了一系列措施应对危机，如加大财政支出，实施宽松货币政策等。这些同质的措施在其他国家收效甚微，但在美国却效果明显，也说明美国宏观经济政策确有其独到之处，值得借鉴。对中国来说，美国经济表现稳健意味着全球经济增长除中国之外又多了一个重要的拉动力量，全球经济走出危机、进入新的增长周期又多了一个积极因素。诚然，我国须高度警惕美国“内视性”的经济政策、贸易和投资保护主义以及货币政策外溢性对我国造成的不利影响以及经济实力增强后同我国展开合作的意愿降低。但从世界经济全局看，美国经济增长对于全球增长和我国外部环境的改善显然有积极意义。

2. 顶住下行压力须激发内生动力

美国经济之所以能在主要经济体普遍疲软之际保持稳定增长态势，靠的是稳定的内生动力。为摆脱危机，美国政府采取了非常规财政和货币政策，并出台了“重振制造业”、“选择美国”等一系列措施打造新增长点；同时，着力改善就业市场和社保体系，确保消费支出稳定。

对比来看，我国经济下行压力加大，也正是由于传统增长模式不可持续，新的内生动力尚未完全成型。今后的增长无法过度依赖外需的支持，只能依靠全面深化改革，激发内生动力。内生动力一方面体现在稳定的内需增长，另一方面则体现在创新和技术进步带来的结构升级。激发内生动力，就要使市场真正成为资源配置的基础，使企业真正成为创新的主体，使内需成为驱动经济增长的主引擎。特别是在当前出口的支撑作用面临很大压力的情况下，应重视发挥消费的基础作用和投资的关键作用，一方面加快收入分配体制和社会保障体制改革，增强居民消费意愿和消费能力；另一方面推进产业结构升级，落实“互联网+”行动计划和《中国制造2025》战略规划。

3. 宏观经济政策应做到对症下药，行止有度

美国经济一枝独秀的原因中，除了经济增长内生性强、超宽松货币政策、创新和技术革命等因素外，政府在促进复苏和增长方面也发挥了重要作用。危机以来，美国政府和美联储快速反应，果断出台应对危机的财政政策和货币政策刺激增长，另一方面大刀阔斧地对金融体系进行改革，管控华尔街“任性”的资本，重启金融体系的功能和活力。特别是同其他发达经济体相比，美国应对危机的宏观经济政策更加适度和有效，及时性和专业性更强。

对我国而言，宏观经济政策应紧紧盯住经济形势，稳健的货币政策更加注重松紧适度，积极的财政政策继续加力增效、促进经济保持中高速增长，迈向中高端水平，并做好预研预判和预案准备，在新常态下发挥好财政调控作用。

4. 积极争取全球治理中的优势地位和规则制定权

金融危机爆发以来，美国凭借其金融霸权和在国际经济治理体系中的优势地位，以较小的代价化转了危机的影响，并在发达经济体中第一个走上稳固复苏之路。而我国作为全球第二大经济体、第一大出口和外汇储备大国，经济实力尚没有转化为相应的影响力，在国际经济治理体系中的地位和作用仍与全球第二大经济体的身份不符。

为此，我国应积极践行“大国财政”理念，不仅要搞好本国经济，还要更加

主动地参与国际财经外交和全球经济治理改革，将经济实力转化国际影响力。在主要经济体对我国经济倚重加大的新形势下，发挥我国市场和资金优势，一方面经营好“一带一路”、人民币国际化，用好亚投行、新开发银行等新机制和新平台，用新机构和新机制倒逼世行和 IMF 改革；另一方面积极参与并引领国际规则制定，实现从国际规则的适应者和遵循者向引领者和制定者的角色转换。特别是近期，贸易促进授权（TPA）已获美参议院通过，TPP 谈判进程或将加快，我国应在紧盯 TPP 谈判进展的同时，加快 RCEP、FTAAP 以及双边自贸区的建设进程。

5. 加强中美务实合作，共同引领新一轮增长

经过本次危机，美国等发达经济体的整体实力虽受到一定影响，但在国际经济治理上仍占据绝对主导权。新兴经济体的崛起已成事实，但增长还不稳定，且面临发达经济体政策效应外溢等共同的外部挑战。在新形势下，发达经济体与新兴经济体特别是美国和中国通过合作来解决其自身和全球性经济问题，才是互利共赢的首选。

中美作为近期经济增长较为强劲的两个主要经济体，也是未来全球经济增长潜在的“双引擎”，应继续用好中美战略与经济对话（S&ED）等双边协调机制和 G20 等多边治理机制，加强政策协调，妥善管控分歧。创新、深化和拓展双边合作领域，加快中美双边投资协定（BIT）谈判，加强两国在新能源、先进制造业、大数据以及基础设施建设等领域的合作，将中美合作的“蛋糕”做大，共同引领新一轮的全球增长，为构建中美新型大国关系注入丰富务实的经济内涵。

（王　虎）

美联储高官谈美国经济与美联储加息*

6 月 2 日，美联储理事布雷纳德（Lael Brainard）① 在美国战略与国际问题研究中心发表题为“美国经济前景及其对货币政策的影响”的演讲。布雷纳德认为，目前尚未看到美国经济二季度出现明显反弹迹象，美外部经济环境对其 GDP 仍有负面影响，美联储加息条件已经明确。其主要内容如下，供参考。

一、美国经济前景难言乐观

美国商务部最新数据显示，一季度美国实际 GDP 年化季率为 -0.7%。恶劣天气、港口罢工以及统计方法等原因无疑是造成一季度总支出疲软的主要原因。根据历史经验，一季度经济数据欠佳是多年来的普遍现象。因此，一季度经济增长状况或许并不能成为判断美国整体经济增长趋势的依据。但仍有证据表明，美国经济前景并不乐观。首先，现有的数据并未显示出二季度美国经济有明显反弹。私人部门预计美二季度经济增速为 2%—2.5%，但对一季度增长做出准确判断的亚特兰大联储则认为二季度经济增速仅为 0.8%。其次，危机后的经济复苏总体呈间歇性。当前复苏进程受外部环境拖累而有所放缓。乐观的增长预期可能是由于过于看重能源价格下跌而忽视了美元走强和原油价格大幅下降对总需求造成的负面影响。

（一）消费持续疲软，政府支出受限

低油价增加了美国家庭的可支配收入，但美国消费支出却异常疲软。数据显示，一季度消费支出增长年率仅为 1.8%，远低于家庭实际可支配收入的增长率 5.3%。此外，4 月份的消费数据也未显示出二季度有大幅反弹迹象。另外，2015

* 本文写于 2015 年 6 月 18 日。

① 布雷纳德现任美联储理事，曾在克林顿时期担任白宫经济顾问助手，2010 年任美财政部负责国际事务的副部长，2013 年被任命为美联储理事。

年以来持续疲软的消费数据可能说明消费者行为已经发生变化。金融危机的爆发降低了消费者对长期收入增长的预期，居民消费更趋谨慎。

看重消费是由于其他因素更具不确定性。低利率环境和持续的就业增长并未改善，新屋开工量仍远低于人口增长趋势的状况。尽管4月份新屋开工数量和建筑许可发放数量均有所扩张，但独栋住房的数量几乎与2014年第四季度持平，平均住宅投资在过去一年半中也不温不火。这一部分是由于信贷紧缩，但更可能的原因是居民已不愿意投资房产。

除此之外，最近几个季度政府支出对GDP增长贡献有限。2011年出台的《预算控制法案》（Budget Control Act）限定了联邦支出，同时在联邦和州政府均限制养老金和医保支出，这使得公共部门在未来几年不太可能为GDP增长做出显著贡献。

（二）油气开采活动收缩，出口萎靡不振

对GDP造成负面影响的因素是石油价格大幅下跌和美元走强。数据显示，一季度石油开采活动萎缩了将近50%，二季度石油钻井数量也将大幅下降。与此同时，美元走强降低了净出口额，并可能降低对受海外需求影响较大地区的投资。数据显示，去年四季度，出口下降拖累了约1%的GDP增长；该数据在今年一季度则高达1.9%。这不仅反映了美元走强，更显示出该趋势将持续。货物订单和出货量等商业指标疲软，企业信心不足，预计商业投资在今年上半年不会有任何起色。

二、外部环境对美国经济的影响日益凸显

美国与其他经济体之间的金融联系向来直接而广泛。美国的股价、长期利率、债券风险利差和汇率对海外经济体的经济发展有深远影响。近几个月来，外部环境成为影响美国金融环境的主导因素之一。海外总需求疲软、欧元区和日本实行的宽松货币政策以及预期分化是造成去年6月份以来美元升值约10%的关键原因。一定程度上，汇率升值收紧了美国的金融状况，延迟了利率正常化进程。

尽管与其他国家相比，贸易在美国经济构成中占比较小，但近期汇率变动的幅度仍在较大程度上影响总需求。贸易逆差已经在过去两个季度中给美国GDP造成负面影响。国会预算办公室以及许多私人机构也估计，这种负面影响将持续今明两年。另有研究显示，出口对GDP的影响可持续三年之久。因此，出口给GDP带来的下行压力或将持续一段时间。

欧元区方面，尽管欧元区的零售销售数据、工业生产和通货膨胀三项数据均有所好转，表明了欧元区总需求正持续改善。但是，其他（欧元区内）经济体增

长的不确定性仍可能对欧洲整体经济造成威胁。例如，希腊债务危机存在进一步恶化的风险。诚然，大部分成员国通过更多政策工具促进了经济复苏，但一些欧盟成员国的经济复苏依旧脆弱，金融压力仍存。

中国方面，GDP 增速在一季度明显放缓，并存在进一步放缓的可能。这一方面反映了中国政府在调控房地产市场及治理影子银行方面取得的进展。另一方面，增速放缓也表明了经过三十年的高速增长后，随着人口红利逐步消退和经济转型导致的潜在增长压力的逐步加大，中国经济已进入结构性调整阶段。

从美国外部环境看，美出口环境或将因欧元区和日本在本地区低利率状态下的内生需求增长得到改善。同时，美联储加息预期直接刺激了全球对美元资产的投资需求。

此外，其他指标也表明外部环境对美国制造业活动扩张已经形成阻力。美国供应管理协会（ISM）公布数据显示，过去五个月中有四个月的新出口订单数量都在下降。2015 年一季度制造业生产年率下降 1%，面向国际市场的企业经营状况明显恶化。

三、美联储加息条件已明确

从 6 月份开始，联邦公开市场委员会（FOMC）将根据未来经济数据的走势决定联邦基金利率水平。美联储不会预设加息日期，但加息的条件已经相当明确。

第一，需要对中期通胀率升至 2% 有充足信心。美联储将密切关注各项指标，特别是核心通胀率坚挺，外部通缩压力减弱，以及基于调查和市场的通胀预期指标稳定的迹象。

美国内通胀水平受到海外需求疲软与美元走强的共同影响。海外需求疲软在一定程度上导致了去年国际油价的下跌，也是造成近期非石油商品价格下降的主要原因。而美元走强则降低了进口商品价格。2014 年四季度非石油商品进口价格同比下降 4%—4.5%。根据进口商品在消费总量中所占份额，进口商品价格的下降或将使今年通胀率下降约 0.3 个百分点。

抛开输入性通缩的压力，近期数据开始显示美国通胀正开始企稳。从 2014 年年中到 2015 年 1 月份，油价已经有所回升，核心个人消费支出（PCE）价格指数也开始从低位逐月上涨。在通胀水平长期疲软的情况下，长期通胀预期基本保持稳定。在过去几个月，长期通胀预期在受油价下降影响和担忧输入性通胀而连续数月下降之后开始回升。但是，反映通胀水平的大多数指标，如年度核心 PCE 价格指数、达拉斯联储年度切尾均值 PCE 通胀率等仍明显低于美联储 2% 的目标。

第二，劳动力市场需要进一步改善。劳动力市场的改善意味着失业率的进一步下降和劳动力资源得到更充分利用，具体指标包括失业率、劳动参与率、工资水平等。

劳动力市场稳步改善是2014年美国经济的亮点之一。进入到2015年，就业增长的步伐有所放缓。在过去的三个月中，平均每月新增非农就业人数约为20万，较去年的平均值26万有所下降。此外，申领失业保险人数增加，劳动力缺口扩大。

就业和工作时长仍有很大提升空间。部分劳动力市场指标证明，劳动力市场疲软并非失业率导致。例如，劳动参与率低迷与危机前的下降趋势密切相关，未充分就业的劳动力数量仍高于危机前水平。此外，工资水平的增长仍十分有限，且在过去的一年中并未改善。这都说明劳动力市场仍存在疲软因素。

另外，尽管目前失业率接近自然失业率水平，但仍有理由相信，劳动力结构变化和工人议价能力下降等因素可能使自然失业率在过去几年中有所下降，当前的失业率和自然失业率之间仍存在差距，劳动力市场仍有进一步改善的空间。

考虑到目前为止经济数据依旧疲软以及暂时性或统计因素产生的影响尚无法确定，有必要继续密切关注经济形势，通过新的数据来确认经济是否具备潜在的强大动能。如果确定劳动力市场和通胀水平持续改善，加息仍有可能在年内进行。加息只是FOMC针对强劲经济数据做出的一系列决策之一，并不代表美联储将全面收紧货币政策。美联储须密切跟踪市场和宏观经济对加息的反应，然后审慎地选择政策路径。

鉴于当前美国经济增长有较强动能，而外部环境可能难以改善，货币政策正常化进程将是渐进的。由于加息初始阶段利率仍将保持低位、美联储资产负债规模较大以及长期利率水平面临下行压力，加息以后的货币政策立场仍将保持高度宽松。此外，FOMC已经明确表示，在加息之后，FOMC将会在一个适当时点以可预测的方式逐步降低资产负债的规模，这仍将取决于当时的经济和金融状况。

总体来说，虽然季节性因素和暂时性因素能够解释一季度疲弱的经济数据，但外需疲软、油价下跌以及美国消费者消费态度谨慎所带来的负面影响不容忽视，劳动力市场状况能否持续好转与长期通胀水平能否达到2%仍需进一步确认。加息既要充分考虑经济数据的变化，也要警惕市场适应货币政策调整而出现的经济波动。因此，加息不会马上到来，更没有预设时点，FOMC将继续尽可能地就影响货币政策正常化进程的经济形势和其他因素与外界保持沟通。

（贾静航　王　虎）

美联储副主席谈近20年金融危机的五大教训*

6月1日，美联储副主席费希尔①在加拿大多伦多举行的国际货币会议②上就过去20年金融危机的经验与教训发表演讲，认为货币政策、财政政策、金融监管等是规避风险和危机的主要政策工具。其主要内容如下，供参考。

一、20年来的主要危机

IMF前总裁康德苏将1994年12月爆发的墨西哥金融危机称为“21世纪第一次金融危机”，认为导致危机的主要根源是资本账户失衡，而非经常账户失衡。接下来是1997年下半年开始的东南亚金融危机，泰国、印尼和韩国均受到影响。东南亚金融危机之后，俄罗斯、巴西、土耳其和阿根廷也相继出现问题。此时正处于大稳健时期，许多国家制定货币政策的目标是低通胀，多数发达国家都实现了低通胀的目标，同时拥有稳定的产出。2001年底，阿根廷放弃了比索与美元挂钩，这之后一连串的危机似乎走向终结。接下来几年中，为应对危机采取的各项措施也似乎都取得了成功，在调控过程中危机的频率和强度都在下降。

2008年，金融危机席卷全球。在雷曼兄弟破产近7年后，美国、日本、欧元区国家以及欧洲其他使用本国货币的国家，包括英国仍在努力恢复国内经济增长，保持2%的通胀率，维持刺激性货币政策等，以实现经济复苏。

---

* 本文写于2015年7月6日。

① 费希尔（Stanley Fisher），毕业于伦敦政治经济学院。曾任世界银行首席经济学家、以色列央行行长，2014年出任美联储副主席。

② 国际货币会议（International Monetary Conference，IMC）成立于1952年，是由全球主要金融机构组成的高层论坛组织，其宗旨是全面探讨国际经济金融重大问题，促进全球各大金融机构之间的沟通与合作。IMC每年召开一次年会，与会人员为各成员国央行行长以及世界银行、国际货币基金组织、国际清算银行等国际金融组织高官及国际金融界知名人士。

二、20 年来危机的五大教训

（一）零利率下的货币政策

在大萧条前，人们普遍认为一旦央行利率下降至零，货币政策失效，这就是所谓的“流动性陷阱”。在名义利率为零的情况下人们将持有货币，因此利率不能降至零以下。

雷曼兄弟破产后，美联储实施了量化宽松的货币政策。一是大规模购买长期资产，拉低长期利率，增强货币政策有效性和扩张性；二是通过扮演做市商角色拯救处于停滞状态的市场。

计量经济学数据和事实证明这些政策取得了相应效果。例如近期欧洲央行的量化宽松政策就立竿见影，不仅影响了欧洲利率，而且对美国长期利率产生影响。

最近，某些政策制定者发现零利率并非利率下限。由于持有货币存在成本，因此利率可以低于零。但究竟利率可以低至什么程度，是否可以低于 -1% 仍有待考证。

（二）常态下的货币政策

正常状态下，货币政策需长期关注通货膨胀、产出和就业问题。通常央行也将维护金融稳定列为央行主要职责，不同国家央行针对这一职责的制度安排存在差异。例如英国建立基本平行的委员会，评估货币政策，对金融体系实施审慎监管，就是一成功案例。

另一个亟待解决的问题是实行必要的货币政策维持金融稳定。大部分银行家更倾向于使用宏观审慎工具而不是利率工具以达到政策目标。尽管宏观审慎工具能够直接对问题提出解决方案，但工具的有效性能否维持金融稳定仍有待考证，因此并不排除在其他工具收效甚微情况下继续使用利率工具调控经济。

（三）积极的财政政策

一般而言，当利率达到有效边界时，财政政策更加有效。由于财政政策存在时滞，因此自动稳定器起到了重要作用。

美国目前基础设施日渐老化，政府借贷成本极低。许多经济学家认为这是采取积极财政政策的良机。虽然增加基础设施投资意味着赤字增加，但投资可增加总需求，之后由于资本存量的增加也会增加总供给。

积极财政政策会增加债务规模，对未来利率和财政政策的灵活性产生影响。一些国家通过政府拯救银行会带来政府债务的增加，进而影响 GDP。例如爱尔兰政府在金融危机开始时对银行债务的担保，在当地被称为“恶性循环”。

（四）“大而不能倒”和道德风险

央行作为最后贷款人会承担明确的流动性风险，一部分来自于临时性的流动性短缺，一部分来自于偿付危机。金融危机发生时，流动性不足和破产之间的界限并不明晰，一个公司是否宣布破产取决于政府部门对危机的反应。

此外，必须明确政府哪些行为会产生重大影响。如果公司破产，最优选择是实施破产重组，在这种情况下，公司所有权会发生变动，除非所有人能够筹集更多的资金避免公司破产。

如果政府处理银行及其他金融机构问题时，发现对方有庞大的资产负债表，以及和其他金融机构有关联，当他宣布破产时，就会引发金融危机，例如雷曼兄弟的破产。如果政府介入公司活动避免破产的发生，那么就会对整体经济造成影响。有人认为拯救金融机构会对整体经济有利，尤其是在出现金融危机时。但由于存在道德风险，除极端情况外，政府应避免扮演最后贷款人的角色。

当政策制定者面临系统重要性银行破产问题时，为避免破产引发金融危机，政府很有可能选择救助，帮助银行维持基本运行。但政府须注意其行为不会侵犯股票和债券持有人的利益，同时也需要该机构的配合。为避免出现“大而不能倒”问题，自 2008 年以来美国政府一直致力于构建有效的解决机制，以显著降低银行“大而不能倒”的概率。

（五）对金融系统的监管

中央银行和政府在应对大规模金融危机时，需迅速对以下两方面做出反应：一是从短期和直接行动来看，需着眼于以最小的经济和社会成本控制危机的蔓延；二是从长期来看，需建立更加有效防范金融风险的金融体系。因此政府、立法机构和监管当局需相互协作，加强监管。在美国，通过《多德—弗兰克法案》对监管内容进行了调整，并以监管者和监督人员的建议作为补充。

当前美国面临的一个挑战是银行家反对加强监管。银行家认为目前金融危机已经过去，因此不需要过于严格的监管，并且在之前的危机中，监管当局也没有承担应有的责任。

不能被银行家的判断左右。在缺乏预防金融体系问题和风险的能力的前提下，仍需加强金融体系监管以降低金融危机爆发的频率和严重程度。目前应对危机的能力远比大萧条时期成功，但仍然付出了巨大的代价。

任何人都不应低估金融危机给美国和世界带来的冲击。在危机后的第七年，世界经济依然增长缓慢，对金融体系的信心和经济增长预期都被削弱。目前尚不能确定美国是处于萨默斯所说的经济长期停滞状态，还是由于金融危机带来的衰退影响深远而进入如罗格夫所称的“超级债务周期”。

虽然弄清经济究竟处于长期停滞还是超级债务周期需要较长时间。可以确定的是经济衰退不仅会带来未来产出下降，而且对增长率有持续影响。也有人认为是增长率的降低导致了金融危机，但过去十年对金融体系有深入了解的人却不接受这一观点。

新“巴塞尔协议”背后的原理是私人部门可以高效管理风险，因为银行不愿意承担失败后果。但事实并非如此。可能原因之一是激励错位，银行会因为过失受到罚款惩戒，但个人行为失误却缺乏有效的管理手段，例如在伦敦银行同业拆借利率和外汇丑闻中，个人行为几乎没有受到惩罚。

未来更需要关注改革滋生的风险。虽然从某种程度上说，新的监督监管框架会维持金融系统的稳定，并化解危机带来的问题，但放松警惕会为未来危机的发生埋下伏笔。因此监管者和监管机构仍需努力做好本职工作，降低未来危机发生的频率。

（李佳璐）

美国农村贫困问题及奥巴马政府应对之策*

尽管美国是头号发达国家，但贫困问题依然是美国经济社会发展面临的一个严峻挑战。其中，农村贫困现象相对突出，相关问题值得关注。美国历届总统都十分重视扶贫工作，奥巴马也不例外。2009 年上任后，奥巴马先后在教育、医疗、就业、基础设施等领域推出一系列政策，旨在有效解决美国贫困尤其是农村贫困问题。本文将阐述美国农村贫困的主要特点，并梳理奥巴马针对农村贫困问题的有关政策，供参考。

一、美国农村贫困现状及主要特点

美国的官方贫困衡量标准（The Official Poverty Measure，OPM）主要根据食物支出占家庭总收入的比重来确定。食物支出占家庭总收入的三分之一以上即为贫困。贫困标准每年都会考虑通货膨胀因素进行调整。具体的贫困线因家庭规模、抚养未成年人的数量等不同而有所区别。2013 年，美国人口普查局公布的贫困标准包括 65 岁以下的个人收入低于 12119 美元、65 岁及以上的个人收入低于 11173 美元、三口之家的收入低于 18751 美元即为贫困①。

白宫数据显示，2013 年，美国农村有 620 万贫困人口，其中包括 150 万儿童②。按美国官方贫困标准衡量，2013 年美国 16.2% 的农村人口属于贫困人群，14.3% 的城市人口属于贫困人群，农村贫困人口比例略高于城市。不仅如此，农村地区人口的受教育程度、年收入、人口结构等也不及城市地区。美国劳工统计局的数据显示，2013 年农村地区 25 岁以上的人口中拥有本科学历的比例明显低于城市地区，仅为 20.5%，而城市地区为 34.1%；农村地区家庭的平均收入也低于城

* 本文写于 2015 年 8 月 28 日。

① 人口普查局公布的贫困线因抚养未成年人数量的不同而不同，具体的内容不一一列出，详见 https：//www. census. gov/hhes/www/poverty/data/threshld/。

② The White House，Opportunity for ALL：Fighting Rural Child Poverty，2015. 5. 20.

市地区，为42881美元，比城市家庭少11161美元；农村地区的人口结构不利于农村经济的发展，65岁以上人口的比例为17.9%，高于城市地区4.4个百分点，而18岁以下人口比例为23%，比城市地区低0.8个百分点；此外，农村地区单亲家庭的比例要高于城市地区，且每个家庭抚养未成年人的数量也多于城市家庭。

农村地区在人口结构、家庭结构、年收入等方面均存在劣势，这是造成美国一些农村地区陷入贫困的部分因素，同时这些因素也使农村地区贫困呈现出以下特点：

一是贫困代际相传，并呈现出马太效应。农村地区的贫困大多都是代际相传的，这就意味着如果这一代人陷入贫困，那么其以后的子孙也有很大可能继续处于贫困的境地。美国农业部将1980年、1990年、2000年三次人口普查和2007—2011年美国社区贫困调查中贫困率一直保持在20%及以上的地区划归为持续贫困地区（Persistently Poor）。根据这一标准，目前美国有353个县（郡）属于持续贫困区，数量占美国所有县（郡）的11.2%。其中，有301个县（郡）位于农村地区。① 这些地区越是贫困地区，人们受教育程度就越低，找工作的难度也越大，人均收入也越低，从而导致他们难以脱贫。这就形成了一个恶性循环，贫困地区的人难以摆脱贫困的厄运。

二是经济增长与减贫的关系变弱。在美国，经济增长一直被认为是最有效的减贫措施之一，但从20世纪80年代起，经济增长和减贫的关系逐渐变弱。1980年，美国GDP约为5.93万亿美元，贫困率13%，之后GDP规模逐年增加，但贫困率却并未降低，2012年美国GDP规模突破14万亿美元，贫困率却上升到15%。与此同时，劳动力市场对减贫的直接影响增加。农村地区在美经济复苏期间，缺乏工作机会，经历了更为疲弱的就业增长，从而加剧了贫困。

三是家庭结构对贫困的影响力增强。白宫经济顾问委员会的调查显示，1967—2012年间，美国单亲家庭比例不断上升，而且农村地区单亲家庭比例也较城市地区高，其中单亲母亲家庭占多数，这种情况加剧了农村地区的贫困。这是因为相较于普通家庭，单亲家庭对于经济变动的承受力更低，更加脆弱。再者，由于性别歧视，单亲母亲也很难找到全日制工作，即使找到工作，工资也低于男性。此外，相较于城市，农村家庭生育第一个孩子的时间更早。2012年，城市地区的女性生育第一个孩子的平均年龄为25岁，农村地区则为22岁。由于工作早期人们收入较低，过早的生育使得家庭无法为子女提供足够的资源供其成长，容易导致儿童贫困。

四是儿童贫困问题突出。美国农村地区的儿童贫困问题较为突出，很多儿童

① 美国农业部美国农业部经济研究局，Geography of Poverty，该数据根据2007—2011年美国社区调查结果得出，2015.5.18。

由于家庭结构等原因陷入贫困。美国农业部经济研究局 2013 年统计数据显示，1989 年至 2013 年间，农村地区儿童的贫困率一直高于城市地区，而且这种差异还在不断扩大。2013 年，农村儿童的贫困率高达 26.2%，高于农村地区 4 个百分点。[①] 由于贫困，农村地区的儿童未能获得良好的教育、医疗等公共服务。

二、奥巴马应对农村贫困问题的政策

奥巴马自 2009 年上任后，就格外注重农村贫困群体的利益问题，除了进一步加大智力扶贫和财政扶贫力度外，还格外重视发挥私人部门在扶贫过程的作用，激发贫困群体的能动性。通过一系列政策措施完善农村地区的社会保障网，为农村地区创造更多的发展机会，使美国经济增长成果惠及更多农村地区民众，从而为其推行的“中产阶级经济学”奠定坚实的基础。

（一）加大智力扶贫力度

奥巴马上任后特别重视农村贫困地区的教育问题，针对儿童、青少年的教育问题采取了一系列措施，旨在通过智力扶贫有效解决农村地区贫困代际相传的难题。

奥巴马政府加大对于 0—5 岁儿童早教项目的投资。2010 年，美国国会通过“平价医疗法案”（Affordable Care Act）中的“母婴与幼儿家访计划（Maternal, Infant, and Early Childhood Home Visiting, MIECHV）”，支持护士、社工、早教人员对高危产妇和婴幼儿家庭进行定期访问，防止家庭暴力，提高儿童识字率，保证儿童身心健康。此外，奥巴马政府还进一步扩大公立学校范围，提供高质量的学前教育。奥巴马在 2013 年的国情咨文中，要求国会将学前教育扩展至覆盖全美所有的 4 岁儿童。

白宫农村委员会还与教育部合作为农村地区学生提供在线学习课堂；联邦通信委员会还将在未来两年投资 20 亿美元用于建设公立学校宽带网络，为 2000 万学生提供宽带和无线网络服务。

此外，奥巴马政府还通过“美国大学承诺计划”，为更多的农村地区学生提供两年制的免费社区大学教育。在农村，近 600 所社区大学为 3400 万学生服务。该项计划将使农村地区 900 万学生受益。美国教育部和劳工部还在 2015 年推出新的“开放教育资源”（Open educational resources, OER）项目，该项目有助于生活在农村地区的群体通过互联网进行学习并获得学位。

---

① 美国农业部经济研究局，Poverty Overview，该项数据根据美国人口调查局的“当前人口调查”统计法（Current Population Survey）结果得出，2015. 4. 27。

（二）加大财政扶贫支持力度

为更加有效解决农村贫困问题，奥巴马政府进一步加大了联邦财政资金支持和税收减免的力度。

1. 加大对既有扶贫项目的联邦资金支持。奥巴马政府对前几届政府实施的富有成效的扶贫项目继续提供充足的资金支持。在 2016 年财政预算中，奥巴马计划扩大对“儿童早期发展和照料协商合作组织”的经费支持；还将为“开端计划”提供 10 亿美元资金支持，该计划旨在为低收入家庭 5 岁以下的儿童提供全天候照顾服务。奥巴马还倡议对学前教育发展基金、补充营养援助项目、住房选择援助计划、流浪者援助基金等继续提供经费支持。

2. 减轻农村家庭税收负担。奥巴马政府还推出“劳动所得税抵扣制（Earned Income Tax Credit，EITC）”措施，着力减轻农村家庭税收负担。2010 年，EITC 向农村地区返还了 105 亿美元的税收，平均向每个纳税者返还了 2245 美元。在农村地区享受的联邦退税中，有 20% 的退税来自 EITC。在某些州，这一比例甚至达到了三分之一。奥巴马提议，在 2017 年 EITC 和“儿童退税”（Child tax credit）到期之后，对其进行永久化改革，将减免 1600 万家庭和 2900 万儿童的税收，这有助于进一步减轻农村家庭的税负。

3. 加大对医疗服务的财税支持力度。奥巴马还加大了联邦财政对于各州公共医疗补助经费的支持力度，加强了对于远程医疗服务的投资，以使农村贫困地区群体享受到更好的医疗服务。美国卫生及公共服务部还特别推出了“农村贫困儿童远程医疗补助”（Rural Child Poverty Telehealth Network Grant Program）项目，加大了对远程医疗服务技术开发的投资，以帮助农村贫困儿童获得更好的医疗服务。为更好解决医疗覆盖体系中间的“夹心层”[①] 的问题，奥巴马政府还通过平价医疗体系的“医疗保险市场”（Health Insurance Marketplace）为农村家庭就医提供税收减免。

4. 重点支持严重贫困地区发展。为更好帮助贫困地区，奥巴马政府还通过“邻里复兴计划”（Neighborhood Revitalization Initiative，NRI）和“希望区计划”（Promise Zones），进一步加大对贫苦地区的财政支持。NRI 计划向 100 个严重贫困的地区投入 3.5 亿美元资金以支持这些地区发展经济。基于 NRI 计划，美又提出希望区计划，旨在帮助贫困率高于 20% 的城市、农村地区脱贫。入选希望区的贫困地区，可以享受一系列优惠政策，包括可以优先申请联邦政府的扶贫项目、优

① 包括农村地区在内的 100 万美国人处于“夹心层”。他们的收入一方面高于能享受公共医疗补助的最低限额；另一方面，又不足以使得他们通过购买医疗保险享受免税政策。“医疗保险市场”将这一部分“夹心层”纳入了医疗保障体系内。

先获得联邦政府各部门的技术援助和相应的减免政策，如税收减免，内容包括直接减免当地企业的税负，或者是鼓励企业雇用希望区的居民，或将他们的生产基地建立在希望区，等等。

（三）充分发挥私人部门的作用

奥巴马政府在帮助农村地区脱贫过程中特别重视发挥私人部门的作用，使私人部门也参与到减贫的各个项目中。比如，2012 年奥巴马政府推出"点燃美国"（US Ignite）计划，旨在利用高速的宽带网络，更好促进美国农村地区与城市地区，以及农村地区之间的互联互通，使农村地区居民享受到更好的包括医疗、教育等在内的公共服务。利用这些网络超高速的特性，农村地区的家庭在当地就可通过远程医疗获得知名专家的诊断。参与这个计划的不仅有联邦政府、地方和州政府，还有 100 多家私营企业，这些企业在推动农村宽带建设方面发挥了重要作用。一些私营企业投资 20 多亿美元，为农村地区学生的在线教育提供宽带和无线网络等尖端技术，帮助打破农村地区的教育隔离状态。

此外，奥巴马政府还通过制定农村基础设施项目投资评价新指标等措施吸引更多私人资本投入农村道路、桥梁及水务等基础设施建设项目。美国小企业管理局就通过采取 PPP 模式，将政府资本与私人资本相结合，按照政府资本与私人资本 2∶1 的比例投资农村中小企业，以促进这些企业的进一步发展。美农业部和小企业管理局还将继续运用 PPP 模式，在未来五年内总计投资 3.5 亿美元用于农村建设。

（四）激发贫困群体的能动性

在帮助农村贫困群体脱贫的过程中，奥巴马政府重视激发扶贫对象的能动性，鼓励他们通过工作脱贫。奥巴马上任后，将每小时 7.25 美元的最低工资水平提高到每小时 10.10 美元，到 2016 年这一举措能够使 160 万人口脱离贫困，同时也调动了贫困群体工作的积极性。在对贫困家庭援助项目中，还规定受援家庭必须每周工作 30 小时以上（家庭中有 6 岁以下小孩的除外），如果拒绝工作要求，获得的援助会越来越少，甚至取消援助。而且贫困家庭接受援助的时间不得超过 5 年。这些规定都是为了避免贫困群体对援助形成依赖，从而丧失工作的能动性。

此外，奥巴马政府还竭力提供就业信息促进农村地区就业，使更多农村贫困群体可以找到工作。美农业部与劳工部进行合作，为农村地区的劳动力提供更加全面的就业信息；劳工部为全国 2800 个农业部站点提供择业和就业培训信息，以便降低农村地区人员寻找工作的成本。

（五）为农村创造更多发展机会

为充分调动各方资源，不断改善和提升农村地区的基础设施建设水平，促进农村地区发展，美推出“美国乡村制造”（Made in Rural America）倡议，帮助农村地区的企业和农场吸引投资，进一步扩大农产品出口，同时为农村地区创造更多就业机会。设立 1.5 亿美元专项投资基金，用于支持农村中小企业发展；设立“i6 乡村挑战”（i6 Rural Challenge），提高农村企业创新能力；成立国家创新团队支持美国“乡村制造”出口；通过引进来和走出去，为农村企业拓展商机。此外，美还格外重视扶持农村中小企业的发展。从 2009 年起，美农业部和小企业管理局通过“农村发展中介再贷款”项目（Intermediary Lending Pilot，ILP）和“小额贷款项目”（Microloan Program），提供了 1.9 万笔贷款和援助，支持超过 6 万家农村地区的小企业发展实业，填补了农村地区企业发展的资金缺口。2013—2014 年农业部和小企业管理局总计投入 1.75 亿美元用于支持农村地区小额信贷。小企业管理局还将通过“小企业投资公司计划”支持农村小企业融资、扩大规模、实现现代化。到 2016 年，该项计划的投资规模将达 20 亿美元。

三、思考与启示

（一）智力扶贫是农村扶贫的重中之重

美国农村扶贫特别重视智力扶贫，尤其是儿童的教育问题。美政府认为，对农村贫困儿童的智力扶贫是帮助农村贫困地区摆脱贫困代际相传的关键。因此，美联邦政府将儿童的智力扶贫放在优先地位，投入大量资金，开展了一系列农村儿童扶贫项目，包括婴幼儿早教、学前教育等。

中国也十分重视智力扶贫，希望借此达到“输出一人，脱贫一户”的效果。但我国针对农村不同年龄段儿童，特别是婴幼儿、留守适龄学童的教育扶贫项目较少，资金支持相对不足，不利于缓解农村贫困的代际传递难题。鉴此，我国可适当借鉴美国智力扶贫的做法，加强对农村贫困儿童的教育扶贫力度，针对农村不同年龄儿童的不同需求，精准施策，分类施策，采取不同的智力扶贫措施，制定不同类型的智力扶贫项目，使农村贫困儿童可以享有优质的教育资源。

（二）调动扶贫对象的积极性

美国农村扶贫贯穿了增强扶贫对象自我发展能力、激发其工作积极性、依靠自身努力脱贫的理念，十分注意把握提供保障的度，避免扶贫对象对这些保障形成习惯性依赖，从而丧失工作的积极性，如对贫困家庭援助项目规定了每周必需工作的时间、受援期限等。这对农村扶贫尤为重要。为调动贫困群体工作积极性，美政府相关部门还为这些群体提供全面的就业信息和培训信息，减少他们寻找工作的成本。

我国在制定相关的农村贫困家庭扶贫和低保政策时，可借鉴美国农村扶贫的理念，对有劳动能力的贫困家庭规定必要的工作时间和享受相关扶贫政策的期限，充分调动农村贫困群体自力更生的积极性和主动性。同时，加强对一些处于贫困的人群的职业培训，帮助他们学习并掌握某些工作技能，为他们创造更多的就业机会，提高这些贫困群体的创收能力。

（三）健全农村贫困群体的医疗保障和救助体系

与美国类似，为保障农民获得基本医疗服务、缓解农民因病致贫和因病返贫的困境，我国推出了新农合等政策。近年来，各级财政对新农合的人均补助标准不断提升，门诊和住院费用报销比例也逐年提高，但与农村贫困群体的实际需求还存在一定差距，大病保险还未覆盖一些农村贫困地区，成为农村贫困群体医疗保障和救助体系的一块“短板”。此外，与美国相比，我国远程医疗服务还未在广大贫困地区有效开展，这也使得贫困群体不能与城市居民一样获得更好的医疗服务，在一定程度上加剧了因病致贫、因病返贫的问题。为此，我应进一步增强新农合政策的保障能力，完善大病保险政策，增加大病报销比例和救助力度，做好新农合政策与疾病应急救助等制度的衔接，充分发挥医疗救助保障对防贫、脱贫的重要作用。同时借鉴美国远程医疗等经验，积极开发远程医疗服务技术，进一步增强医疗服务的可及性，帮助贫困地区的农民获得更好的医疗服务。

（陈　霞　李佳璐）

美国清洁能源计划简析*

2015 年 8 月，美国总统奥巴马宣布推出清洁能源计划（The Clean Power Plan）。该计划旨在限制美国化石能源发电厂的二氧化碳排放，在未来 15 年内将美国碳排放总量减少三分之一，并促进清洁能源在发电领域的应用。这是美国首次对发电厂碳排量设立国家标准，被视为美国“史上力度最强的”的减排举措。清洁能源计划在向全球展现美国应对气候变化坚定态度的同时，也将成为奥巴马在剩余任期力推的主要举措。该计划主要内容和简要分析如下，供参考。

一、主要内容

（一）出台背景

美国是全球二氧化碳排放量较大的国家之一，而化石燃料发电厂则是二氧化碳排放最大的单一来源。美国环保署数据显示，在全球温室气体排放量中，近四分之三是二氧化碳，而在美国温室气体排放量中，二氧化碳占比达到了 82%。其中，由化石燃料发电厂产生的二氧化碳已占到美国温室气体总排放量的 31%。近年来，气候变化的影响不断显现，干旱、极寒、洪涝等自然灾害时有发生，不仅威胁着自然环境和公共健康，还给美国经济带来了巨大损失。

（二）潜在效益

奥巴马政府认为，出台清洁能源计划不仅能够减少由化石燃料发电厂产生的大量二氧化碳及其他对人体健康构成危害的粉尘和烟雾，推动清洁能源的研发和应用，中长期还将对经济社会发展产生一系列积极影响。美国环保署预测，到 2030 年，美国电力行业的二氧化碳排放量将比 2005 年的水平降低 32%，硫排放量

---

* 本文写于 2015 年 11 月 30 日。

降低 90%，氮氧化物排放量降低 72%；产生约 200 亿美元的经济效益和 140 亿—340 亿美元的社会效益，整体净收益或达 260 亿—450 亿美元；此外，还将减少每年 3600 人次过早死亡、减少 1700 人次心脏病和 9 万人次哮喘病发作，减少 30 万人次因身体不适请假。

（三）目标与实现路径

美国环保署将设定具体的碳减排目标，各州根据自身实际情况自主选择目标和实现目标的路径。美国环保署分别为化石燃料发电单元的两个子单元，即煤炭或石油驱动的蒸汽发电机组和天然气联合循环机组设定了减排的中期目标和最终目标，并设定了三项州际目标供各州选择。分别是以二氧化碳总排放量为标准的州级目标、以排放效率为标准的州级目标和综合二氧化碳总排放量和新能源利用情况的州级目标。各州须确保其境内的发电厂在 2022—2029 年间实现中期减排目标，在 2030 年实现最终减排目标。

为实现减排目标，清洁能源计划建议从以下三方面着手：一是通过提高现有燃煤发电厂的热能利用率来降低能源消耗和总排放量；二是以较低排放的天然气发电厂代替高排放量的燃煤或燃油发电厂；三是用零排放的可再生能源发电厂代替现有的燃煤发电厂。此外，美国环保署还在筹划一个清洁能源激励计划（CEIP），奖励早期投资风能和太阳能发电项目的发电厂，以激励更多发电厂加大清洁能源投资。

（四）各州具体方案

清洁能源计划为各州制定、提交和实施州内的具体方案提供指导，各州可以在州际目标下根据自身情况设定州内减排标准和措施，以确保各州境内的发电厂能在 2022—2029 年间实现中期减排目标，并在 2030 年实现最终减排目标。同时，清洁能源计划允许各州通过碳排放交易、州际研发合作、电厂并购重组等方式对现有发电厂进行整合，在坚持减排标准的前提下提高执行层面的灵活性，鼓励各州在控制碳排放的同时保证供电系统稳定性、降低消费者负担，并加大对可再生能源及相关技术的投资。

（五）碳排放交易

以市场为基础的经济手段往往比行政措施更为高效。碳排放交易是一种基于市场机制的政策工具，能够通过经济手段激励发电厂减少排放，甚至促使发电厂在实现减排目标之后继续减排，客观上促进了技术创新和新能源应用，同时帮助存在困难的州实现减排目标，是通过最低成本获得清洁能源效益最大化的有效手段。

为了使更多发电厂有条件参与碳排放交易，清洁能源计划授予各州制订碳排放交易实施细则的自主权，并帮助发电厂做好相关准备工作，发电厂不必签署州际协议即可进行碳排放信用的跨州交易。美国环保署也将加大对各州排放量、减排补贴和碳排放信用等数据的搜集整理工作。

（六）电力供应可靠性

按计划实施清洁能源计划不会削弱美国电力供应系统的可靠性。清洁能源计划较长的实施周期为发电厂进行设备改造升级和新设备投资预留了时间。由于各州有自行选择减排目标和实施路径的自主权，各州须充分考虑州内发电厂的实际情况制定本州的减排方案，避免"一刀切"对电力生产和传输产生冲击。在出现意外或其他特殊情况时，各州可对州内方案做相应调整，相关发电厂须保证电力稳定供应。除美国环保署外，美国能源部和联邦能源监管委员会（FERC）也将共同监督清洁能源计划的实施，以确保全国电力生产和传输的可靠性。

（七）时间进度安排

各州将在 2016 年 9 月 6 日前上交最终方案。规定日期无法完成须申请延期，最终方案提交日期应不晚于 2018 年 9 月 6 日。

清洁能源计划为实现碳减排目标设置了长达 15 年的缓冲期，在这一周期内，各州可根据自身情况循序渐进的落实减排方案，以确保减排方案的可行性和经济有效。同时，各州方案所规定的减排措施应按计划有序推进，并通过相应方式向美国环保署报告其减排方面的进展和目标完成情况，确保 2030 年在全国范围内实现最终减排目标。在 2022—2029 年间，各州应对其州内所有的发电厂的排放水平和清洁能源计划所预期的排放水平进行对比，并向美国环保署提交对比结果。

（八）公众有效参与

公众参与是制定清洁能源计划的重要环节。清洁能源计划初步方案公布以来，美国环保署收到了来自各州各行业超过 430 万条意见和建议，这些建议帮助形成了清洁能源计划的最终方案，并使其能更好地反映利益相关方和公众的诉求。

美国能源署将在继续同公众保持密切沟通的同时，为各州政府加强与公众的沟通提供支持和指导，并通过网站等平台公布排放数据、计划进展等内容，确保公众、社区、部落，特别是低收入和少数民族群体有机会参与决策，表达诉求。随着清洁能源计划的逐步实施，美国环保署还将进行空气质量评价，以评估清洁能源计划对不同阶层民众特别是社会弱势群体的影响程度。此外，美国环保署还计划在低收入社区推出需求端节能项目，帮助社区从使用可再生能源和提高能源效率中受益。

二、几点看法

（一）清洁能源计划最终版本更加灵活务实

2014 年 6 月，美国环保署公布清洁能源计划的初步方案，而最终版清洁能源计划在初步方案的基础上对减排目标、减排机制等内容进行了细化与改进，以在实现减排目标的基础上提高可行性和效率，减少对经济运行的影响。从减排目标上看，最终方案主要有三大变化：一是二氧化碳排放来源分类更加具体。清洁能源计划最终版中将碳排放源分为燃煤发电机组与天然气发电机组两大类，并对两种能源制定了不同的减排目标，更具科学性、针对性和有效性；二是各州的减排目标更具弹性。考虑到各州能源结构不同，为提高各州制定减排计划的灵活性和可行性，最终版实行排放率和排放总量两种减排目标；三是更注重供给端减排。最终版计划主要关注发电厂的碳排放情况，主要考虑提高各州发电厂的发电效率、提高天然气发电厂的实际产能以及更多使用清洁能源以降低成本。此外，清洁能源计划还允许各州制定更加灵活的碳排放交易细则，为发电厂进行跨州碳排放交易提供便利。

（二）清洁能源计划能否顺利推行尚不明朗

清洁能源计划一出台，就引发了激烈的社会反响。民主党、新能源产业、环保组织纷纷支持；而共和党、化石能源公司、矿业协会则以增加消费者负担、阻碍经济增长等理由反对清洁能源计划。11 月 18 日，美国众议院能源和商务委员会以 28 票赞成，21 票反对的结果通过相关决议，反对清洁能源计划，要求撤销美国环保署对于化石能源发电厂的排放限制。考虑到清洁能源计划是应对气候变化的重要举措，奥巴马很可能对众议院这一决议行使否决权，强推清洁能源计划。但众议院的决议已经明确反映出清洁能源计划在推行过程中将遇到很大阻力，两党或将就清洁能源计划和气候变化问题展开长期政治博弈。且由于计划允许各州提交最终落实方案的时点（2018 年）已进入下一任总统任期，2016 年美国大选的结果将成为左右清洁能源计划能否顺利实施的又一重要因素。从目前的形势看，包括杰布・布什在内的共和党主要候选人，都明确表示反对清洁能源计划。若民主党无法赢得大选，清洁能源计划很可能无疾而终。

（三）应对气候变化将成为奥巴马剩余任期施政重点

从国际视角看，奥巴马意图借清洁能源计划巩固美国在应对气候变化问题上的全球领导力。2015 年年底，《联合国气候变化框架公约》（以下简称《公约》）

第 21 次缔约方会议（即气候变化大会）在巴黎开幕。此次大会的首要目标是，在《公约》框架下达成一项“具有法律约束力的并适用于各方的”全球减排新协议。2009 年《哥本哈根宣言》流产后，外界一直怀疑美国在应对气候变化问题上能否发挥其全球领导力。2015 年，奥巴马在多双边场合力推气候变化议题，还同习近平主席共同发布了《中美元首气候变化联合声明》，承诺携手与其他国家一道确保巴黎气候变化大会取得成功，此次奥巴马在巴黎气候变化大会前夕提出“史上力度最大的减排计划”，无疑是为了向国际社会表明美国应对气候变化问题的决心，提升美国的话语权和领导力。

从国内视角看，气候变化问题或将成为 TPP 之后奥巴马政府的又一政治遗产。奥巴马在发布清洁能源计划时明确表示，想以此为自己的总统生涯留下一个“核心政治遗产”。由于其任期仅剩一年，在 TPP 达成协议后，气候变化问题或将成为奥巴马任内的施政重点，在国内推动减排与清洁能源应用，国际上领导应对气候变化的全球合作，将成为奥巴马着力塑造的新政绩。无论清洁能源计划结果如何，奥巴马都将借此树立其在气候变化问题上积极作为的正面形象，而其身后的民主党则希望争取选民的好感和支持，为 2016 大选铺路。

（王　虎　贾静航）

IMF 评估巴西宏观经济*

近日，国际货币基金组织（IMF）发布了巴西 2014 年度第四条款磋商成果。报告指出，巴西 2014 年经济增长停滞，通胀加剧，预计 2015 年经济将萎缩 1%，未来也面临诸多风险。鉴此，IMF 提出了相关政策建议。报告主要内容如下，供参考。

一、巴西宏观经济状况

1. 近年来经济增速放缓，2014 年经济增长停滞。十年前巴西开始实施的一系列改革措施带动了劳动力收入增加，加上有利的外部环境，推动了消费和信贷驱动的经济增长，也为巴西持续减贫提供了条件。但这种经济增长模式逐渐失去动力。现在巴西投资市场萧条，竞争力受损，商业环境恶化，商品价格下跌。由于新增就业趋于停滞、金融收紧、经济不佳，家庭收入与消费者信心受到冲击，消费增长放缓。2013 年第三季度和 2014 年前两个季度经济活动萎缩。

2. 通胀压力加剧。由于工资上涨、近期持续干旱等因素，巴西核心通胀率已接近其所能忍受的上限。2011 年以来中长期通胀预期一直呈上升态势，2014 年年末才微降。能源和燃料等商品因价格受到管制，上涨幅度较小，一段时间内抑制了全面通胀的爆发。目前巴西政府已开始放松价格管控措施，但通胀水平仍在走低，反映了融资收紧和经济活动低迷的现状。通胀的新压力主要来自于货币雷亚尔的名义贬值。

3. 金融市场不稳定，市场信心下降。2013 年 5 月美联储宣布削减购债规模，巴西资产价格遭到严重打击。2014 年 10 月选举筹备期和 11 月俄罗斯卢布贬值期间，金融波动再次加剧。2014 年，圣保罗证交所指数和雷亚尔兑美元汇率分别下跌了约 7% 和 14%。由此产生的不确定因素导致市场信心下降，融资成本上升，加

* 本文写于 2015 年 6 月 1 日。

大了经济阻力。为防止雷亚尔兑美元进一步贬值，巴西央行在2013年4月—2014年4月间和2014年10月—2015年3月间，分别上调政策利率375个基点至11%和175个基点至12.75%。

4. 外部环境疲弱。尽管国内需求疲弱，2014年巴西经常账户赤字仍达GDP的4.2%，较2012年的2.4%有所上升，反映了贸易条件恶化、向阿根廷出口下降以及持续干旱导致燃料进口增加等问题。美元走强造成雷亚尔贬值并未增强巴西在国际市场上的竞争力，单位劳动力成本长期处于高位也损害了巴西的国家竞争力。因此，巴西的外部环境依旧疲弱，2014年年末雷亚尔仍被高估。

5. 外汇储备较高，资本流动稳定。2014年，巴西经常账户赤字的70%靠外国直接投资提供资金支持，国际投资流入也比较活跃。巴西国际储备（现金概念）总值约为3620亿美元，远高于IMF储备充足率要求和其他标准。

6. 银行系统稳定性指标持续向好。尽管私营部门的杠杆以及国有银行此前扩张信贷构成了巴西银行系统的潜在风险，但银行指标依然令人鼓舞，显示出银行拥有充足的资本金和准备金。

7. 经济增速下滑和财政表现疲弱致巴西2014年主权信用评级遭下调。2013年，巴西非金融公共部门基本财政盈余下降至GDP的1.9%，低于2.3%的目标值。再加上2012—2013年间开始实施的税收减免措施，2014年实际财政支出快速增加，财政收入放缓，非金融公共部门基本财政赤字达GDP的0.6%。此外，对国有银行的政策性贷款也小幅回升，非金融公共部门总债务增长至GDP的71%。经济增速下滑和财政状况恶化影响了巴西2014年的主权信用评级。2014年3月，国际评级机构标准普尔将巴西的主权债务评级调降至BBB-，这是自2002年7月以来的首次下调；2014年9月，国际评级机构穆迪将巴西的主权评级展望下调至负面。

二、巴西经济前景展望与风险

1. 短期内经济疲弱，中期内经济增长逐步提速

2015年1月以来，巴西政府实施了一系列重要措施，以强化宏观经济政策、重塑公信力。新战略的目标是通过大胆的财政整顿措施，使非金融公共部门的基本财政盈余在2015年回升至GDP的1.2%，并在2016年和2017年至少达到2%，旨在稳定非金融公共部门债务总额，并使其逐步进入下行轨道。鉴于巴西将收紧财政和货币政策，巴西国家石油公司也在削减投资，IMF预计巴西2015年的经济产出将萎缩1%。而财政整顿战略及其他措施的成功实施有助于增强信心，并在2015年下半年重振投资，预计巴西2016年经济将增长0.9%。从长期看，巴西经济增长的潜力主要取决于结构性改革的进展程度。

2. 通胀缓慢下降

由于巴西实施了紧缩的货币政策，预计中期内，通胀率将逐步降至4.5%。通胀率下降的速度会受到价格管制调整情况、高通胀预期等因素影响。

3. 经济下行风险

从国内看，首先，巴西国家石油公司腐败案涉及若干大型建筑公司，对该案的彻查可能会进一步降低投资，贷款银行可能也会受到影响，并导致2015—2016年财政目标无法实现。如果那样，会削弱市场信心，对经济增长、债务状况及主权债务评级都会带来潜在风险。其次，持续干旱会影响供给面，对于GDP占比较大的南方而言更是如此。

巴西的外部风险主要为金融波动加剧和大宗商品价格进一步下跌。美元走强、全球金融市场大幅波动可能使雷亚尔承压，给巴西巨额的经常账户赤字融资带来挑战。石油价格进一步下跌会影响巴西国家石油公司高成本的深海石油计划的实施和中期经济增长，也会恶化经常账户状况。此外，发达经济体与新兴经济体经济增长疲弱，也降低了外部需求。

三、IMF的政策建议

IMF认为，巴西应进一步加强政策公信力、提振市场信心、刺激投资、增强竞争力，以推动经济走上强劲、平衡、可持续增长轨道。具体措施如下：

1. 继续实施财政整顿计划。政府近期实施的财政整顿计划反映了巴西2015—2017年的财政目标和结束对国有银行政策性贷款的决心，重心在于降低总债务比。IMF强调，实现财政目标需要有力而持续的政策措施。应削减经常性支出，减少免税政策，为投资和社会重点项目支出腾出财政空间。在未来两年内，应提高基本预算盈余，以进一步增强政策可信性，改善财政状况，但同时应警惕财政整顿对经济增长带来的负面影响。应继续推动财政改革，以改善预算僵化，简化税收体系，解决包括养老金和工资指数化体系等一系列结构性问题，减轻财政压力。

2. 提高财政透明度，改善国有企业的治理框架。全面公开财政状况，有助于增强市场信心。国有石油公司存在的问题说明应强化国有企业内、外部监督机制。半国有企业的优化治理和加强监督也是控制财政风险的重要内容。

3. 继续实施紧缩的货币政策。巴西政府应致力于将通胀降至目标水平，并做好其他预案，应对通胀高企问题。此外，巴西应在改善货币政策传导机制、优化通胀目标制定方法等方面加大努力。

4. 充分发挥汇率的作用。灵活的汇率政策是巴西主要的经济减震器。近期，巴西减少汇率干预值得肯定，但这在应对外汇市场大幅波动带来强烈冲击时作用仍然有限。因此，应进一步允许汇率贬值，使其与巴西经济基本面保持一致，并不断提升外部竞争力。

5. 确保银行体系稳定。充足的资本金、准备金和流动性对银行体系稳定具有重要意义。在当前低增长环境下，应密切监控银行的资产负债表和企业杠杆。对包括国有银行在内的各银行加强监管，并采取有针对性的微观审慎措施，将有助于降低潜在风险。

6. 推进供给面改革，提高产能和潜在经济增长率。巴西政府应重点关注基础设施投资，提高税收效率，改善商业环境，促进国际贸易，优化资源配置，改革养老金体制。安排好改革的优先次序、提高私营部门参与度是巴西成功的关键。

（燕晓春　陈　茜　李锦文）

巴西经济困局简析*

2013年以来，巴西经济开始出现下行趋势，2013年GDP增速为2.3%，2014年降至0.1%，2015年预计为-2.01%，或将成为巴西自1990年以来经济表现最差的一年。除了增长失速，巴西经济还面临着货币大幅贬值、通胀高企、投资低迷、出口不振等诸多问题，而政府采取的财政货币双紧缩政策短期内不但没能有效控制通胀，提振经济，反而造成了借贷成本上升，公共支出缩水，加剧了经济下行。本文将简析巴西经济陷入困局的原因，供参考。

一、巴西经济陷入困境的原因

（一）经济基本面脆弱，宏观政策陷入两难

受自身经济低迷、大宗商品价格下跌和美联储加息预期升温等因素影响，巴西货币雷亚尔自2014年起进入贬值通道。截至今年8月，雷亚尔近一年来已累计贬值近60%。同时，巴西通胀情况持续恶化，今年前7个月巴西通胀率累计为6.83%，而7月份年化通胀率已高达9.56%，远超此前巴西央行设定的6.5%的通胀管理目标上限。为应对通胀，巴西央行年内已连续6次加息至14.25%，但效果并不理想，不但没能抑制通胀，反而令巴西经济雪上加霜。2015年二季度，巴西经济同比萎缩2.6%，其中投资下降了8.1%，创1996年一季度以来最大单季跌幅，家庭消费下降2.1%。工业、农业和服务业全面陷入萎缩。

面对“低增长、高通胀”的困境，巴西政府开始实施货币财政双“紧缩”措施。除了不断提高基准利率外，巴西政府意图通过改善财政状况，重建消费者信心来改善经济，因此一改以往积极的刺激政策，转而采取以增税和减支为特征的紧缩性财政政策。但受整体经济形势影响，一方面财政收入压力仍在不断加大，

* 本文写于2015年9月6日。

2015 年财政盈余目标已从 GDP 的 1. 1% 调降至 0. 15%；另一方面，削减支出的政策效果并没有立即显现，反而由于包括“加快增长计划”在内的主要支出项目被削减，短期内经济增长受到影响。

从近期的情况看，运用货币政策控制通胀不力，却推高了借贷成本，打压了经济活力；财政政策没能实现盈余目标，反而压缩了经济建设支出，增加了税负水平。巴西政府的宏观经济政策陷入两难境地。

（二）经济结构失衡是巴西经济困难的症结所在

巴西经济陷入低迷，根本原因在于经济结构失衡。过去十年，巴西经济凭借大宗商品的强势周期实现了快速增长，但结构性问题被乐观的 GDP 数字和不断增加的居民收入所掩盖，始终没有得到有效解决。

从产业结构上看，巴西经济过度依赖服务业。世行统计数据显示，2014 年服务业在巴西 GDP 中占比已达 71%，制造业占比仅为 23%。这一比例在发达国家较为常见，而作为发展中国家，巴西在产业结构升级的过程中对制造业缺乏足够的投入与支持，过早地开始了“去工业化”进程，将优势资源向服务业倾斜，最终损害了制造业的发展。目前，巴西制造业面临生产成本过高、税收负担沉重、缺少资金和技术、创新能力不足、配套设施落后等诸多问题，制造业转型升级难有进展，只好走依靠自然资源出口的道路，巴西也逐渐从潜在的新兴工业强国沦为大宗商品出口基地。

从增长动能上看，在投资、消费和出口三驾马车中，消费对巴西经济的拉动作用明显高于投资和出口。近四年，巴西投资率仅维持在 20% 左右，商品贸易占 GDP 的比重也仅有 20%。在 2010 年以前，由于大宗商品价格上涨和政府大力扶持低收入者，巴西居民收入增加，中产阶级规模扩大，消费能力不断提高，加上巴西民众寅吃卯粮的消费习惯，消费支出迅速膨胀，拉动经济增速走高。2010 年以后，随着外部环境变化，巴西经济出现下滑，通胀水平上升，居民消费能力缩水。消费引擎失速，投资和出口对经济增长贡献率有限，难以补缺，最终导致巴西经济陷入困局。

从出口结构上看，受制造业发展缓慢的影响，巴西出口额 60% 以上仍是原材料和大宗商品。中国作为巴西第一大贸易伙伴，从巴西进口的产品主要以矿产品、大豆等初级产品为主，高附加值的产品较为有限。而大宗商品价格近年来明显走弱，外部需求也在放缓，2014 年巴西经常账户赤字已达到 GDP 的 4. 2%。

从社会结构上看，巴西社会贫富差距较大，尽管贫困人口数量总体呈下降趋势，但脱贫并不是社会发展、收入增加的结果，而是卢拉和罗塞夫两届政府十多年来直接给予贫困人口物质补贴，“人为”地帮助贫困人口脱贫，加入“中产阶级”行列。但事实上，仅靠补贴无法为贫困人口形成可持续的收入和稳定的消费能力，教育、医疗等社会资源也不足以应对“中产阶级”的迅速膨胀，一旦经济不景气，“中产阶级”可能随时返贫，这种靠政府补贴实现的收入增长并不具有可持续性，且间接推高了劳动力成本。

（三）外部因素加剧经济困境

随着全球经济复苏势头分化，主要经济体货币政策的外溢效应和大宗商品价格下跌等因素也加剧了巴西经济的困境。

首先，美联储加息预期升温，资本从新兴市场回流至发达国家，一方面新兴市场的汇率与资产价格明显承压，另一方面全球资本市场出现较大波动，新兴市场国家金融稳定风险加大。其次，巴西高度依赖的大宗商品延续颓势，受美元走强和需求收紧的影响，大宗商品价格持续下跌。世行预计，与2014年相比，2015年能源类大宗商品跌幅将达到39%，非能源类为12%，铁矿石跌幅或将高达46%。此外，外需不振，主要贸易伙伴国需求疲软也是制约巴西经济的因素之一。外需不足对巴西外贸和经济增长产生了负面冲击。

二、几点看法

（一）结构性失衡和经济周期效应叠加，加速巴西经济下行

当经济处于繁荣周期时，结构性失衡往往被周期性繁荣所掩盖。一旦繁荣周期结束，结构性问题暴露，周期性因素和结构性问题叠加，将加速经济下行。对巴西来说，大宗商品上行周期带来的收入增加和消费扩张在拉动增长的同时掩盖甚至加剧了经济结构失衡。靠出口大宗商品形成的高国民收入、高政府支出、高私人消费的“三高”模式不具备可持续性，国民经济体系和产业结构没有健全到足够抵御外部环境变化和风险冲击。特别是2015年以来，结构性问题与大宗商品价格下跌、全球经济缓慢复苏、外部需求萎缩等周期效应叠加，加速了巴西经济的下行趋势。

而按照经济周期理论，经济周期不可避免，解决问题的关键在于推进结构性改革，转变不可持续的增长模式。从需求角度看，巴西应从私人消费驱动转向消费、投资、净出口共同驱动，积极优化产业结构和出口结构，提升出口产品附加值和国际竞争力；从供给角度看，巴西应更关注技术升级和再工业化进程，加强创新和人力资本投资，在公共资金有限的情况下充分调动社会资本，提高投资率和潜在增长率。

（二）短期经济困难对中长期增长前景影响有限

尽管经济下行压力不断加大，但罗塞夫政府紧缩的政策方向仍较坚定。在缩减开支的同时有选择地推出基础设施建设项目，加大经贸外交力度，改善出口环境，扩展国际合作。近期，巴西政府推出了规模为540亿美元的三年期电力工程建设项目和640亿美元的第二阶段交通基础设施投资计划，还积极推动南方共同市场（南共市）内部就货物清单达成一致，加快南共市与欧盟自贸谈判进程。此外，中国和巴西共同设立了500亿美元基金，也将投向巴西基础设施领域。同时，巴西政府积极加入亚投行，推动建设金砖银行，都有其加大对基础设施投入的考虑。

虽然短期内巴西经济仍不乐观，萎缩或将持续到2016年，但中长期看，宏观经济政策的效果将会逐步显现，一旦全球经济环境和大宗商品走势有所改善，结合拉美第一经济大国的坚实基础、高达3600亿美元的外汇储备和良好的资源禀赋，巴西经济重回增长轨道前景可期。IMF在2014年度巴西第四条款磋商报告中指出，巴西经济短期呈疲弱态势，中期内经济增长将逐步提速，增长潜力取决于结构性改革的进展与成效。

（三）对新兴经济体而言，结构性改革已刻不容缓

与巴西类似，不少新兴经济体面临着结构失衡、增长失速的问题。具体表现为外需日趋疲软，贸易自由化进程缓慢，资源禀赋有限，经济结构失衡的问题日益明显，增长动力亟需提速换挡。此外，金融危机以来发达国家频繁使用量化宽松政策为新兴经济体创造了低利率的市场环境，但随着美联储加息预期升温，新兴市场开始面临融资成本提高、资本外流和本币贬值等风险。推进结构性改革，已成为包括中国在内诸多新兴经济体的共同挑战。唯有通过结构性改革，新兴经济体才可能“化危为机”，实现可持续发展。

（王　虎）

第五部分

双边与多边经济合作

简析美印经济合作框架新动向*

近期，美印关系不断升温。奥巴马 2015 年 1 月再访印度，成为首个任内两次访印的美国总统。访印期间，美印推出“1 +2 +6”的合作框架，就发展全面战略伙伴关系及加强在经贸、基础设施等领域合作达成共识，美意在把印度打造成美在南亚的利益前沿。现将美印未来合作框架、成因及影响简析如下，供参考。

一、美印合作框架新动向

奥巴马此次访印，与莫迪达成了发展全面战略伙伴关系“1 +2 +6”的合作框架。“1”是“一个战略”，即美印联手推出《美印亚太和印度洋地区联合战略愿景》；“2”是“两个引擎”，即以技术合作和能力建设为重要引擎；“6”是“六大领域”，即以经贸、基础设施、全球议题、能源与气候变化、国防和国土安全、太空和医疗等六大领域为合作重点。

（一）合作战略

《美印亚太和印度洋地区联合战略愿景》（下简称“愿景”）是美印携手推出的两国未来合作的总体战略方针，是两国首次以文件形式明确了双方在亚太和印度洋地区拥有共同的战略利益。该愿景凸显以下三点：第一，美印将联手促进南亚、东南亚和中亚地区基础设施的互联互通；第二，强调三方合作，形成“2 +1”即美印 + 第三国的合作模式，更好促进亚太和印度洋区域的繁荣发展；第三，突出海上安全的重要性，特别提出南中国海问题。

（二）合作引擎

美印合作将以强化技术合作和能力建设为主要引擎。美印不仅签有科技合作

* 本文写于 2015 年 2 月 26 日。

协议，还将定期召开科技合作联委会会议和技术峰会，还为科技合作制订了包括合作项目、联合研讨会、互访、虚拟网络交流等具体的行动计划，而且技术合作的领域相当广泛，涉及基础设施、能源、国防、太空、医疗卫生、大气污染治理等众多领域。此外，强化能力建设也是美印合作的另一重要引擎，包括美国帮助印度进一步提升基础设施建设能力、协助其调整公私合作伙伴关系（PPP）框架、促进其与其他国家进行三方合作等。

（三）合作领域

1. 经贸领域

第一，发展美印经贸关系。二十多年来，美印双边贸易额快速增长，从 1990 年的 56 亿美元，增加到 2014 年的 669 亿美元，24 年增长了 1094.6%。美国是印度主要的贸易伙伴，2013 年，在印度主要进口来源国中，美国排名第五；在印度出口国的排名中，美国排名第一。面对美印经贸合作存有的巨大增长空间，双方确定将进一步加强合作，尤其在高科技贸易领域。双方将在美印高技术合作小组的领导下，着力解决高科技产品贸易面临的挑战，包括美国双重用途高科技产品的贸易许可证等问题。此外，双方将携手促进后巴厘工作计划的完成；并继续在美印经济金融伙伴关系的高级对话上，进一步深化宏观经济政策、金融监管和发展以及基础设施投资、税收政策等方面的对话；加强在反洗钱和打击恐怖主义融资领域的合作。

其次，加大对印投资。2000 年 4 月至 2014 年 9 月，美国累计对印度直接投资（FDI）约 131.9 亿美元，占印度吸收 FDI 的 6% 左右，是印度第六大 FDI 来源地。为进一步加强美印之间的贸易联系，双方启动了美印投资倡议，以更好发展资本市场、加快基础设施建设融资、增加 FDI 等。美国将为印度提供 40 亿美元的投资和贷款。美国进出口银行将在今后两年提供 10 亿美元融资，支持“美国制造”的产品出口到印度；美国海外私人投资公司（OPIC）也将用 10 亿美元投资印度的中小企业；美国贸易发展署（USTDA）也将提供 20 亿美元，以支持印度可再生能源的开发和利用。印度则将设立新的政府委员会以快速跟进美国投资。此外，美国还将积极探讨与印度推进高标准的双边投资协定谈判。

2. 基础设施领域

基础设施落后是印度经济发展面临的主要障碍之一，为解决此问题，印度 2014 年公布了基础设施升级计划，希望通过采用公私合作伙伴关系（PPP），在 10 年之内，推进基础设施升级。美国积极响应印度的基础设施升级计划，表示将助印升级基础设施。为此，2015 年 1 月 13 日，两国搭建了基础设施合作平台，印度将进一步扩大市场准入，使美国相关行业可以参与支持印度基础设施建设。美国主要从以下三方面提供支持：

首先，美国贸易发展署（USTDA）将和印度铁路公司[①]开展技术合作，帮助印度实现铁路的现代化改造，两国企业还将合作建设印度新一代火车，这些火车将使用清洁能源运行，同时USTDA将协助该公司调整PPP框架，从而吸引更多私人部门的资金用于铁路建设。

其次，美国企业将帮助印度升级道路、港口和机场等基础设施，使印度可以更便捷地与世界联系。

第三，美将参与印度的“数字印度”（Digital India）计划，美国企业将帮印度各社区安装宽带，帮助印度建立智慧城市。今年美国将专门派两个贸易代表团到印度以更好帮助升级印度的基础设施。

此外，两国还将合作促进中亚和南亚地区的互联互通，开展基础设施项目建设，支持该地区贸易和能源的自由流动。

3. 全球议题

国际机构方面，美国重申支持印度加入联合国安理会；明确表示支持印度加入APEC；承诺帮助印度扩大在国际金融机构的话语权和投票权（目前印度在世行的投票权为2.91%，位列第七，2010年世行投票权改革前为2.77%）。

多边合作方面，美印将通过三方合作模式与第三国合作，帮助解决第三国在健康、能源、食品安全、灾害管理以及妇女权益等领域面临的问题；2014年12月召开的第六轮印—美—日三边对话就深化区域合作及三方项目合作进行了探讨，未来三国将就有共同利益的项目展开合作，并探讨在三国外交部长间举行对话。

4. 能源与气候变化领域

印度是继中国、美国之后全球第三大碳排放国，美方一直希望印度做出减排承诺，为今年12月举行的巴黎气候大会达成一个全球气候协议奠定基础，然而印度并没有效仿中国做出具体减排承诺。作为替代方案，印度表示将通过发展可再生能源、提高能效达到减排目的。印度计划到2022年，国内太阳能光伏装机容量达到100吉瓦。美印两国将在能源与应对气候变化领域开展合作，通过双边的“促进清洁能源伙伴关系”（PACE）以及与私营部门合作来发展清洁能源技术和节能技术，采取措施推动印度过渡到低碳经济。

在该领域合作的具体措施包括：推动清洁能源研究，在太阳能、建筑能效及生物燃料三个领域增加研发投入，对智能电网进行跟踪研究；扩大推动清洁能源部署，进一步扩大联合项目的合作；加快清洁能源融资，在清洁能源领域创建一个能够推动贸易和投资的市场环境；开展防止大气污染方面的合作；启动应对气候变化的工具开发；在空间冷却、超高效电器，可再生能源储存及智能电网等领域加强合作；签署能源安全、清洁能源和气候变化领域的谅解备忘录；快速推进

① 印度铁路公司是印度的国有企业，印度政府通过铁道部拥有和经营。

美印气候伙伴计划。

5. 国防和国土安全领域

美印将深化防务关系，开展国防合作，包括国防技术方面的联合研发和生产；美印强调正在进行的国防贸易和技术创新倡议（DTTI）对发展新技术的重要性。美国国防部将建立一个专门关注推进DTTI的快速反应小组；在印度建立一个国防工业基地；扩大海上合作，升级双边海事演习；加强两国执法机构合作，特别是在应对跨国犯罪的威胁，如恐怖主义、毒品、走私、金融和经济诈骗、网络犯罪、跨国有组织犯罪等方面；加强应对网络威胁方面的合作。美国支持印度成为四个多边出口管制机制——核供应国集团、导弹及其技术管制机制、澳大利亚集团和瓦森纳安排的正式会员。

6. 太空和医疗领域

将在水资源研究、大气污染治理、医疗卫生等领域展开合作。美印两国航天机构已经建立了火星联合工作组在探索火星等领域展开合作；两国重申对“全球卫生安全议程”的承诺，将采取行动提高对传染病的防范、检测和快速反应能力，共同促进全球卫生安全。

二、美印关系升温意欲何为

（一）推进亚太再平衡战略

奥巴马进一步加强与印度的合作是为了更好推进美亚太再平衡战略。奥巴马的亚太再平衡战略进展不顺，不仅TPP谈判悬而未决，美国还因为俄乌冲突、伊斯兰国等地缘政治使其重返亚太的战略一再受阻。而印度在莫迪上台后，也积极参与亚太地区事务，原先的“向东看”政策变为“向东行动”。鉴于此，美国进一步加强与印度在各个领域的合作，希望拉拢印度与日本、澳大利亚等盟国一起推进“印太战略”，从而尽早实现亚太再平衡。当然，美国与印度开展全方位合作，也是为了借助印度不断增加的影响力来制衡日益崛起的中国。

（二）分享印度发展红利

奥巴马进一步加强与印度合作，正是看到了印度经济发展的潜力，意在尽早抢占印度市场，分享印度经济发展的红利。作为金砖五国的一员，当其他四国经济增速都在放缓的情况下，印度的经济增速却在稳步增加。世界银行2015年1月发布的《全球经济展望》报告预测，2016年印度的经济增速将升至7%，首次超过中国。IMF也预测，印度经济增速将在2016年超过中国。OECD则预测，2015—2016年印度经济发展将提速，2015—2019年均增长率有望达到6.7%。

莫迪上任后推出一系列改革措施，推进基础设施升级，推出“印度制造”、“印度服务”以促进制造业和服务业出口。更为重要的是，印度拥有有利于经济发展的人口红利。印度有大量年轻劳动力，35岁及以下人口占印度总人口的65%，这将使印度在今后几十年里获得强大的竞争优势。在此背景下，美国通过与印度开展全方位合作，可扩大美国企业在印度基础设施、服务业等领域的投资机会，分享印度经济发展的红利，获得更多的经济利益。

（三）与中国争夺在印度的影响力

近年来，中印不断加强合作，且贸易往来逐年增加。据印度财政部统计，中国占印度贸易总量从2000—2001财年的2.5%增至2013—2014财年的8.6%；印度占中国贸易总量也从2001年的0.7%升至2013年的1.6%。印度商业信息统计署与印度商务部发布的数据显示，2013年中国在印度出口伙伴中仅次于美国和阿联酋位居第三位，而在进口贸易中为印度第一大进口来源地。2014年9月习近平主席访印时表示，争取未来五年内向印度工业和基础设施发展项目投资200亿美元，并将在印度古吉拉特邦和马哈拉施特拉邦建立两个工业园区。同时，中印还将在铁路建设方面展开合作。中国倡导的“一带一路”也积极争取印度的支持。在此情况下，美国为了巩固并争取在亚洲地区获得更大利益，积极拉拢印度参与到美提出的“新丝绸之路”计划，加强与印度展开全方位合作，不断与中国争夺在印度的影响力。

三、几点看法

（一）冷静观察美印关系升温

莫迪上任来，美印关系基于各自利益考量而持续升温，但两国关系未来能否再进一步加强仍有待观察。一方面，奥巴马只有两年多任期，美不仅面临阿富汗、叙利亚、乌克兰等棘手问题，也面临着极端组织伊斯兰国的挑战，奥巴马能拿出多少精力和多少真金白银来提升美印关系有待进一步观察。另一方面，莫迪政府对美政策也受国内政治力量牵制，加上美印过去几十年来累积的隔阂未必在一夜之间得以消除，美印关系有可能在未来呈现出合作与分歧并存的曲折发展态势。

（二）重视印度的战略布局

按购买力平价计算，印度已经是世界第三大经济体，在全球经济中占有一席之地。随着印度不断崛起，印度试图成为亚洲地区领袖的愿望也日渐加强。莫迪上台后，印度的“东向政策”（Look East Policy）进一步提升为“东向行动政策”

（Act East Policy），表明印度已经为实现其亚太战略布局展开行动。除了在国内推进基础设施升级等各项改革外，印度还与美国积极建立战略伙伴关系，并对加入美主导的 TPP 进行可行性研究；与日本深化战略与全球伙伴关系；与俄罗斯将战略伙伴关系发展为“特殊的、受优待的”战略伙伴关系；与东盟也不断扩大合作范围。印度正努力借助各种外部资源提升实力、扩大在亚洲地区乃至世界范围内的影响力，这些努力一定程度上能降低中国崛起对其造成的冲击。

（三）深化中印双边合作

作为亚洲最重要的两个发展中大国，近年来，中国与印度积极合作，但由于边界问题，以及印度担心中国崛起会对其造成威胁，中印关系仍很微妙。印度是中国倡导的“一带一路”的交汇点，虽然印度并未明确反对“一带一路”，但莫迪政府也未积极支持，仍对“一带一路”特别是其中的“21 世纪海上丝绸之路”存有疑虑。印度国内一些学者甚至意图将中国排除在孟中印缅（BCIM）经济走廊外，形成孟印缅走廊，称为“BCIM without C”。鉴此，中国应进一步深化与印度的合作，在金砖银行、亚洲基础设施投资银行、RCEP 等各种多边机制加强交流和合作，积极宣传“一带一路”倡议构建的亚洲利益共同体、发展共同体、命运共同体、责任共同体理念，减少印度对中国的战略疑虑。

（陈　霞　彭　慧）

美国财长：美中应致力于维持现有国际经济架构及其高标准[*]

3 月 31 日，美国财长雅各布·卢访华后在美国亚洲协会[①]就维护国际经济治理体系等相关内容发表演讲。卢表示，中国更好地参与国际经济治理，对两国有利，也有利于全世界。美中两国在维护稳定、促进繁荣、保护环境等方面的合作将对 21 世纪的全球发展起引领作用。美国支持中国更深度地融入全球经济体系，在国际舞台上发挥更大作用，承担更多责任。美欢迎亚投行的成立，并支持亚投行与现有国际机构开展合作。主要内容如下，供参考。

一、美中两国在国际经济治理中占有重要地位，维护现行国际经济治理体系符合美中两国的共同利益

国际经济治理始于“布雷顿森林体系”中的世行和 IMF，加上随后的 WTO，这些机构都为经济增长、自由市场和金融稳定奠定了基础。这一架构帮助全球经济实现了几十年的持续增长和繁荣。在这些国际机构的帮助下，数以百万人脱离贫困。中国就是最真实的例子。

近 40 年，在经历了以市场为导向的改革和对外开放后，中国的人均收入增长 19 倍，6.8 亿中国人脱贫。中国占世界 GDP 的比例从 1990 年的约 3% 升至 2014 年的约 13% 。这一转变无疑是受中国的政策决策驱动的，同时也受到了以下推动：公开市场和基于规则的全球贸易体系的实用性，以及国际金融机构的投资、建议和经验。例如，世行和亚行已经共同合作了 30 多年，在这种合作伙伴关系中，累

---

* 本文写于 2015 年 4 月 7 日。

① 亚洲协会是非营利、非政府、无党派的民间机构，宗旨是促进美国与亚洲之间的民间交流，增进亚太地区民众、领袖和机构之间的相互了解。亚洲协会致力于在政策、商业、教育、文化和艺术等诸多领域加强对话、鼓励创新。

计投入 700 多亿美元支持中国，使其逐步走向繁荣。

两国在国际经济治理中都占有很重要的份额，美国欢迎中国作为一个合作伙伴，与美国共同应对 21 世纪挑战时坚持并推进这些机构的高标准。随着中国经济增长并且越来越关注推动国际发展，中国如何融入“二战”以来形成的国际经济关系框架，如何利用其新的影响力，将推进何种观点和理想，成为国际社会的普遍关切。维护现行国际经济治理结构符合中国的利益，这也是中国在过去 40 年能够实现经济繁荣的基础。美国同时也理解中国作为发展中国家的立场。全面接受布雷顿森林体系的遗产，还是重新书写新的规则，这之间有很广阔的范围。接下来的问题就是中国将如何定位。

基于《布雷顿森林协定》以来的经验教训，美国开展关于贸易和投资、发展、金融透明度、宏观经济和汇率政策等高标准的各种对话。美国欢迎一个和平发展、稳定与繁荣的中国。中国经济持续强劲增长，特别是由消费拉动的经济增长，有助于提振全球经济。美国欢迎中国在全球经济和金融体系扮演更重要的角色，并承担更多责任。美方能够感受到中国强烈的意愿——继续深入参与已有的国际机构，并愿在组建新机构时吸取过去 70 年的经验教训。中国的改革动力和对高标准需求的认知显示两国继续当前的交流是至关重要的。

二、维持贸易规则高标准符合美中双方的共同利益

维护现有国际机构的高标准符合两国的共同利益。在奥巴马政府的最初时期，美国决定扩大美中战略与经济对话，作为解决双边贸易和战略关系最重要问题的平台。核心的目标就是与中国在利益交叉的多个领域加强合作，在有分歧的领域坦率地寻求解决方案，并加强中国在全球体系中的分量和作用。通过美中战略与经济对话以及其他高层互动为美国人民带来了实实在在的利益：

1. 2009 年年初以来，美国对中国商品的出口规模几乎翻番，增速远高于美国对世界其他地区的出口。2014 年，美国对中国商品和服务出口规模约为 1660 亿美元；

2. 自 2005 年中国放弃人民币钉住美元的固定汇率制以来，人民币已升值约 33%。自 2010 年以来，基于贸易加权计算的人民币升值幅度达到约 20%。中国也提高了外汇储备数据的透明度，包括采纳国际货币基金组织的数据报告标准；

3. 美中达成了扩大《信息技术协议》的双边协议，中国在美中战略与经济对话中承诺与美方就《双边投资协定》展开谈判，该协定将使美国公司在华获得国民待遇和非歧视的市场准入，只有部分特定情况例外。

美中两国的 GDP 之和占全球 GDP 的三分之一，占过去三年全球经济增长的 40% 以上。作为全球最大的两个经济体，即使两国不能解决世界上所有的挑战，

但有共同的责任，寻求通过政策协调支持全球经济。

一个开放和日益自由化的全球贸易体系，对中国经济的增长和繁荣至关重要，对美国亦然。美国开放的经济政策推动了美国经济的增长，为美国的企业、工人、农民提供了大量机会。为美国的商品和服务带来了不断增长的大市场，使美国能够专注于高附加值的技术密集型产品，出口拉动的高薪就业机会也获得支持。美国从全球经济中获益良多，但是只要有有违公平竞争的规则存在，美国的工人和企业就会蒙受损失。这就是美国重视贸易协定的高标准并通过 G20、G7 和双边机制防止部分国家通过持续低估的汇率扩大出口的原因。

2013 年的美中战略与经济对话确定启动双边投资协定谈判。中国承诺，投资协定将覆盖所有经济部门，并开放除负面清单以外的所有市场。中国承诺将在无歧视、公平、开放、透明的前提下进行谈判，这提供了一个促进投资的好机会。一旦谈判达成，将会扩大美国企业在中国投资和竞争的领域。一个成功的双边投资协定需要为投资设立高标准，并且真正能够为美国工人和企业提供机会。出于这个原因，负面清单须简短而明确。

强劲的经济增长依靠的是能够保护创新的商业环境。开发新技术的成本是巨大的，一旦新的商品、服务和技术能够以小代价被轻易地剽窃或复制，对创新将是重大打击。中国已经开始转向国内技术研发，中国未来的成功将高度依赖于技术研发能力。公平、开放的竞争对于创新至关重要。

美中两国和其他国家制定和维护网络空间的规则非常重要。美中在保障包括商业机密在内的知识产权及加大对窃密行为的惩罚方面有着共同利益。通过网络盗取商业技术或者商业机密是不能被允许的，特别是政府在幕后指使的行为。

三、中国市场化改革面临诸多挑战

中国为维持经济可持续发展而进行的转型将会面临很多挑战。这些挑战包括：经济增长从投资和出口驱动转为消费驱动；从重工业驱动转为服务业驱动；从资本驱动转为创新和技术驱动；从国有企业驱动转为民营企业驱动。中国在三中全会提出的“让市场在资源配置中起决定性作用”的改革思路为此次转型提供了可靠的路径。三中全会所提出的改革与美国对中国的期待高度一致，例如：扩大市场准入、国企和行政体制改革、要素价格和金融改革。

中国继续推进市场化的汇率是很重要的。中国未能让市场在汇率机制中发挥决定性作用，已经对全球经济造成了不利影响。虽然中国近几年在汇率市场化方面取得积极进展，但是中国过去实行的固定汇率制增加了贸易顺差规模并加剧了外部失衡，也阻碍了资源从投资、重工业和出口部门流向更能创造就业的部门（如服务业），从而加剧了中国经济内部失衡。2014 年的美中战略与经济对话，中国承诺在条件许可的情况下减少外汇干预，包括当出现人民币升值的市场压力时。

为进一步融入国际标准，在 2014 年 11 月的 G20 峰会上，习主席宣布中国将采纳 IMF 的特别数据发布标准报告外汇储备。这将显著提升中国外汇储备的透明度。

人民币国际化。中国需要完成艰难的基础性改革，包括资本账户自由化，更加市场化的汇率，利率自由化以及加强金融监管。这将使中国经济内外部更加平衡。对内将减少对投资和人为低利率的依赖；对外将减少对出口和低估汇率的依赖。

中国的市场化改革正在稳步有序地推进，人民币国际化对中国乃至世界都有建设意义。在推动将人民币纳入 IMF 的特别提款权货币篮子过程中，中国需进一步推动人民币国际化进程和改革。

四、美中在多个领域应加强合作

现行国际经济治理结构符合美中两国的共同利益。现有国际金融机构为国际融资和发展的多边合作提供了最佳框架。中国、美国和世界经济都从全球金融架构中受益巨大。美中两国有浓厚的兴趣维护和推进这些机构发展。中国正当地希望发挥更大的作用，不仅是因为中国经济体量巨大，还因为中国有浓厚的兴趣和责任维持和推进全球稳定和增长，以及支持这些目标的金融机构。经过 70 年来发展而成的标准，其对于中国和美国长期经济前景至关重要，放弃这些标准不符合中国的利益。这也是美中本周在北京会见时达成的共识。

美国应尽快兑现承诺，通过 IMF 配额改革以维持美国的领导地位。IMF 良好的治理符合美国的经济和战略利益，因此美国政府强烈支持 2010 年 IMF 改革方案，美国会应尽快推动相关立法进程。这对 IMF 的现代化和增强 IMF 应对突发危机的能力至关重要。国会通过 IMF 改革方案有利于美国维护其在国际经济治理中领导地位的决心，如果美国失去这一角色，那么其他国家（包括中国）将走向领导地位。

随着经济实力的不断增强，中国的国际地位不断提高，中国已经成为推动国际减贫事业的重要贡献者。世界银行和地区性开发银行为贫困国家提供赠款和低于市场利率的贷款，相信中国将为此提供更多支持。

美中应继续加强应对气候变化的合作。2014 年 11 月美中宣布的气候变化联合行动表明，全球最大的两个经济体共同致力于减少温室气体排放、扩大清洁能源利用，为气候变化谈判注入新动力。美中对气候融资问题进行了探讨，并寻求进一步的合作以制订更严格的标准。

美国对亚投行的成立表示欢迎。只要能够补充现行国际经济治理结构，遵守多边决策规则、贷款标准和保障政策，美国对包括亚投行在内的国际机构的成立表示欢迎。这些标准和保障政策将从防止腐败、保护环境、保护劳动工权益等方面促进全球经济的可持续发展。亚投行与现有国际机构间的合作将有利于国际经济治理、环境与社会保障、债务稳定等方面的最高标准。

鉴于美国经济对全球经济的重要影响以及美元在国际金融体系的重要作用，美国承担着维持国际经济治理结构良好运转的特殊责任。责任的履行不仅包括美国国内的财政政策和货币政策，还包括让更多新兴国家在多边合作中发挥更重要的作用。中国和其他新兴经济体应享有更多发言权，未来这些国家将在多边机构的规则和标准制定中发挥重要作用。

正如奥巴马总统所说，通过合作使中国更好地融入全球经济，对中国有利，对美国有利，也有利于全世界。中国和美国是全球两个最大经济体，两国在维护稳定、促进繁荣、保护环境等方面的合作将对 21 世纪的全球发展起引领作用。美国欢迎中国更深度地融入全球经济体系，在国际舞台上发挥更大作用，中国所承担的责任也就更重要。这些责任远超过任何一个单独问题，包括可持续增长、环境保护和劳工安全保障、市场化改革、贸易自由流动、市场准入、观念和创新，以及依法治国。中国面临很多重要选择，但只要中国致力于推动经济可持续发展、尊重和保障人权，美国将同中国一起努力。

（彭　慧　唐鸿儒　于　露）

美国副财长谈美中战略与经济对话*

4 月 29 日，美国财政部负责国际事务的副部长席莰在美国战略与国际研究中心（CSIS）发表演讲，介绍了美中战略与经济对话（S&ED）的重要意义和发展历程，并对 2015 年美中战略与经济对话作出展望。其演讲主要内容如下，供参考。

一、美中战略与经济对话的重要意义

美中战略与经济对话的意义不仅体现在为期两天的会议中，更重要的是它作为一种沟通机制，来处理和建设这个世界上最大的两个经济体间的双边关系。事实上，在这一机制下，美中之间各个层面的交流与对话每天都在进行。这种密集的交流与对话机制主要基于以下两点原因：

1. 美中两国利益深度交融。美中两国经济总量占世界三分之一，对全球经济增长的贡献率达 40%。美中双方的经济表现直接关系到对方的切身利益，双方在全球经济治理、维护全球经济和金融秩序方面有着强烈的兴趣和共同的责任。

2. 涉及双方经济政策和利益的问题广泛且复杂，需要双方密切沟通。近期，针对一些不符合全球贸易和投资规则的问题，中国已经采取了一系列积极措施，例如延迟实施银行业信息和通信技术（ICT）产品采购新规定，减少外资企业对中国实施反垄断法的担忧等。这从侧面反映出对话和交流机制的重要作用。

在美中战略与经济对话中，美中两国元首指定各自特别代表负责各自跨各部门协调，在战略和经济两个层面展开对话。这种经元首特别授权的高规格在美中两国众多双边对话机制中独一无二，凸显了美中战略与经济对话的重要意义。

* 本文写于 2015 年 5 月 5 日。

二、美中战略与经济对话的发展历程

美中建交后不久，两国领导人商定成立美中联合经济委员会（JEC），该委员会最初由美国财政部部长和中国国务院副总理共同主持①，定位为处理美中经济合作的主要工作机制。

1983 年，随着美中商贸联合委员会（JCCT）的设立，美中联合经济委员会开始专注于经济和金融领域，美中商贸联合委员会则主要专注于经贸领域。

随着美中经济关系的不断深化，21 世纪初美中之间的双边对话机制达数十个，涉及双边经济关系的方方面面，但这些对话缺乏一个牵头的机制来确保双边经济关系中的问题和挑战可以得到有效应对。

2006 年，美中战略经济对话应运而生。2008 年 10 月，包括 CSIS 在内的一些专家学者对美国同中国等亚洲国家的经济外交模式进行了分析，为奥巴马政府提供了重要的政策建议。2009 年，奥巴马政府决定将战略层面的对话纳入到美中战略经济对话中，从而形成了美中战略与经济对话这一对话机制，其内容涵盖贸易和投资、网络安全、疾病防控、金融和气候变化等诸多领域，将美中双边合作提到一个新的高度。

三、美方近期关注的议程和成果

在此前的美中战略与经济对话中，双方已在诸多领域取得了积极成果。美方关注的议程和成果主要有：

1. 深化经济体制改革。在 2014 年的美中战略与经济对话中，中方承诺深化经济体制改革，包括增加居民收入，提高国有企业利润上缴比例等。

2. 加快推进由市场决定的汇率制度。在 2014 年的美中战略与经济对话中，中方承诺加快推进由市场决定的汇率制度。自 2014 年战略与经济对话之后，中方已明显减少了对外汇市场的干预，但当市场再度推动人民币升值之后，真正的考验才会到来。为了使人民币汇率完全由市场决定，双方还有很多工作要做。

3. 美中双边投资协定（BIT）谈判进程。美方认为，BIT 应当涵盖包括市场准入阶段在内各个阶段的投资活动以及负面清单以外的中国经济所有行业。这将有利于美国企业和投资者拓展新机遇，获得更公平的竞争环境。

4. 改善商业环境，促进法制建设。包括加强监管透明度，是美国长期关注的重点议题。中方承诺，竞争政策的目标是提高消费者的福利和经济效益，而不是

① 1980 年 9 月，时任国务院副总理薄一波以美中联合经济委员会中方主席的身份，率中国政府代表团出席在华盛顿举行的美中联合经济委员会第一次会议。

为促进个别竞争者和个别产业。上述承诺将和美中商贸联委会成果清单中有关中方执行反垄断法的相关承诺一起，促进美国企业在中国开展业务。

5. 美中应对气候变化的合作。通过战略与经济对话，美中双方不仅积极应对双边关系中的现存挑战，更致力于寻求在新的领域展开合作。应对气候变化就是双方深入合作的典型案例，在去年的美中战略与经济对话中，双方通过战略层面和经济层面的共同努力，为两国领导人在 11 月达成气候变化合作协议奠定了坚实的基础。

四、2015 年美中战略与经济对话展望

今年 9 月，中国国家主席习近平将访问美国，美中战略与经济对话将再次承担起为两国元首会晤铺路的重要职能。美方在今年的美中战略与经济对话中将重点关注以下几个议题：

1. 应对气候变化。今年的美中战略与经济对话将基于两国领导人达成的《气候变化联合声明》，进一步推动美中在应对气候变化方面的合作，为今年 12 月国际气候变化谈判在巴黎达成协议创造有利条件。

2. 创新和 ICT 产品贸易。为创新和 ICT 产品贸易提供一个公平、开放的环境，并根据全球最佳实践有效应对网络安全问题，将是今年对话的重要内容之一。中方最近延迟实施银行业 ICT 产品采购新规定的做法值得肯定，但双方还应就此问题继续努力。

3. 人民币汇率改革。中国正在推动人民币汇率形成机制改革，美方希望中方根据去年做出的承诺减少对外汇市场的干预，并采取相应的措施增加外汇储备和外汇市场操作的透明度。同时，美方希望中方进一步推进国内金融体系改革和利率市场化改革，审慎推进资本账户开放，与国际金融市场接轨。

4. 中国在全球经济和金融体系中发挥更大作用。美方欢迎中国越来越多地参与全球经济治理，随着中国在国际舞台发挥的作用日益显著，中国也应承担更多责任，并在应对区域和全球性挑战中做出更大贡献。美方希望和中国一道，努力推动强劲、平衡、可持续的全球增长；加强并扩大开放的、以规则为基础的贸易投资管理体制。

5. 亚投行等多边新倡议。中国近期已经公布了一系列多边新倡议，包括筹建亚洲基础设施投资银行。美方认同亚洲需要更多的基础设施投资，正如奥巴马总统所说的那样，中国愿意投资于区域基础设施发展是件好事，这将促进区域经济增长。美方欢迎包括亚投行在内的新多边机构对现有的国际金融体系进行补充，但要确保新机构能采取国际社会普遍认同的真正的多边决策方式，并在贷款标准和安保政策上做出持续改进。美国将继续同中国和其他国家一道，为亚投行能够采用并实施高质量的国际标准提出具体指导。

（王　虎）

欧盟 TTIP 谈判最新立场简析*

TTIP 第八轮谈判于 2 月上旬举行，谈判前夕，欧盟向美国提交了欧方谈判文本，内容涉及市场准入、监管合作与贸易规则三个方面所有议题。为提高谈判透明度，欧盟公开了此谈判文本核心内容，并介绍了欧盟的谈判目标。具体情况及我们的分析如下，供参考。

一、市场准入

（一）商品贸易与关税

美欧间平均关税税率低于 2%，超过一半商品交易免税，但高关税产品依然存在，如服装类产品为 30%，烟草为 350%，花生为 130%。同时，美欧关税水平存在差异，如欧盟进口美国汽车税率为 10%，美从欧进口仅为 2.5%。就商品贸易与关税而言，欧盟希望通过 TTIP 全面消除关税、开放市场。不过，对一些较为敏感的产品，欧盟希望实施较长的减税缓冲期以增强企业适应性，并依据具体行业情况适当延长，同时对相关市场实施部分开放。

（二）服务贸易

美欧服务贸易规模巨大，但欧对美服务业出口面临阻力。欧盟希望，TTIP 能消除服务业市场对欧企业的市场准入障碍，确保双方拥有同等市场准入权；实现资格认证互认，专业经营许可与专业人员资格审批程序简化；同时，允许欧盟继续对影音、医疗、教育、社会服务等敏感领域实施保护，保留成员国对这些行业采取限制措施的权力。

---

* 本文写于 2015 年 2 月 26 日。

（三）政府采购

美欧政府采购市场规模庞大，但美欧在对方采购市场仍面临不平等待遇，有时甚至不能参与竞标。欧盟希望，TTIP 能消除准入障碍，避免歧视，确保竞标公平、招标透明，实现美欧双方从联邦到地方各级政府采购市场的全面开放。

（四）原产地规则

依据原产地规则，只有原产国为该国商品才能从贸易协定中受益。欧盟希望，美欧就商品产地确定方法达成一致，简化原有规则，同时鼓励创新。

二、监管合作

（一）监管合作整体方向

为弥合美欧制度差异、降低合规成本，欧盟希望与美方就监管合作实现以下四方面整体目标：其一，全面加强监管合作，实现监管体系兼容，降低技术壁垒；其二，双方监管部门合作制定新监管规则，共同审议现有规则；其三，双方监管部门实现信息交换与相互咨询；其四，设立监管合作机构以保障 TTIP 规则的实施。目前欧盟内部对监管合作质疑，担心 TTIP 将降低消费者和环境保护水平，造成产品安全标准与等级下降，影响立法机构权力。对此，欧盟表示，将保持高标准的消费者和环境保护水平，并保留特定领域标准差异，强调监管机构行使公共政策目标的权利并保持政策制定的独立性；将不会更改立法程序。

（二）技术壁垒

美欧在产品技术要求、检测标准与步骤等方面存在差异。欧盟希望 TTIP 降低技术壁垒并达到以下目标：以现行国际质量标准为依据，消除或减少重复检测流程，实现获取对方产品质量规定和检测标准便利化，提高美国标准制定体系透明度。

（三）具体行业监管合作

欧盟希望，美欧能就以下 10 个行业达成监管合作协议，从而实现监管趋同，降低技术壁垒，具体包括：（1）食品安全与动植物保护：建立明晰透明的监管流程与时间表，建立更有力的贸易问题解决机制；欧盟不接受美国转基因产品，并继续限制荷尔蒙和激素使用，实施最高标准的动物保护规则。（2）化学品：加强技术和科技信息交换，建立监管合作新机制，推广相关国际标准。（3）化妆品：

加强双方科学安全评估与技术认证，废除动物测试；同时，不会改变现有包含1372种禁用物质的清单，希望美国运用欧盟的科学评估办法。（4）电子及机械产品：在产品标准上使用欧盟及全球通用的ISO、IEC等标准，降低产品检测成本，消除规则制定分歧。（5）医疗设备：以国际医疗设备规则为基础，认可对方质检结果，避免重复检验、简化审批流程，优化产品检测及召回流程，加强新领域合作。（6）信息和通讯技术（ICT）：在电子标签（就通过电子形式向消费者提供产品信息做出规定）、电子无障碍环境（使残疾人也可使用信息和通讯技术）、内部操作（允许用户在不同产品间便利地进行数据交换）等方面加强监管合作，以国际通用标准为基础为产品合规评估设定共同原则。（7）医药：简化通用类药物审批流程，优化生物制药产品审批流程，对符合彼此优良制造实践的制造厂商仅进行单方检测；监管部门进行信息交换等，不改变欧盟公共部门医药定价或补贴决策权。（8）纺织品：就产品标签开展合作，接受新材料名称。（9）车辆：尽可能认可对方的技术标准，在联合国框架下制定新技术标准与规则并鼓励其他国家采用。欧盟希望拓展联合国欧洲经济委员会1998年通过的车辆技术标准清单，制定新技术领域合作规则。（10）能源与原材料：促进能源与原材料可持续使用，确保原材料和能源供应商更加多元化。推动公平竞争与规则透明，包括能源获取及能源基础设施使用。希望制定新国际贸易规则，使该领域成为其他国家谈判范本，促进国际贸易透明与公平。此外，确保欧盟成员国政府自行决定是否允许生产页岩气，保障成员国能源开采主权。

三、贸易规则

（一）贸易与可持续发展

TTIP应确保经济增长、社会发展与环境保护协调发展，保障劳动者权益并强化环境治理。欧盟希望，TTIP能够支持关于劳动力与环境的核心国际标准与公约，以国际劳工组织相关规定为依据并实现劳工高度保护，保留欧盟制定高标准环境与劳动力保护规则的权利，避免任何恶性竞争，促进绿色产品及服务贸易与投资。

（二）海关及贸易便利化

美欧贸易涉及的所有商品需经过美欧海关的双重检查，欧盟希望通过TTIP谈判制定新规简化海关程序，提高海关审查效率，节省双方时间和资金，促进美欧贸易便利化；同时，允许海关工作人员对产品安全和应缴税款进行必要检查。可采取的方式包括：就简单、有效而易懂的新规则达成一致；双方使用相同入关表格；确保海关申报程序透明，比如提供在线下载；强化美欧海关密切合作。此外，欧盟将会继续执行 WTO 成员国达成的贸易便利化国际公约（TFA），并尽可能提高标准。

（三）中小企业

欧洲有 200 万家中小企业，是欧洲经济的重要支柱，能为私人部门提供三分之二的就业岗位，2002—2010 年创造的就业岗位占整体就业岗位的 80%。中小企业与大企业面临同样的贸易壁垒与资金困难，需要更多支持来获取 TTIP 带来的贸易与投资新机遇。欧盟希望：其一，美国可为欧盟中小企业在线提供有关进出口及投资相关信息，包括关税、税费、监管与海关程序及市场机遇；其二，就支持中小企业出口与投资的最佳实践进行交换，进一步加强美欧中小企业在商业与融资方面的合作；其三，允许中小企业在 TTIP 协议执行过程中发表意见，设立中小企业委员会，通过委员会向美欧贸易当局传达中小企业关切的问题。欧委会已就与美贸易面临的困难征求了中小企业意见，依据回馈意见，欧盟将拟定 TTIP 具体相关规则以进一步支持欧盟中小企业在美进出口贸易与投资。

（四）投资者保护

欧盟为美国最大投资国，欧盟企业在美投资额超过 1.6 万亿欧元，为保持或强化在美市场的竞争力，欧盟需进一步扩大在美投资，强化对在美投资欧洲企业权益的保护；同时，投资保护规则的完善也将有力吸引美国对欧投资。欧盟希望，其一，制定长期而稳定的投资保护规则，确保美欧政府在处理欧盟投资时避免歧视、无补偿征用、执法不公及武断行为；其二，强化欧盟政府的监管权力，以保护居民、环境与社会发展；其三，投资保护规则；其四，使投资者保护体系更加透明。2014 年欧盟委员会就投资者保护与国际争端解决机制（ISDS）进行公众咨询，2015 年 1 季度将再次召集利益相关方、各成员国政府与欧洲议会召开公众咨询会。咨询意见不仅将用于 TTIP 谈判，还将用于欧盟整体投资保护体系改革。欧盟已就投资者权益、范围和限制制定了一系列草案并进行了公众咨询，这些草案将完全透明，同时，欧盟提议建立诉讼机制重审 ISDS 法庭的决定。

（五）竞争政策

美欧贸易中存在扭曲竞争的全球性问题，为防止价格操纵或滥用市场支配地位，确保私企和国企公平竞争及企业补贴透明化，欧盟希望就竞争政策实现以下目标：其一，以美欧现存有效协议为基础；其二，制定适用于包括美国在内的所有欧盟贸易伙伴的竞争与合作规则；其三，达成企业补贴透明化规则。

（六）知识产权保护

科研创新为经济增长驱动力，知识产权（IPR）为科研创新提供制度保障。知识密集型企业创造了欧盟经济总额的近 40%，年均产值达 4.7 万亿欧元，创造就业近岗位 35%。美欧都已建立现代化 IPR 规则，但仍有完善空间。欧盟希望，其一，美欧能就一系列双方已签订的国际 IPR 协议达成一致；其二，就两项原则达成一致，一是新规则要以现行规则和实践作为基础，二是新规则要重点加强 IPR 对增长与创业的积极作用；其三，就一系列约束性承诺达成一致，重点包括地理标识（Geographical Indications，GIs）运用以及对艺术产品的版权保护。

欧盟对于 IPR 的争议主要涉及反假冒贸易协议（ACTA）、产品价格和地理标识三个方面，担心 TTIP 将为欧盟引入欧洲议会此前曾拒绝通过的 ACTA，造成欧盟制药产品价格上升，以及美国不会同意对欧盟产品的 GIs 进行保护，造成欧盟专属产品名称的滥用。为此，欧盟表示谈判将不会涉及宪法和互联网供应权益等问题，制药产品价格将不会因 IPR 条款而改变。此外，将力争与美国就 GIs 保护条款达成一致。

（七）政府间争端解决机制

欧盟希望 TTIP 的政府间争端解决机制能在 WTO 纠纷解决机制的基础上实现两方面创新：其一，美欧事先对法庭仲裁员人选达成一致；其二，通过允许公众听证和非政府组织参与来增加纠纷解决的透明度。

四、几点分析

（一）美欧之间仍存较大分歧

从前七轮谈判情况来看，欧美之间在服务业贸易、政府采购、食物与动植物安全保护、能源与原材料以及地理标识等问题上存在较为明显的争议。依据欧盟本次公布的谈判文本内容，欧盟此前的谈判立场并未有根本改变，这些问题仍将是谈判分歧焦点，美国能否同意对相关产业实施减税缓冲与部分开放，允许欧盟继续对影音、医疗、教育、社会服务等敏感领域实施保护与限制，实现中央与地方政府采购市场全面放开，接受欧盟拒绝转基因产品并限制使用荷尔蒙和激素的态度，同意采用地理标识，以及能否与欧盟就投资者保护与 ISDS 条款达成一致仍是未知数。

（二）监管合作仍将是 TTIP 谈判的最大难题

美欧双方寄予厚望的监管合作仍将是 TTIP 接下来几轮谈判的最大难点。尽管监管合作是欧美期待获取收益最多部分也是 TTIP 谈判亮点，但毕竟欧美在监管规则、监管体系、产品技术要求和检测流程等方面存在本质差异，涉及的细节性谈判问题众多，同时，改变现有体系需耗费大量时间与资金。最终，能在多大程度上加强监管合作与兼容，降低技术壁垒，实现质量标准和检测结果互认，目前来看并不确定，仅从欧盟谈判文件中体现的一系列目标来看，已与最初预期的“大幅降低监管壁垒”有一定的距离。

（三）欧盟内部仍存较大争议

从欧盟公布的谈判文本内容可以看出，欧盟内部目前对监管合作、贸易与可持续发展及投资者保护仍存较大争议，担心监管合作会影响产品检验结果，降低产品安全标准与等级，影响消费者和环境保护；担心 TTIP 将降低劳动者权益并弱化国际劳工组织角色，影响欧盟立法权和执法权。尽管欧盟已多次对这些问题作出解释，且每次谈判都举行公众等利益相关方参与的咨询会，但未必能完全消除市场对这些潜在影响的担忧。就欧盟而言，TTIP 协议签订的前提是获得欧洲议会和欧盟理事会通过，消除成员国对 TTIP 的顾虑将是其面临的关键问题。

（宋　馨　李明慧）

TTIP 第九轮谈判进展与分歧*

TTIP 第九轮谈判于 2015 年 4 月 22 日—26 日在美国纽约举行，谈判双方就监管合作、贸易规则和市场准入三大议题进行了讨论，在一些关键领域取得积极进展，但仍未形成实质性成果。现对 TTIP 第九轮谈判的主要内容、进展、分歧及争议做简要分析，供参考。

一、谈判内容与进展

（一）监管合作

监管合作议题涉及横向合作和九个具体行业的纵向合作，横向合作具体包括监管制度、技术壁垒以及卫生与动植物检疫合作；九个具体行业是指汽车、制药、医疗设备、化妆品、工程、纺织品、化学品、农药和信息通信技术。在上轮谈判中，美欧双方已就横向监管合作提交了“谈判文本草案”，本轮谈判继续确认双方草案的共同点。欧盟希望，双方能在尊重彼此监管程序的基础上，在美欧监管机构间建立务实的建设性合作框架。同时，双方还分别探讨了九个行业中可实现监管趋同的具体领域，以及实现监管规则互认的方法。双方监管机构承诺将在未来几个月加强相关技术问题交流，以取得更具体的监管合作成果。

（二）贸易规则

贸易规则议题涉及能源与原材料、海关与贸易便利化以及贸易与可持续发展。双方首次就能源与原材料涉及的所有问题进行全面讨论；同时，针对能源产品运输设施，就如何促进第三方准入的透明性与公平性以及如何加强能源监管合作进行探讨。在第八轮谈判基础上，双方就如何简化海关程序，减少繁文缛节，促进跨境

* 本文写于 2015 年 5 月 7 日。

产品流动进行讨论，并达成有关海关与贸易便利化的谈判合并文本。双方还审议了美国提交的一项允许对方出口商在本国进行测试并认证的提案。此外，欧盟与美国分享了禁止非法与违规捕鱼的经验，相关规则将超越现有贸易协议并采纳利益相关方意见。

（三）市场准入

市场准入议题主要涉及关税与公共采购，本轮双方进行了深入的技术性讨论。有关服务贸易的谈判此次未能进行，将在下轮谈判前进行磋商。同时，双方重申将保护政府提供和运营公共服务的方式，美国大使弗曼和欧委会贸易委员马尔斯托姆发表联合声明，声明中指出包括 TTIP 在内的美欧贸易协议，不会阻止政府从任何层面提供或支持自来水、教育、医疗等公共服务，不会妨碍政府为确保公众利益而实施或维持相关监管规则；同时，强调私人部门在社会服务领域可成为公共部门的重要补充。

二、主要分歧

（一）转基因食品

在本轮谈判期间，欧委会最新批准了转基因大豆、玉米、油菜籽和棉花等 19 种转基因产品的进口，其中 11 种来自美国农业大型企业孟山都（Monsanto）。同时，允许欧盟 28 个成员国自行决定是否允许进口转基因产品，即便欧盟科研机构证实这些产品对消费者和环境无害。美国首席谈判代表丹·马拉尼表示，很高兴看到欧委会致力于生物技术的应用，但美国对欧盟允许其成员国阻止转基因产品进口表示失望，认为这不符合欧盟坚持的单一市场原则，在欧盟和美国都在试图通过 TTIP 创造增长和就业之际，允许这样的贸易限制行动有害无益，这与欧盟现有国际责任或建成统一内部市场的愿望相违背，美国很难与欧盟在这一问题上取得一致，希望欧盟本着尊重彼此间几十年来贸易规则的态度开展后续工作。

（二）金融业监管

由于美欧双方在金融监管上规则和标准差异较大，以及金融危机后美国对金融业的监管不断加强，近几年美国监管机构对在美经营的欧洲金融机构实施过多次巨额处罚，欧盟业界担忧欧洲银行业发展受到影响。在此轮谈判中，欧盟重申希望将金融监管纳入 TTIP 谈判，却再次遭到美国拒绝。欧盟希望通过 TTIP 加强金融服务监管合作和监管规则趋同，共建互信机制，认为这将促进金融业整体稳定发展。尽管美国官方持反对立场，美欧双方保险业界均支持将金融服务章节纳入

TTIP。

三、欧盟内部对 TTIP 的不同声音

（一）反对声音

自 TTIP 谈判之初，欧盟成员国民众对 TTIP 的反对声音就此起彼伏，如今更是愈演愈烈。在第九轮 TTIP 谈判举行之前，德国、英国、法国、西班牙、比利时等欧盟成员国民众纷纷上街游行抗议，仅德国慕尼黑就有超过 2 万人上街游行。反对者认为，双方政府将大企业利益凌驾于民众之上，TTIP 协议将削弱欧洲各国政府权力，降低欧洲对消费者权益和环境的保护，降低社会福利标准，损害欧洲食品安全、农业以及医药等行业的利益，冲击成员国相关产业。例如，监管趋同将降低欧洲食品监管标准，使其更接近美国标准，而美国转基因食品、杀虫剂以及牛肉中激素的使用相对宽松；TTIP 谈判将有助于美国页岩气出口到欧盟，这种更廉价的能源将带来 1100 万吨的额外碳排放；由于美国劳工规定相对少、工会权利相对小，协定将导致欧洲就业机会转移至美国生产商，对欧盟劳动力市场带来负面影响；投资者—国家争端解决机制（ISDS）将赋予大型企业起诉政府的权利，企业利润和欧盟层面的决定将可以影响成员国的国内政策，从而对民主构成威胁。

来自德国的反对声音最为强烈，一项民意调查显示，43% 的德国民众认为 TTIP 将对德国有害，仅有 30% 的公众认为有利。英国对于医疗服务问题最为关注，英国政府呼吁 TTIP 应明确排除“英国国家医疗体系”（NHS）议题，认为 TTIP 若推动 NHS 私有化，美国投资者将可通过 ISDS 阻止英国公共部门重新管理 NHS。同时，英国民众也认为，未来美国私人医疗企业大量进入将打击英国国家医疗体系，影响民众就医质量。

（二）支持声音

尽管德国民众强烈反对 TTIP，但德国政府和业界明确支持谈判尽早完成。德国总理默克尔表示，标准已经立法，并不会改变。副总理加布里尔认为，应确保世界贸易的标准由美欧双方共同决定。德国联邦工业联合会主席格里洛指出，如果不加强跨大西洋经济区，美洲和亚洲投资者就会转向世界其他地区，这对德国和欧洲不利。

此外，爱尔兰政府也明确表示支持 TTIP 谈判。爱尔兰是一个对外贸易依赖度很强的小型开放经济体，将极大受益于 TTIP 谈判。爱尔兰政府预计该协定若达成将使爱尔兰经济增长率提高 1.1 个百分点，并创造 1 万个就业岗位。

四、几点看法

（一）TTIP 谈判年内完成无望

美欧双方都在本轮谈判中表达了希望谈判进程加速的愿望，同时，奥巴马政府正在国会两院推进立法，期望为国际贸易条约建设“快速通道”，欧盟也在近期欧盟峰会上承诺 2015 年年底完成谈判。但从目前情况来看，鉴于美欧之间的重大分歧、美国政治生态以及美欧双方国内的反对声音等因素，TTIP 不仅不可能在今年年内完成，在奥巴马任期内达成恐也无望，有分析认为，协议最终签署也许要到美下一届政府时才能完成。

（二）美欧谋求全球影响力的立场没有改变

除消除贸易壁垒外，美国与欧盟推动 TTIP 的核心目的是稳固并加强其全球经济影响力，双方始终坚持这一立场。美方谈判代表认为，TTIP 将重新引领全球贸易投资规则的制订，在世界范围内推广新贸易标准和规则；同时，重新树立美欧在经济领域的领导权，为全球提供新的经济模式。欧盟首席谈判代表贝尔塞罗在谈判重启前明确表示，中国、印度以及其他新兴经济崛起对全球发展来说是好消息，但意味着美欧在设定未来贸易规则方面将处于弱势。TTIP 将改变这一现实，美欧伙伴关系将得到强化，美欧在同全球其他国家和地区的谈判中将成为更紧密的同盟者。

（宋　馨　李明慧）

TTIP 第十轮谈判简析*

2015 年 7 月 13 日—17 日，美欧《跨大西洋贸易与投资伙伴关系协议》（下简称“TTIP”）第十轮谈判在布鲁塞尔举行。谈判双方就监管合作、贸易规则和市场准入三大议题进行了讨论，在一些关键领域取得积极进展，但仍未形成实质性成果。现对 TTIP 第十轮谈判主要内容、进展及分歧做简要分析，供参考。

一、谈判内容与进展

（一）监管合作

监管合作议题涉及横向合作和九个具体行业的纵向合作，横向合作具体包括行业监管兼容性、技术壁垒以及卫生与动植物检疫合作；九个具体行业是指汽车、制药、医疗设备、化妆品、工程、纺织品、化学品、农药、信息与通信技术（ICT）。其中，双方在制药领域取得积极进展。目前，美欧已在生物仿制药品研发领域实行兼容性监管，双方互相认可对方生物仿制药品的审批程序和结果。为进一步明确 TTIP 谈判在制药领域实行兼容性监管的范围，双方正就各自药品生产质量管理范围进行评估，并将持续数月。

（二）贸易规则

贸易规则议题涉及能源与原材料、贸易便利化以及贸易与可持续发展。本轮谈判中，美方同意就涉及能源和原材料的所有问题进行讨论。同时，双方就如何减少“相等标准互认”中的诸多细节进行讨论。在贸易与可持续发展议题方面，欧盟首席谈判代表贝尔塞罗表示，欧盟将于今年 9 月份提出有关贸易可持续发展的议案，其中主要涉及环境保护和工人权益维护。美国首席谈判代表丹·马拉尼则

* 本文写于 2015 年 7 月 30 日。

表示，美方尚未决定是否同时提出对应议案，或者以欧盟议案为基础继续讨论。

（三）市场准入

本轮谈判在市场准入领域取得积极进展，美欧在充分尊重双方对公共服务选择的基础上，交换了新的服务业市场准入出价。欧方也提交了针对服务业章节的书面建议。本次谈判突出 ICT 领域的市场准入问题，讨论焦点集中在互联网接入自由权和文化产业市场开放两方面，欧盟要求改善美国电信市场的准入规则，加强跨境数据流动管理。此外，欧盟还要求 TTIP 协议应废除美国在交通运输和航空领域的外国投资者所有权限制。本轮谈判并未就政府采购和关税两大问题进行讨论，因为美方尚未确保其能代表州政府就政府采购问题达成协议。但欧方提出了未来政府采购问题的谈判方向，欧盟要求美国进一步在国家层面开放政府采购范围，包括减少在联邦及州政府层面对本国货物采购的要求。同时，通过国家间协议增加政府采购渠道，并建立未来的新谈判框架。

（四）利益相关方沟通会

本轮沟通会重点就 ICT 领域相关问题进行讨论。共有 400 名电信运营商、软件及硬件供应商、传媒业代表、高性能计算机供应商、政府和民间团体代表参加，与会代表根据行业特点提出目前欧盟企业进入美国 ICT 市场面临的困难：一是美国现存法律法规和监管程序繁杂；二是在通讯批发市场准入方面，企业难以获得外国卫星供应商的授权许可；三是目前难以克服美欧对待高性能计算机系统方面存在的差异。同时，与会代表就如何确保 TTIP 给该行业带来切实利益提出建议，具体包括：将网络安全监管正式纳入 TTIP 谈判中；减少政府在通信领域的窃听行为；欧盟在“视听行业”保持技术中立；加快光谱行业市场准入问题谈判；采取措施确保双方关于云服务标准的差异不会导致贸易壁垒。同时，与会代表还指出，ICT 行业的货物关税虽然主要由《信息技术扩围协定（ITA）》进行规定，但 TTIP 应对 ITA 并未涵盖的 ICT 货物关税进行讨论。

二、谈判双方主要分歧

（一）能源与原材料

本轮谈判中，双方同意就涉及能源和原材料的所有问题进行讨论，但对于是否单独将其列为协议的一个章节仍存争议。由于能源对外依存度过高，欧盟在 TTIP 谈判之初就曾明确表达了这一诉求。目前欧盟正在加强建立内部能源联盟建设，对外实现能源供应渠道多元化，希望借助 TTIP 从美国获得能源替代。但由于美国担心对欧能源出口将导致美本土能源价格上涨，因此一直对此持谨慎态度。对于此前欧盟极为关注的美国液化天然气出口问题本轮谈判并未获得美方明确表态。

（二）投资者—国家争端解决机制（ISDS）

本轮谈判虽然未就此前引起巨大争议的 ISDS 细节进行讨论，但欧洲议会于 7 月 8 日通过决议，将用新的司法体系“代替”ISDS。新的投资争端解决机制要遵循民主原则，并保证私人利益不能有损公共政策目标。争端解决须透明并公开听证，法官委派须公开，同时设立上诉机制。但是，美国国会对移除 ISDS 修正案依然持不同意见，双方仍将在此问题上展开持久争夺。

三、几点看法

（一）TTIP 协议恐难在奥巴马任期内达成

欧盟立法机构虽然统一了对美谈判立场，但可能隐藏着更深的分歧。欧盟之所以能统一立场，主要由于欧洲议会对此前 TTIP 谈判议案做出了大幅修改，并要求欧盟委员会以打开美国市场准入门槛、维护欧盟标准为谈判目标。修改后的议案虽然满足了欧盟成员国需求，但却与美国最初提出的谈判草案相去甚远。在后续谈判中，以哪一方的贸易原则作为谈判基础可能会引起更大分歧。对美国而言，即将拉开帷幕的 2016 年总统大选也同样增加了 TTIP 谈判的政治不确定性，奥巴马政府在此期间不可能就一些关键问题对欧作出实质性让步。同时，目前奥巴马政府正忙于尽快完成 TPP 谈判，而无暇在 TTIP 上花更多精力。这些都加大了奥巴马任期内顺利完成 TTIP 谈判的难度。

（二）美欧双方推动谈判意愿依然强烈

欧委会近日表示，已有 200 万欧盟民众在反对 TTIP 协议公开联名信中签名。同时，在欧委会收到的 15 万份公众咨询回复中，约 97% 的民众对 TTIP 所包含的 ISDS 条款持不支持态度。而美国一些在野党人士和工会组织成员则担忧贸易自由化将给美国制造麻烦。尽管反对声音不断增强，美欧双方依然在努力推动 TTIP 谈判进程。欧洲议会于 7 月 8 日通过了有关 TTIP 谈判的决议案，正式统一了欧盟立法机构对美谈判立场。在欧方取得进展的同时，美国国会也于 6 月份通过“贸易快车道”法案（TPA），该法案允许奥巴马政府将贸易协议直接递交国会进行批准或否决，而无需附加任何修正案。美国国际贸易条约“快速通道”的建成，也将有利于推动 TTIP 谈判取得进展。

（于　晓）

TPP 最终协议主要内容及简析*

9 月 30 日—10 月 5 日，TPP 12 个成员国在美国亚特兰大举行最后一轮部长级谈判，各方围绕知识产权、市场准入、国有企业、投资等领域的关键分歧进行谈判，最终就 TPP 协议文本达成一致。至此，TPP 历经五年多的艰苦谈判，终于达成基本协议。现将 TPP 最后一轮谈判及 TPP 最终文本的特点简析如下，供参考。

一、TPP 最后一轮谈判的主要内容

（一）知识产权

知识产权领域，TPP 各成员国就新开发药品的专利保护期分歧较大。美国主张设置 12 年的药品保护期，从而使本国药企利润最大化，澳大利亚、日本等国则反对设置超过 10 年的药品保护期，澳大利亚主张设置 5 年的保护期。最终，美国做出妥协，各方同意将新开发药品的专利保护期设为 8 年。

（二）市场准入

农产品和汽车零部件的市场准入是此轮部长级会议的一大焦点。在此前的数轮谈判中，日本与美国之间围绕大米、小麦、牛猪肉、奶制品、甜味作物等五类农产品及汽车零部件的关税问题激烈地讨价还价。此轮谈判中，日美各退一步：日本同意新设美国和澳大利亚产大米的无关税进口配额，在 TPP 生效第 13 年达到总计 7.84 万吨；进口小麦的关税在 TPP 生效第 9 年削减 45%；进口牛肉的关税，从目前的 38.5% 到 TPP 生效第 16 年下调至 9%；高价位猪肉的关税从 4.3% 分阶段下调，TPP 生效第 10 年取消；低价位猪肉关税从目前的每公斤 482 日元到 TPP 生效第 10 年下调至 50 日元；黄油和脱脂奶粉设定优惠进口配额，配额以鲜奶换算

* 本文写于 2015 年 10 月 8 日。

在 TPP 生效第 6 年达到 7 万吨；可可等甜味制品设置一定的无关税配额；美国则同意进口日本整车的关税分 25 年逐步取消；同时取消 81.3% 的日本汽车零部件的关税。

（三）国有企业

越南和马来西亚等国在国有企业领域一直与美国等发达国家存在分歧，在历次 TPP 谈判中要求将本国更多的国有企业设为“例外”，以保护国有企业，而美国则主张减少“例外”。最终各方都做出让步，在 TPP 文本第 17 章节国有企业条款中特别设置了“例外”附件，同时各方将共享各国国有企业清单，如有需要也将提供关于本国国有企业的其他相关信息，如政府持有多少股份、政府对国有企业的非商业性援助有多少等，以限制对国有企业提供更多的特殊优惠。

（四）投资领域

TPP 谈判的一个重要领域是建立保障外国投资者待遇的有效规则，即纳入投资者—东道国争端解决机制（ISDS），这相当于赋予外国投资者超国民待遇，澳大利亚等国对此持有反对意见。一方面担心 ISDS 程序不透明，东道国或因对跨国公司等投资者赔偿问题而在某些关键政策领域陷入决策困境；另一方面可能会出现投资者滥诉现象，这会导致东道国过度保护外国投资者，扭曲本国市场。此轮谈判中各方同意纳入可防止投资者滥诉的措施，最终就 ISDS 达成共识。

二、TPP 最终文本的内容框架及特点

（一）内容框架

TPP 最终文本包括 30 个章节，涉及货物贸易、通关和贸易便利化；动植物卫生检疫措施；技术性贸易壁垒；贸易救济；投资；服务；电子商务；政府采购；知识产权；劳工；环境；争端解决和制度条款等。在货物贸易、服务贸易、投资、政府采购和商务人员临时入境等章节还设置了具体的时间表。

（二）主要特点

1. 涵盖领域广泛

TPP 基本协议文本涵盖的领域较为广泛，不仅包含了传统的贸易议题，还涵盖了 21 世纪出现的一系列新贸易问题和跨领域问题，如互联网和数字经济、国有企业参与国际贸易和投资、小企业利用贸易协定的能力问题等，更有劳工和环境保护等此前的贸易协议未能涉及的领域。

2. 与既有贸易协议共存

TPP 12 个成员国之间已有不少双边贸易协议或区域贸易协议，TPP 文本明确表示，TPP 与成员国之间既有的这些国际贸易协议，包括 WTO 协议、双边和区域协议共同存在，TPP 不会排除这些协议。

3. 设置过渡期和相应机制

TPP 有 12 个成员国，这些国家的语言、历史、规模和经济发展水平等都有所不同，国家的多样性和多元化对 TPP 而言是一个独特的资产，但同时也带来巨大的挑战，如有些发展较为落后的国家很难达到一些 TPP 协议设定的高标准。因此 TPP 文本明确指出，可为一些成员国设置特殊的过渡期和相应的机制，帮助这些国家进行能力建设，从而使其更好地实现或承担相应的目标和责任。例如，一些敏感商品的关税不会立即取消，而是设置了保护期，可在一段时间内逐步取消。又如，在原产地规则中设置“短缺供给清单”机制（short supply list），允许在一定条件下使用非 TPP 成员国生产的纱线和布料等原材料。

三、几点看法

（一）TPP 达成协议是各主要方政治决断的结果

五年多来，经过几十轮密集且艰苦的谈判，TPP 12 个成员国终于在市场准入、国有企业、知识产权等敏感且分歧较大的领域达成共识。最后关头，各主要相关方出于各自国内政治需要相互妥协，可以说是各方政治决断推动了协定的最终达成。首先，TPP 是奥巴马“重返亚太”战略的重要基石，奥巴马将其视为任内最重要的政治遗产，极力推动在 2016 年大选来临前尽早结束谈判。因此，美国在 TPP 谈判中对进口汽车关税、新开发药品保护期、国有企业等敏感问题一再做出让步。此轮 TPP 部长会前，奥巴马不仅与智利总统巴切莱特进行了磋商，还与日本、墨西哥、秘鲁等国领导人频繁通电话，意在化解分歧，力争在此轮结束谈判。其次，安倍晋三试图通过“三支箭”使日本经济摆脱通缩，恢复增长，但未能达到预期。对日本而言，TPP 不仅是日本经济复苏的支柱，也是安倍实施新“三支箭”的关键。TPP 达成协议对日本扩大出口、助推经济复苏有积极意义。为此，安倍在农产品准入等领域做出了让步。第三，加拿大哈珀政府也希望在 10 月 19 日大选前结束谈判，以捞取政治资本。为此，加在本轮谈判中也做出了一定妥协。最后，澳大利亚、新西兰、墨西哥等国也希望尽早结束谈判，以便在世界经济复苏乏力的形势下为本国经济发展创造有利条件；越南、马来西亚等国则希望借助 TPP 推动国内相关领域改革。

（二）TPP 标榜的“高标准”已大打折扣

TPP 一直被标榜为 21 世纪高质量、高标准的 FTA，原本有很多严苛的条件，包括各成员国在签署和实施协议过程中不得有保留或例外等。但由于 12 个成员国经济发展水平存在差距，在很多领域自始至终都存在严重的分歧：涉及知识产权保护的很多条款仅有美国一个成员国支持；美日之间在农产品关税问题上分歧较大；发达成员与发展中成员在国企改革、农产品领域的市场准入、劳工和环境保护条款等分歧严重。在此情况下，如果 TPP 继续坚持原来的高标准，势必难以完成谈判。因此，TPP 最终协议在原产地规则、国企改革等领域都设置了特殊机制和例外，在知识产权、农产品市场准入等领域也降低了标准。总体看，TPP 是一个打了折扣的协议。对此，美国参议院财政委员会主席哈奇表示，TPP 达成的基本协议没有达到美国国会期待的“高标准”。

（三）TPP 何时生效仍是未知数

TPP 虽已达成基本协议，但协议的生效还需通过各国国内的审批程序，协议在各成员国审议过程中恐将面临诸多挑战，最终能否生效仍存不确定性。TPP 成员国既包括发达经济体，也有新兴经济体和发展中经济体，这些国家的政治体制和经济环境都存在差异，各国的审议程序也不尽相同，而且各国国内的利益集团和政治力量也会对协议的审批施加影响，甚至设置障碍。

首先，美国 2016 年大选即将开始，国内恐无暇顾及 TPP 审批，加之国会两党斗争错综复杂，已有不少议员明确表示反对 TPP。民主党总统参选人桑德斯表示，他对 TPP 达成的基本协议感到失望，该协议将使美国人丧失工作机会，并伤害消费者。因此他将在国会阻止 TPP 获得审批。美国民众也不断向政府施压，反对 TPP。很多工会组织、环保机构、消费者维权组织和医疗保健机构组织民众游行，抗议 TPP。因此，美国能否最终通过 TPP 审批存在较大不确定性。其次，由于日本在 TPP 谈判中做出让步，国内农产品市场将部分开放，这将对日本农业造成冲击，日本农会等相关利益集团必将对 TPP 审批施压。第三，加拿大本月 19 日将进行大选，由于加经济持续减速，支持 TPP 谈判的哈珀政府在选举活动中陷入困境。国会下议院第一大在野党新民主党表示，若上台执政则不会拘泥于 TPP 协议。如果出现政府更迭，不排除加新政府反对 TPP，加拿大短期内难以完成国内审批程序。

（四）我国应保持定力，积极应对

首先，我国应旗帜鲜明地继续支持以世贸组织为代表的全球多边贸易体制，维护已经确立的全球贸易规则，抵制任何形式的贸易保护主义，并推动 WTO 向更加高效、务实方向发展。同时，我国应重视 TPP 达成的协议，并妥善应对。要深入研究协议文本的内容，特别要深入研究涉及劳工、环境保护、ISDS、国有企业等敏感领域的相关条款，分析其可能对我国经贸和相关行业的影响。我国应保持定力，立足国内，深化改革，进一步扩大开放，推进与我国相关的区域、次区域自贸安排谈判，特别要推进中日韩自贸区、区域全面经济伙伴关系（RCEP）等谈判进程；全力打造中国—东盟自贸区升级版，有效落实“一带一路”战略，构建对我国有利的全方位开放新格局。

（陈　霞）

TTIP 第十一轮谈判简析*

2015 年 10 月 19 日—23 日，美欧《跨大西洋贸易与投资伙伴关系协议》（以下简称“TTIP”）第十一轮谈判在美国迈阿密举行。谈判双方就监管合作、贸易规则和市场准入三大议题进行了讨论，并在一些关键领域取得实质性进展。现对 TTIP 第十一轮谈判主要内容、进展及分歧做简要分析，供参考。

一、谈判内容与进展

（一）市场准入

本轮谈判在市场准入领域取得实质性进展，议题主要涉及关税、服务业及政府采购。关税方面，美欧双方交换了新的商品进口关税减让方案，其中，涉及互相免除对方 97% 的商品进口关税，仅保留 3% 的最敏感产品征税清单到最后谈判阶段磋商。美欧最早于 2014 年 2 月份首次交换了商品进口关税减让方案，当时欧盟提议取消 85% 的美国商品进口关税，但美国表示仅取消 69% 的欧盟商品进口关税，遭到欧盟强烈反对。因此，本轮 97% 的减让方案相较美欧最初提出的数字无疑是一项重大推进，尤其是对美方。未来几周，双方将在此基础上就关税减让展开密集磋商。服务业方面，双方在上一轮谈判中交换了新的服务业市场准入出价，本轮谈判双方在此基础上展开进一步讨论。同时，双方交换了涉及工业产品原产地规则①的方案，进口货物的原产地是决定其是否享受一定关税优惠待遇的重要依据之一。此外，双方还就政府采购的相关议题进行磋商，并为 2016 年 2 月双方首次交换政府采购市场准入出价做积极准备。

---

* 本文写于 2015 年 10 月 26 日。

① “原产地规则”，也称“货物原产因规则”，指一国根据国家法令或国际协定确定的原则制定并实施的，以确定生产或制造货物的国家或地区的具体规定。为了实施关税的优惠或差别待遇、数量限制或与贸易有关的其他措施，海关必须根据原产地规则的标准来确定进口货物的原产国，给予相应的海关待遇。

（二）监管合作

双方就如何更好地实现汽车、制药、医疗设备、纺织品、化学品、信息与通信技术（ICT）等九个行业的兼容性监管进行了详细讨论，并将根据不同行业的特性设定不同目标，承诺未来几个月内完成具体谈判文本。此外，为更好地实现监管合作，美欧双方监管部门举行会谈，并阐明了双方监管合作的基本原则：一是双方合作必须建立在消费者保护水平保持不变或有所提高的基础上。二是任何形式的监管合作都不会改变各自内部公共监管政策，如对食品安全或数据保密的监管，也不会影响各自国内立法程序或监管机构的独立性。

（三）贸易规则

贸易规则议题涉及能源与原材料、贸易便利化以及贸易与可持续发展。上轮谈判，美方同意就涉及能源和原材料的所有问题进行讨论。在此基础上，本轮谈判双方就能源和原材料贸易相关规则和原则进行了磋商。在贸易与可持续发展方面，欧盟提出，在就业和环境保护等领域，继续保障公民原本享有的各种权益。

二、谈判双方主要分歧

（一）政府采购市场准入和金融业监管合作问题

TTIP 谈判启动至今，美欧双方一直在政府采购市场准入和金融业监管合作问题上存在巨大分歧。在政府采购方面，美国联邦政府与州政府一直未能就开放州一级公共采购市场达成一致，欧方对美方内部磋商进程缓慢表示担忧。在金融业监管合作方面，欧方一直积极推动建立金融监管合作框架，而美方一直持反对态度，特别是美国财政部，认为这不属于贸易范畴，不应在 TTIP 范畴下讨论。有分析认为，美方在金融监管方面比欧盟更为严格，担心若将金融监管纳入 TTIP，将弱化美国金融危机后确立的金融监管法规。

（二）投资者—国家争端解决机制（ISDS）

本轮谈判虽然未就此前引起巨大争议的 ISDS 细节进行讨论，但欧盟迫于民众反对压力，于今年 9 月份提出以“投资者法庭系统（Investment Court System）”来代替 ISDS，提议进行五方面重要改进：一是建立一审法庭和上诉法庭；二是“投资法庭体系”将任命高资历法官出庭审判，被任命法官需满足国际法院和 WTO 上诉机构等权威国际法庭要求；三是法庭运行原则与 WTO 上诉机构类似；四是限制性别、种族、信仰、国籍、非补偿征收等有针对性的歧视案件；五是确保政府对贸易投资协定条款具备监管权。但是，美国对欧盟提出的新的争端解决机制仍持不同意见，双方将在此问题上展开激烈博弈。

此外，在海运服务、航空运输等领域，美方也继续扮演防守角色，反对欧盟企业进入美国市场。美欧双方表示，下一轮谈判将重点围绕这些双方难以达成共识的问题展开。

三、几点看法

（一）美欧双方推动谈判意愿依然强烈

尽管谈判进展缓慢，且美国和欧盟民众反对声音不断增强，美欧双方依然在努力推动 TTIP 谈判进程。欧盟首席谈判代表贝尔塞罗在本轮谈判结束后表示，美欧双方都有强烈政治意愿达成 TTIP 协议，本轮谈判的重要目标就是要将这一政治意愿转化为具体行动。经过本轮谈判，美欧距离达成 TTIP 谈判“更近了一步”。欧盟非常希望在美国本届政府任内完成 TTIP 谈判，但如果谈判需要更多时间，欧盟也愿意继续与美国下届政府进行谈判。美国首席谈判代表马拉尼则表示，未来 4 个月对于能否在奥巴马总统任期内结束 TTIP 谈判至关重要，因此双方须尽量提高谈判效率。马拉尼指出，今年 9 月份美国贸易代表弗罗曼和欧盟贸易委员马尔姆斯特伦在华盛顿共同评估 TTIP 谈判进展时，已同意加快所有领域谈判进程，争取在 2016 年前完成 TTIP 谈判。

（二）TTIP 协议最终恐难逃“缩水”命运

虽然 TTIP 谈判进程已明显落后于原定时间表，但美欧双方依然在积极推动 TTIP 谈判进程，欧盟方面也明确表示，即便 TTIP 谈判无法在奥巴马总统任期内完成，欧盟也愿意继续与美国下届政府谈判。因此，从目前来看，TTIP 协议的最终达成可能只是时间问题。但就协议具体内容来看，TTIP 谈判启动至今，双方仍在 ISDS、数据跨境流动、农产品市场准入和金融监管合作等一些关键问题上争执不下。其中，分歧较大的“ISDS”、“卫生与动植物防疫”等条款的最终协议内容可能会与预期差距较大，甚至被剔除。目前，欧盟已迫于民众反对压力，决定放弃“ISDS”，采用新的“投资者法庭系统”。因此，在权衡双方利益并考虑各自内部舆论压力情况下，即便 TTIP 最终达成，相关条款恐难免“缩水”。

（三）TPP 达成将助推 TTIP 谈判

10 月初，跨太平洋伙伴关系协定（TPP）就最终协议文本达成一致，这将给美欧进行 TTIP 谈判注入新动力。美国主导并推动 TPP 和 TTIP 战略，旨在联手日本、欧盟等重要经济体，以太平洋和大西洋为圆心重新划分全球经济贸易格局，可以说 TTIP 和 TPP 的地位同样重要，且只有两者均顺利达成，美国的“两洋战略”才能实现利益最大化。此前美方一直优先推动 TPP 谈判，在一定程度上影响了 TTIP 谈判，此举也曾引发欧盟贸易官员不满。目前 TPP 率先达成，一方面，可以使美方抽出更多时间和精力推动 TTIP 谈判；另一方面，TPP 先行达成，也在一定程度上增加了欧盟压力，欧盟必须尽快与美国达成协议，以保持在全球贸易中的话语权和高标准。

（于　晓）

后 记

财政部亚太中心（以下简称“中心”）是财政部国际财经智库，主要负责国际和国内财经问题的研究工作。本书收录了中心2015年部分研究成果，共5部分，64篇研究报告。

财政部领导高度重视国际和国内重大财经问题的研究，对中心研究工作给予了大力支持，要求中心树立大国财政理念，利用好国际、国内两种资源，从战略高度、以长远眼光把握国际财经大势，全面准确理解中国经济新常态，围绕财政中心工作扩展研究的广度和深度，增强研究的针对性和政策性，为深化中国财税改革建言献策，为拓宽国际财经交流渠道添加动力。

财政部史耀斌副部长、邹加怡部长助理亲自指导中心的研究工作，中心周强武副主任具体组织和实施研究工作。同时，财政部国际经济关系司刘健司长、国际财金合作司杨少林司长、上海国家会计学院李扣庆院长等对中心研究工作提出了许多宝贵意见。

中心帅扬、陈茜、周波、胡振虎、陈立宏、宋馨、董杨、乔慧、彭慧、陈霞、王虎、于晓、李明慧、贾静航、燕晓春、郭昊、陈艳等同志参与了课题研究和校对整理工作。在本书的汇编过程中，中国财政经济出版社做了大量细致的工作，在此一并感谢。

编 者

2016年2月2日